#socialholic

Tudo o que você precisa saber
sobre marketing nas mídias sociais

Dados Internacionais de Catalogação na Publicação (CIP)
(Jeane Passos de Souza - CRB 8ª/6189)

Polo, Fernando
#socialholic: tudo o que você precisa saber sobre marketing nas mídias sociais / Fernando Polo, Juan Luis Polo; tradução Maribel Rodríguez Pacheco. -- São Paulo: Editora Senac São Paulo, 2015.

ISBN 978-85-396-0911-6

1. Marketing : Mídias sociais 2. Mídias sociais I. Título.

15-355s
CDD – 658.834
302.23
BISAC BUS070060

Índices para catálogo sistemático:
1. Marketing : Mídias sociais   658.834
2. Mídias sociais : Marketing   302.23

Fernando Polo
Juan Luis Polo

#socialholic

Tudo o que você precisa saber sobre marketing nas mídias sociais

Tradução: Maribel Rodríguez Pacheco

Editora Senac São Paulo – São Paulo – 2015

ADMINISTRAÇÃO REGIONAL DO SENAC NO ESTADO DE SÃO PAULO
Presidente do Conselho Regional: Abram Szajman
Diretor do Departamento Regional: Luiz Francisco de A. Salgado
Superintendente Universitário e de Desenvolvimento: Luiz Carlos Dourado

EDITORA SENAC SÃO PAULO
Conselho Editorial: Luiz Francisco de A. Salgado
Luiz Carlos Dourado
Darcio Sayad Maia
Lucila Mara Sbrana Sciotti
Jeane Passos de Souza

Gerente/Publisher: Jeane Passos de Souza (jpassos@sp.senac.br)
Coordenação Editorial/Prospecção: Luís Américo Tousi Botelho (luis.tbotelho@sp.senac.br)
Dolores Crisci Manzano (dolores.cmanzano@sp.senac.br)
Administrativo: grupoedsadministrativo@sp.senac.br
Comercial: comercial@editorasenacsp.com.br

Edição de Texto: Juliana Muscovick e Luiz Guasco
Preparação de Texto: Eloiza Lopes
Revisão de Texto: Bianca Rocha, Gabriela L. Adami (coord.)
Capa: Manuela Ribeiro
Editoração Eletrônica: Sandra Regina dos Santos Santana
Impressão e Acabamento: Gráfica CS

Título original: #socialholic: todo lo que necesitas saber sobre el marketing en medios sociales

Publicado mediante acordo com Centro de Libros PAPF, S. L. U., 2012
Grupo Planeta
Av. Diagonal, 662-664
08034 Barcelona
www.planetadelibros.com
© Fernando Polo e Juan Luis Polo, 2012

Proibida a reprodução sem autorização expressa.
Todos os direitos desta edição reservados à
Editora Senac São Paulo
Rua 24 de Maio, 208 – 3º andar – Centro – CEP 01041-000
Caixa Postal 1120 – CEP 01032-970 – São Paulo – SP
Tel. (11) 2187-4450 – Fax (11) 2187-4486
E-mail: editora@sp.senac.br
Home page: http://www.livrariasenac.com.br

© Editora Senac São Paulo, 2015

Sumário

Nota do editor.. 11

Agradecimentos....................................... 13

Introdução.. 15

I. SOCIALHOLICS

1. Marketing na era do consumidor social 23

    A revolução sepultada 25

    Conteúdos digitais: o atendimento entra em crise 26

    Os meios de produção ao alcance de todos 27

    Relações pessoais: continuamos separados por seis graus? ...31

    Social media marketing, segundo nosso evangelho 34

    Broadcasting da conversação 38

    O graal das mídias sociais 46

2. Socialholics hoje e amanhã 53

    Todos temos um #socialholic dentro de nós 56

    Viajantes sem limites, a história de Miguel Nonay 57

    Não tenho tempo ou o princípio da utilidade 59

    Um modem de 2.400 bps como presente de casamento 61

    Raio X do #socialholic 63

    Papai, você não vai fazer um *planking* agora 69

    SER+: os socialholics, por quê? 70

    Instagramers: de um blog a 130 países 77

3. **A internet desconstruída** 81

    A internet não é um meio 83
    O Google e os blogs criam a web 2.0 86
    Da web 2.0 à web social 88
    A consciência coletiva 92
    Para onde caminha a web social? 97

II. EMPRESA 2.0

4. **Identidade digital nas mídias sociais** 111

    Identidade digital e interação 114
    Princípios da identidade digital 117
    Menos reputação e mais clientes 126
    O posicionamento da marca por meio do conteúdo 129
    Caso Correios: a marca por meio dos conteúdos 130
    Marca pessoal e marca corporativa 132

5. **Rumo à empresa conectada** 137

    Rentabilidade e cota de mercado na empresa 2.0 139
    Caso IBM: BlueIQ, como evangelizar o Gran Azul 141
    "Intraempreendedores" na Movistar 144
    Os funcionários na equação do novo marketing 147
    Caso Telefônica: os grandes clientes também são sociais ... 149
    Management 2.0 152
    Redes pessoais de aprendizagem 158
    Pautas 2.0 para funcionários que buscam o graal 161

6. **EcoTc: um enfoque estratégico de marketing** .. 167

    Etapas: os "para quê" do social media marketing 169
    Etapas: a imersão passo a passo 172
    Cultura e valores 2.0 177
    Organização: processos, equipes e procedimentos 181
    Caso NH Hotéis: enfrentar o desafio multinacional 189

Comunidades 190
Tecnologia: os cimentos da web 2.0 196

III. *SOCIAL CUSTOMER ENGAGEMENT*

7. A vinculação é a nova publicidade 205
Vinculação além do produto 207
Caso Inversis Banco: o primeiro de sua classe 211
Gestão de comunidades 214
Criatividade 2.0: falhe frequentemente,
falhe rápido e falhe barato 215
As regras da nova criatividade 216
Relações públicas 2.0: eventos com esteroides 223
Fidelização 2.0 226
El Hormiguero nas redes sociais 227

8. Vender ao comprador social 229
Comprar e vender, as duas caras de um ato social supremo .. 231
Gerar oportunidades de venda em mídias sociais 237
Caso hotel Auditorium: vender por meio das mídias sociais ...240
Otimização social de canais de venda 242
A compra social 246
Caso Tesco: vender mais conversando mais 248

9. A nova era do atendimento ao cliente 251
Caso Giffgaff: a empresa é a comunidade 252
Socializar o atendimento ao cliente 257
Social contact centers: antecipar-se à necessidade
de suporte 266
Caso Banco Sabadell: atendimento ao cliente onde
há demanda 267
Quais são as características de uma plataforma de
social CRM? 269
Caso Best Buy: *"May the 'force' be with you"* 271

10. Cocriação: a inovação é social 275

    Inovação corporativa e mídias sociais 276

    Ideas4All: uma comunidade espanhola de ideias 283

    Caso Sony: Open Planet Ideas 284

    A inovação é social 286

    Governo aberto e dados abertos 287

    Fiat Mio: o carro desenhado por todos 290

IV. MÃOS NO 2.0

11. A empresa é um meio de comunicação 295

    Planos editoriais para a criação de conteúdo 296

    O uso corporativo dos blogs 308

    Descubre Jordania: o blog que construiu uma comunidade 311

    Facebook: a plataforma do bilhão 312

    Guia de iniciação ao Twitter 315

    LinkedIn e as redes verticais 318

12. Vertebrar e dinamizar 323

    Caso Minube: o carinho na criação de comunidades 327

    O dia a dia da marca em comunidade 329

    Planos de dinamização 332

    Turismo de Malta: uma *famtrip* convertida em campanha 337

    Como conseguir que falem de nós? 339

13. Monetizar o investimento e medir os esforços ..343

    Medir o retorno do investimento (ROI) 344

    Caso prático: calcular custos e benefícios 346

    Medições por objetivo de negócio 350

    VIT-A: metodologia de medições operacionais 2.0 354

    Medir a influência 359

    Medir a conversa 363

14. SM Key: metodologia do projeto **369**

   Planejar 371
   Analisar 371
   Definir 374
   Implantar 377
   Lançar 381
   Crescer 381
   Dinamização 383
   Estratégia 384

15. O futuro é o engagement **385**

Glossário **389**

Bibliografia **397**

Nota do editor

A criação da web 2.0 e sua adoção mundial disseminou em escala nunca antes possível o fluxo de informação ao redor do mundo.

A principal novidade trazida por esse avanço tecnológico foi tornar viável que qualquer pessoa veicule opiniões referentes aos mais diversos interesses de maneira rápida, com visibilidade extremamente ampla e imediata.

No segmento de marketing, essa possibilidade acarretou uma inversão de atitude. Empresas acostumadas ao modelo de propaganda ostensiva para seus produtos e serviços, criada de forma unidirecional segundo moldes consagrados de lida com a massa do público, foram surpreendidas por avaliações que acontecem à sua revelia: consumidores expressavam, nas redes sociais, suas expectativas, críticas e eventuais desaprovações a aspectos dos mais diversos itens comercializados. Preservar clientes passou a implicar, desde então, escutá-los e fidelizá-los, cada vez mais, por meio de atendimento personalizado realizado em redes sociais.

#socialholic: tudo o que você precisa saber sobre marketing nas mídias sociais, publicado pelo Senac São Paulo, estuda a origem dessa revolução tecnológica e comportamental ainda em curso, apresentando em detalhe casos de sucesso de empresas que remodelaram sua visão de mercado e sua relação com clientes sob a perspectiva dessa nova realidade. Além de discutir a maneira como funcionam as plataformas das redes sociais e a forma como fornecedores podem se relacionar com o cliente por meio delas, este livro analisa a estrutura e o conhecimento que as empresas devem desenvolver para lidar com essas redes, o que o torna de grande utilidade para estudantes e profissionais das áreas de comunicação, marketing e propaganda.

Agradecimentos

Um livro como este só pode ser escrito com a ajuda de milhares de pessoas, cujas conversas e conteúdos contribuíram para a visão que moldamos ao longo dos anos e que agora reproduzimos aqui. Em especial aquelas que nos permitiram acessar suas histórias com nomes e sobrenomes, ajudando assim a desenhar uma parte do atual tabuleiro de jogo das mídias sociais.

A equipe da Territorio creativo, com seu entusiasmo pelo trabalho com os clientes e sua aposta na inovação, é outro dos pilares que nos permitiram refletir sobre estratégias, metodologias e táticas para enfrentarmos o mundo da vinculação com o cliente social, a nova publicidade. Concretamente, María Pérez de Santaella, Pedro González, José Luis Rodríguez, Ángel Álvarez e Enrique Hortalá nos ajudaram a arredondar certas passagens do livro, quando a inspiração nos fugia ou o tempo nos pressionava.

Carlos Jimeno e Kevin Sigliano, em grande medida responsáveis pelo título desta obra, que nasceu como conceito de uma campanha para um de nossos clientes.

Uma menção muito especial a Alberto Gómez Aparicio, que não hesitou nem por um momento em atender o nosso pedido de ser o leitor crítico do primeiro manuscrito, e que recompilou os termos para dar à luz o glossário, tirando tempo de onde não tinha. Capaz de nos dar sua opinião sem vacilar, ele nos ajudou a ver a nossa obra com os olhos do leitor.

E, por fim, mas de forma alguma menos importantes, três mulheres muito especiais: Mari Cruz, Kerstin y María Jesús. A primeira, nossa irmã e sócia, e a segunda e a terceira, nossas respectivas esposas. As três compartilham de uma característica inexplicável para nós: o apoio incondicional que nos fornecem contra o vento e a maré, apesar de nossa explícita capacidade de levá-lo ao limite. Benditas sejam.

Introdução

Todos carregamos um socialholic em potencial dentro de nós. Quase todos sentimos necessidade de compartilhar nossos sonhos e nossas misérias. As histórias mais íntimas ou só as menos substanciais. Procuramos receber carinho e, de tempos em tempos, é bom para a autoestima que nosso ego se dê "um banho de multidões". Um tapinha nas costas. E gostamos de falar do humano e do divino, gostamos de expressar e contrastar nosso ponto de vista. Conversando, compreendemos melhor o mundo que nos rodeia. E também buscamos diversão. Se temos aprendido algo de nossa intra-história, é que o entretenimento é uma força que move o mundo.

Nada do que ocorre é absolutamente novo. As tecnologias o são – deslumbram –, mas não falamos de tecnologia. Estamos falando de uma revolução tecnossocial, de uma mudança brusca nas formas de relacionamento. De uma dessas revoluções tecnológicas que mudaram o mundo, como em determinado momento o fizeram a imprensa, o telégrafo ou a televisão.

A civilização se constrói sobre contratos sociais, convênios, leis. O conhecimento se constrói sobre o conhecimento existente. A criação bebe de criações passadas. A inovação é social. Tudo é híbrido, e apoiando-nos uns aos outros, chegamos mais longe do que fazendo a guerra por nossa conta. Assim, a internet e seu componente "2.0" têm reforçado laços e proporcionado ferramentas de produtividade nas relações pessoais para nos permitir fazer mais e mais rápido. Por isso, as mudanças se aceleram, as modas surgem e nossa sensação de desorientação aumenta.

Agora, já sabemos que essa coisa de "mídia social" não é uma moda. É um hábito. Uma mudança nas rotinas e nos costumes que nos coloca diante de novas regras em muitas funções corporativas, como a comunicação, a publicidade, o desenvolvimento de produtos ou o atendimento ao cliente.

Com a fragmentação dos meios de comunicação de massa e o auge da web 2.0, a publicidade perde eficácia e já não poderá ser considerada uma poção mágica sagrada para vender mais. A publicidade tem causado muito dano ao Marketing (com maiúscula). Até lhe roubou o nome. Sequestrou-lhe o cliente, para convertê-lo em objetivo. A internet nos obriga a ser mais transparentes; ter um bom produto será condição *sine qua non*, porque quem engana os outros, engana a si mesmo. Mas não será suficiente. O marketing seguirá incluindo a comunicação, a vinculação, o desenvolvimento de produtos e, por causa de tudo isso, veremos uma grande mudança do orçamento da publicidade até o engagement, situação que já está ocorrendo. A vinculação é a nova publicidade. E o relacionamento com um cliente cujos hábitos tecnológicos o tem transformado em um animal supersocial e hiperconectado se produzirá de forma natural na internet.

Ajudar as empresas a evoluir de um enfoque publicitário para uma dinâmica de relacionamento com o cliente se tornou nossa missão. Há anos que adentramos nesse mundo, arrastados por experiências vitais e profissionais que datam de antes de o termo web 2.0 ser cunhado, do auge dos blogs ou da fundação do Facebook. Se chegarmos a decifrar códigos que parecem estranhos, só poderá ser por que fomos usuários 2.0 antes de tentarmos ser *marketers* 2.0.

No filme *Quero ser grande*, Tom Hanks interpreta uma criança que se transforma em adulto por causa de um feitiço. O destino o leva a fazer parte do departamento de marketing de uma multinacional de brinquedos. O diretor da área apresenta um novo produto, protótipo em mão, com um paranoico discurso sobre grupos focais e testes cegos de um novo brinquedo mutante que se converte de edifício em robô. Hanks olha, perplexo, e diz: "Não é legal". Ele não sabe explicar o motivo, é uma criança; simplesmente não lhe parece divertido. Às vezes nos sentimos assim perante iniciativas 2.0 articuladas por mentes publicitárias do século XX. "Não terá sucesso", dizemos. E nós sempre quisemos escrever um livro para poder explicar o porquê disso com clareza.

Em setembro de 2009, e meses antes, a Territorio creativo, nosso projeto profissional, desmoronava-se. Não só por causa de uma das piores crises econômicas mundiais da história recente. A falta de foco de uma agência interativa com uma década de história estava nos empurrando lentamente para o precipício. Era o momento de desistir ou de dar um salto mortal duplo. Escolhemos o salto. Para encarar as folhas de pagamento atrasadas e começar a inevitável reestruturação, decidimos voltar a hipotecar uma propriedade familiar, colocando de novo as mãos na massa com o passivo das dívidas e o ativo de uma visão e uma marca ligada ao marketing 2.0. Reconvertemo-nos em "agência de consultoria de marketing para mídias sociais", interrompemos projetos não vinculados à comunicação 2.0 e começamos uma caminhada que nos trouxe até aqui.

Escrevemos este livro para continuar seguindo nossa missão pessoal e profissional: ajudar a compreender a figura do socialholic e trabalhar, assim, rumo a um novo marketing. Esperamos ajudá-lo a decifrar alguns códigos, a despertar seu interesse no que ainda está por vir e a mergulhar completamente na maior mudança que a disciplina de marketing enfrenta desde sua consolidação.

O que você pode esperar deste livro?

O capítulo 1 explica porque o marketing e a comunicação não representam um novo canal, mas uma forma radicalmente diferente de se relacionar com os clientes e a sociedade em geral. E como as mídias sociais podem se tornar uma ferramenta de transformação empresarial, um santo graal do qual só umas poucas empresas são chamadas a beber.

No capítulo 2, apresentamos o protagonista da revolução em andamento: o socialholic. Não se confunda, não nos referimos a um exemplar de internauta doentio. Pelo contrário, falamos de uma série de hábitos que estão permeando entre os usuários e que marcarão o uso da internet nos próximos anos. A publicidade tem causado muito dano ao marketing e procuramos colocar novamente as pessoas (ou seja, os clientes) no centro.

No capítulo 3, contamos uma história de internet diferente da tradicional: a história da web social. E destruímos o mito da internet como um canal de comunicação, mostrando a realidade nua e crua: a internet é uma grande plataforma tecnológica para criar meios de comunicação. Analisamos também algumas tendências, mesmo com risco de tornar este livro obsoleto antes do necessário.

A segunda parte do livro está centrada na empresa. No capítulo 4, falamos da nova identidade digital e de como ela é afetada pela interação e a experiência do cliente em cada ponto de contato com a marca. O capítulo 5 trata do conceito de "empresa 2.0", ou como o uso por parte dos funcionários e colaboradores de uma organização pode aumentar a produtividade e melhorar as margens de exploração. E de como cambaleiam os cimentos do management. No capítulo 6, nós nos aventuramos a explicar a metodologia que a Territorio creativo tem desenvolvido nesses últimos anos para focar estrategicamente os projetos de marketing nas mídias sociais.

A terceira parte do livro aprofunda o conceito de *social customer engagement* (SCE), como colocar o cliente no centro da estratégia empresarial e utilizar as novas tecnologias para gerenciar a experiência e o contato com nossos clientes. Dividimos o SCE em quatro áreas: vinculação, vendas, suporte e cocriação. O capítulo 7 busca vincular entre essas áreas a reconversão 2.0 de disciplinas tradicionais como a comunicação, as relações públicas, a publicidade e a fidelidade. O capítulo 8 se concentra no processo de vendas ou social commerce. O capítulo 9 analisa os múltiplos canais no atendimento ao cliente, a integração de equipes e apresenta casos de "autossuporte", em que os próprios clientes ajudam a resolver incidências com outros clientes. O capítulo 10 mostra diferentes exemplos de como algo tão crítico e horizontal como os processos de gestão da inovação tem sido transformado pelo uso das ferramentas sociais na integração dos processos colaborativos.

Por último, na quarta parte do livro, os capítulos 11 e 12 discorrem sobre pôr a mão na massa e tornar a estratégia uma operação, com certas doses táticas no meio: como melhorar, pôr em funcionamento ou implementar os conceitos que foram explicitados nos capítulos anteriores? Como estabelecer um plano de conteúdos ou entender as peculiaridades das principais plataformas sociais (Facebook, Twitter ou blogs)? Como criar um plano para dinamizar e implementar a função de community management na empresa?

O capítulo 13 discute sobre como converter os projetos em mídias sociais rentáveis. Apresentamos números de retorno sobre o investimento e explicamos, também, como medir resultados de projetos 2.0. No último capítulo, expomos nossa metodologia para encarar um projeto genérico em mídias sociais, acreditando que isso ajudará a concretizar e esclarecer conceitos.

Estamos certos de que, antes de chegar ao último capítulo, você já estará animado a pôr as mãos na massa. Por isso, além do livro que você tem em mãos ou na tela de seu computador, habilitamos uma seção em http://www.socialholic.es para você selecionar e ter acesso a leituras práticas que irão ajudá-lo na implementação de seus projetos.

Obrigado por nos acompanhar; desejamos a todos uma boa viagem.

I.SOCIALHOLICS

Marketing na era do consumidor social

Quando Isabel foi comprar uma câmera de vídeo em um shopping próximo, sabia que convenceria seu marido a aproveitar uma oferta. Ele, programador e fã de tecnologia e dos *gadgets* em geral, preferia sempre as últimas tendências, mas Isabel o controlava: "O que mais faz a câmera? O importante é usá-la. E se depois não a usar?". De volta para casa, Isabel procurou um lugar bem iluminado em seu quarto, ao lado da varanda, pôs a câmera em cima da cômoda e filmou a si mesma ensinando uma plateia imaginária a fazer um coque com um par de meias. Nessa noite, ela postou o vídeo no YouTube e no dia seguinte foi dar sua aula no instituto onde era professora substituta. De volta para casa, os alertas de correio eletrônico avisavam que seu vídeo estava recebendo muitas visitas. No vídeo, ela mostrava o coque e tirava um rolo (uma espécie de *donut*) feito com meias, que ela desmontava enquanto explicava como construí-lo:

> Bom, por serem duas meias, é melhor que sejam duas meias pelas quais você não tenha muito amor, para que possa rasgá-las, mas que estejam bem limpinhas e que sejam um pouco grossas. Então, a única coisa que você tem que fazer é cortá-las com a tesoura, pegar a ponta de uma delas, enrolá-la, fazendo assim, assim, assim, assim, com a meia toda, até acabar. E uma vez que tenhamos o rolinho [risos] com a meia toda, o que faremos é, começando outra vez pela ponta, pegar o rolo que acabamos de fazer e continuar enroscando,

puxando bem para que fique apertado, e então enroscamos até terminar. Na verdade, poderíamos fazer com três ou quatro meias, mas, bom, depende também do cabelo de cada uma, e se você quer o coque maior ou menor.

Ao notar que o vídeo estava entre os mais vistos do dia, Isabel, animada, preparou-se para gravar o segundo, em que falaria sobre como se cuidar e pintar as unhas. Uns dias depois, vendo que a coisa estava evoluindo e que a qualidade das gravações era regular, seu marido conseguiu o que queria, convencendo-a a comprar uma câmera de melhor qualidade.

Um ano e meio depois, o vídeo do coque feito com a meia acumulava um milhão e meio de visitas. O canal YouTube de Isasaweis (seu apelido na internet) acumula quatrocentos vídeos, número que continua subindo, e conta com 100 mil assinantes até a escrita deste livro, o que o torna o maior canal de língua espanhola da história. Mas, quando Isabel postou seu primeiro vídeo, em novembro de 2009, não podia nem imaginar algo assim. Ela não era a primeira amadora que decidia compartilhar truques de beleza e maquiagem. De fato, tinha se inspirado em muitas usuárias inglesas que já o faziam e que acumulavam milhares de acessos. O que Isabel tampouco podia ter imaginado é que um ano depois de seu primeiro vídeo no YouTube assinaria um contrato com a rede televisiva Antena 3 para gravar um programa, *El mundo de Isasaweis*, e que escreveria um livro para a editora Martínez Roca sobre seus truques e tutoriais em vídeo.

Isabel já não consegue responder uma a uma todas as demonstrações de carinho e as cartas e e-mails que recebe de admiradoras (e admiradores). Um dia, ela anunciou que gosta mesmo é de cozinha, e sua comunidade pediu que compartilhasse suas receitas. Ela comprou um tripé e começou a cozinhar diante da câmera. Nesse momento, também capturou em sua rede os homens que procuram esse tipo de conteúdo. Gradativamente, ampliou o leque de truques: durante sua gravidez, por exemplo, começou a falar sobre a maternidade.

Ela lembra que, no dia em que recebeu uma ligação da Telemadrid para convidá-la a contar sua história em um programa, ficou nervosa. Mesmo depois de ter gravado tantos vídeos, não pôde evitar que a experiência a abalasse. Ela é tímida e o estúdio de televisão a deixou tremendo feito vara verde. Foi maquiada, entrevistaram-na. A partir de então, começou a frequentar muitos estúdios – La Sexta, España Directo ...–, até chegar a ter seu próprio programa, na Antena 3.

Hoje, Isabel é bastante conhecida e, embora invista em melhorar seu canal para torná-lo mais acessível, está ciente de que sua fama no mundo de fala espanhola pode ser fugaz. Todo dia dedica algum tempo para verificar sua conta pessoal no Facebook, "só para manter-me a par do que fazem meus amigos", e muito mais tempo para cuidar de sua própria fanpage: "Fico animada ao ler as coisas que me dizem todos os dias. Acho gratificante falar com eles, tomo nota de tudo e lhes sou enormemente grata". Não se importa em reconhecer que o futuro não a inquieta demais: "Não sei o que acontecerá lá na frente, mas não me preocupo. Hoje, dedico todo meu tempo a este projeto. É uma experiência inesquecível, sou mãe e estou muito feliz. O que mais posso querer?".

A revolução sepultada

Isasaweis é o retrato de uma nova era. Porém, o que está acontecendo é, na verdade, muito mais sutil e imperceptível e fica sepultado embaixo do barulho midiático e do estrondo de uma sociedade cada vez mais conectada. Nada sabemos do avô que entra no Flickr para ver as fotos das netas que o filho compartilhou com ele de modo privativo. Ninguém nos avisa que um estudante de Erasmus criou um blog para compartilhar anedotas com seus conhecidos, fotos e poemas sobre sua anódina vida em Roterdã. Grande parte dos conteúdos compartilhados é privada, como acontece com milhões de perfis e fotos no Facebook ou blogs publicados com senhas. Trata-se do primeiro passo para romper a barreira psicológica de compartilhar informação pessoal em aberto. Por outro lado, não chegamos nem a imaginar os milhões de terabytes de informação que se produzem a cada minuto. Nunca na história da humanidade foram criados tantos conteúdos; de repente, nós nos convertemos em autores. Até o ano 2000, estimava-se que havia 1 milhão de autores de livros por ano,[1] uma cifra enorme, já que, desde 1400 d.C., a autoria de livros tem crescido em torno de dez vezes a cada século. Mas esse milhão é uma porcentagem minúscula da população mundial. Hoje em dia, incluídos livros e mídias on-line, o número de autores se multiplica por dez a cada ano, ou seja, cem vezes mais rápido que antes do século XXI. Os autores, antes seleta minoria, logo serão maioria.

Existem pouquíssimas pessoas que, como Isabel, com seus próprios meios de produção e distribuição que a internet põe a nosso alcance, se tornaram estrelas midiáticas. Audiências massivas que são contadas às centenas de milhares. Mas a história de Isabel Llanos é uma anedota no oceano dos *prosumers* (consumidores e produtores de conteúdos ao mesmo tempo). Aquele usuário que antes era um espectador passivo tornou-se um criador que pode pôr em xeque as empresas de mídia. Não só a qualidade dos conteúdos é quase profissional, como a audiência feminina de Isabel não espera um conteúdo perfeito. Muito pelo contrário. Isabel é como elas, com suas imperfeições, e seus vídeos têm a iluminação caseira de sua varanda.

O que não chegamos a ver dessa revolução são milhões de pessoas que usam e produzem conteúdos dirigidos para seus conhecidos. Antonio Fumero, pesquisador da Universidade Politécnica de Madri, explica que há três fatores que definem nossa "tecnossociedade": conteúdos, tecnologia e pessoas – ou seja, conteúdo digital, tecnologia de produção, distribuição e consumo e relações pessoais. Vamos por partes.

Conteúdos digitais: o atendimento entra em crise

Estamos nos digitalizando. Cada vez mais passamos horas consumindo produtos e serviços digitais. As estatísticas de produção mundial de bens tangíveis e intangíveis nos dão uma pista. E não se trata só de lazer e entretenimento, videogames, música, filmes. Nossa jornada de trabalho se

---

[1] Disponível em http://seedmagazine.com/content/article/a_writing_revolution/.

digitaliza, nossos amigos se digitalizam, detestamos imprimir fotos ou ir ao correio para enviar um produto que vendemos no eBay.

E essa digitalização, somada à diminuição radical dos preços dos meios de produção de bens digitais (hardware e software), nos transforma em *prosumers*. Por sua vez, o excesso de capacidade produtiva nos leva irremediavelmente a uma inflação de conteúdos dispostos a serem digeridos por uma quantidade mais ou menos constante de pessoas. O atendimento a essas pessoas é o recurso limitante do consumo de informação. Por isso, antes sabíamos de cor a letra de muitíssimas músicas. Não é só que nossa memória se ressinta da velhice, é que escutamos muito mais canções muito menos vezes.

Nessa crise no "setor da atenção", os esquemas baseados na comunicação intrusiva, como as interrupções publicitárias, estão destinados a perder eficácia, porque nos sobram os conteúdos. Produzir esses conteúdos com a máxima qualidade ao menor custo, entender as novas regras para desenvolver ações destinadas a captar a atenção, como se explica no capítulo 12 deste livro, ou entender que a seleção do conteúdo agrega valor ao processo de produção e distribuição são algumas das linhas a serem introduzidas em toda estratégia de marketing nas mídias sociais.

Como explicava Richard S. Wurman em seu livro *Ansiedade de informação*, seremos obrigados a trabalhar a informação como arquitetos, que desenham e pensam em sua ergonomia. A sobrecarga de informação marcará para sempre a forma com que as empresas devem se comunicar com a sociedade. Melhor deixar de pensar em um anúncio de vinte segundos, com um *prime time* de impacto absoluto. Isso já desapareceu faz tempo, mesmo que ainda se percebam sintomas evidentes de que a troca de chip ainda não aconteceu.

Os meios de produção ao alcance de todos

Se a criação de conteúdos necessita de meios de produção, possuir o meio facilita a criação. Por isso, durante o século XX existiam muitos aficionados por poesia, mas apenas cineastas amadores. Escrever era barato e as pessoas escreviam com livro publicado ou sem ele. Produzir um vídeo ou uma canção, no entanto, não era simples para os não profissionais. Estamos, pois, perante a vingança do amador. A disponibilidade de hardware em forma de computador pessoal, com enorme capacidade de processamento, e de software com funcionalidade avançada a preços populares anima as pessoas a produzirem. E, frequentemente, o resultado parece profissional e, ainda às vezes, os profissionais copiam a estética amadora porque é a que pega na internet.

Julio Alonso, fundador da Weblogs S.L., a rede de blogs profissionais mais importante de língua espanhola, citava em 2006 Dave Winer, coautor de *El manifiesto Cluetrain*,[*] referindo-se à vingança do amador:

> Ser amador não é menos que ser profissional. Simplesmente é outra maneira de fazer as coisas. A raiz da palavra *amateur* é amor. Alguém que faz algo por amor é um amador. Alguém que faz as coisas para poder pagar suas contas é um profissional. Os amadores têm mais integridade do que os profissionais. Se você é um amador, tem menos conflitos de interesses e menos motivos para não dizer a verdade do que se você tiver que pagar suas contas e agradar todo mundo.[2]

Lá pelo ano 2005, o open source marketing ou marketing cidadão era uma tendência[3] diferenciada, o que nos levou a escrever sobre ele nos seguintes termos:

> O open source marketing ou marketing de código aberto. O prolongamento natural do jornalismo cidadão, dos blogs, dos fóruns, de todas aquelas iniciativas que abrem as organizações à colaboração

---

[*] Em português, *O trem das evidências*. Disponível em http://www.cluetrain.com/portuguese/index.html. (N. do E.)
[2] Disponível em http://www.merodeando.com/2006/04/26-la-venganza-de-los-aficionados.
[3] Disponível em http://www.trendwatching.com/trends/customer-made.htm.

com aqueles que já foram considerados, pretensiosamente, seus alvos, e que agora, rebelados, aspiram a subir um degrau para converter-se, também pretensiosamente, em *partners*.

[...]
Isso acontece porque as pessoas querem brincar de ser publicitárias, ou de criticar produtos como profissionais experientes, ou aconselhar voluntariamente as empresas para que desenhem e fabriquem os produtos que elas gostariam de comprar. A revolução dos amadores: milhões de entusiastas em todo o mundo dispostos a competir com os profissionais em vontade e capacidade tecnológica. Da astronomia à eletrônica, da música ao marketing.

[...]
Falamos de marketing cidadão quando: 1) as pessoas decidem voluntariamente falar sobre suas marcas favoritas, oferecendo valioso material aos departamentos de pesquisa de mercados que saibam apreciá-lo. Fóruns de opinião, blogs, comunidades on-line e outras iniciativas como ciao.es ou epinions; 2) a empresa decide ativamente pedir a colaboração de usuários avançados; 3) os amadores decidem lançar-se sozinhos ao marketing: quer tenham ou não pedido sua participação.4

Hoje em dia, o conteúdo gerado pelo usuário não é um recurso desconhecido para o departamento de marketing, nem de longe. Embora se depare com usuários mais desconfiados, que já não entram em armadilhas tão facilmente, como se explica no capítulo seguinte, a ânsia de criar continua. Trata-se de uma motivação intrínseca. Levantemos a cabeça e levemos isso em consideração.

Em 2004, a conhecida marca de tênis Converse, depois de 96 anos de existência, e convencida de que sua marca pertencia às pessoas, lançou uma

---

4 Disponível em http://www.territoriocreativo.es/etc/2005/06/marketing_ciuda.html.

das primeiras iniciativas on-line relacionada ao marketing gerado pelo consumidor. John Butler, diretor criativo da Butler Shine, a agência que liderou a ação, disse para os dirigentes da Converse (recentemente adquirida pela Nike):

> Se vocês realmente acreditam nisso [que sua marca pertence às pessoas], por que não deixam que os consumidores criem a publicidade? Por que não deixar que eles nos digam por que a consideram bacana? A marca de vocês é querida por artistas, atletas e muitas pessoas criativas, que não gostam que "vendam para elas". Deem a eles um fórum para dizerem algo ao mundo.[5]

Assim, criaram a Converse Gallery, uma coleção de vídeos de 24 segundos realizados inteiramente pelos usuários. Não tinham que ser comerciais, não deviam ter um roteiro falado, nem podiam exibir conteúdo para adultos. Os melhores foram exibidos na página corporativa da Converse e chegaram à televisão. Muitos transmitiam melhor o que a marca significava para seus fãs. O resultado foi espetacular:[6] nos três primeiros meses, conseguiram quatrocentos vídeos. A maioria era de autênticas obras de arte, mas também foram compartilhados vídeos simples e mal realizados. No fim das contas, foram contabilizados 2 mil vídeos de vinte países diferentes. O movimento continuou além do vídeo, e eles receberam cartazes, desenhos e foram até mesmo pintados murais em prédios. Por último, lançaram uma coleção de desenhos de Chuck Taylor, o modelo mais emblemático da insígnia, criada por artistas de todo o mundo.

Durante a temporada de férias de 2004, as vendas on-line cresceram 80%, as vendas internacionais, 45%; foram recebidas 5 milhões de visitas e visualizações de vídeo em dez meses, e o tempo de permanência dos visitantes on-line foi aumentado em 40%.

---

[5] Disponível em http://adage.com/article/madisonvine-case-study/consumer-created--video-ads-boost-converse-sales/42024/.
[6] Disponível em http://www.slideshare.net/tiaoyue/converse-case-study-8.

Relações pessoais: continuamos separados por seis graus?

Os conteúdos são digitalizados e a tecnologia nos eleva à categoria de autores. Entremos agora no terceiro e último fator de enquadramento da web social: as relações pessoais. Em 1927, o autor húngaro Frigyes Karinthy popularizou[7] a ideia de que o mundo estava ficando pequeno. Apesar das grandes distâncias físicas, os meios de transporte e de comunicação permitiam que as redes de amizades estivessem mais separadas, e mesmo assim que as pessoas estivessem mais conectadas umas com as outras. Em um conto intitulado "Chain-links", seus protagonistas diziam que mesmo que o mundo tivesse naquele momento 1.500 milhões de habitantes, duas pessoas quaisquer da Terra estavam conectadas por cinco pessoas, das quais uma delas era um conhecido. No ano 1961, Stanley Milgram tentou demonstrar essa teoria com uma experiência na qual as pessoas tentavam fazer chegar um pacote pelo correio para pessoas desconhecidas por meio de pessoas conhecidas. Essa experiência permitiu-lhe concluir que, efetivamente, a distância média de pessoas conhecidas entre si, para chegar a um desconhecido, estava entre cinco e seis. Duncan Watts realizou um estudo similar por e-mail e chegou a uma conclusão semelhante. E mesmo que nenhuma dessas tentativas tenha recebido a aprovação unânime da comunidade científica, parece que se aceitou que se trata de um número próximo a seis.

Robin Dunbar, um antropólogo que tem estudado diferentes culturas e povos primitivos, fixou em 150 o número de pessoas que podem "desenvolver-se plenamente em um sistema determinado".[8] Ele relaciona esse número com o tamanho do neocórtex cerebral e sua capacidade de processamento. Esse número passou a ser considerado o número de relações ativas que uma pessoa pode manter. Mas o curioso é que, se pudéssemos demonstrar que as ferramentas sociais incrementam a produtividade de nossas relações sociais, o número de Dunbar poderia estar aumentando

---

[7] Disponível em http://es.wikipedia.org/wiki/Six degrees of separation.
[8] Disponível em http://es.wikipedia.org/wiki/N%C3%BAmero_de_Dunbar.

e os graus de separação que nos unem com qualquer pessoa, diminuindo. E mesmo que alguns experimentos realizados no Facebook continuem apresentando um número entre 5 e 6, outros estudos científicos[9] demonstram, por exemplo, que os graus de separação entre usuários ativos do Twitter se reduzem a 3,67.

Embora a expressão "você é mais falso que um amigo do Facebook" quase tenha chegado a fazer parte dos ditados populares, os vínculos ou laços fracos, como os denominou Mark Granovetter,[10] têm um papel vital na propagação das ideias: somos mais propensos a compartilhar com nosso círculo de amizades próximas algo que aprendemos de um conhecido, já que consideramos improvável que eles o conheçam e tenham recebido a notícia por parte dele. Exatamente o contrário do que acontece com os amigos próximos. Já foi demonstrado que muitas mudanças de trabalho, por exemplo, são produzidas por meio desses conhecidos ou vínculos fracos. E, portanto, é inegável que manter contatos "fracos" em nossa rede social pode desencadear muitos projetos, tornando assim o socialholic uma pessoa potencialmente mais produtiva. Vamos ver um caso próximo.

Eliminar as barreiras da preguiça social: nosso *affaire* com o planeta

A semente deste livro foi uma mensagem privada no Twitter. Pode parecer que dá na mesma que o meio seja uma mensagem privada no Twitter ou um sms ou um e-mail. Mas acontece que não dá na mesma, porque como em tantas outras ocasiões, o meio é parte da mensagem.[11] Em um dia de outono de 2010, um tuiteiro chamado Roger Domingo apertou o botão de *follow* de nossa conta no Twitter. Os 160 caracteres diziam "Diretor edi-

---

[9] Reza Bakhshandeh, Mehdi Samadi, Zohreh Azimifar e Jonathan Schaeffer, "Degrees of Separation in Social Networks". Disponível em http://www.aaai.org/ocs/index.php/SOCS/SOCS11/paper/view/4031.
[10] Disponível em http://www.stanford.edu/dept/soc/people/mgranovetter/.
[11] Disponível em http://es.wikipedia.org/wiki/Marshall_McLuhan.

torial dos selos Deusto, Gestão 2000, Alienta e Para Leigos (Grupo Planeta)". Parecia ser um contato interessante, portanto lhe devolvemos o *following*. Essa ação deu lugar a algumas trocas inofensivas de pareceres. Ler acidentalmente algum comentário de Roger em nossa *timeline* ia dando alma ao Twitter. E garantia a sensação de proximidade.

Após um final de semana intenso, preparando um documento de oferta para um concurso público, ocorreu-nos que essas mais de 200 páginas poderiam ser trabalhadas e transformadas em um esboço de um livro. E já fazia tempo que nós, os Polo, tínhamos em mente escrevê-lo, mas íamos deixando-o na mochila de projetos abandonados. Ter procurado o telefone para entrar em contato com uma editora teria sido impensável em nosso movimento diário.

Mas não era necessário fazer a ligação. Bastava uma mensagem privada pelo Twitter ao diretor dos selos da Editora Planeta. A seguir, a conversa em quatro mensagens privadas:

> @abladias: Roger, se em breve quiséssemos publicar um livro sobre marketing em mídias sociais e o enviássemos a partir de @tcreativo, seria de seu interesse?
> @RogerDomingo: Claro! Mande um e-mail para ...@... e discutiremos sobre ele.
> @abladias: Te mandei um documento enorme, desculpe-me pelo abuso. Mas não tinha recurso para "condensar" ;-)
> @RogerDomingo: Documento recebido ;-) Amanhã respondo para você com calma. Um abraço.

O resto da história é o livro que você tem em suas mãos. Aumentar a produtividade de nossas relações sociais diminui as barreiras da preguiça. Enviar aquela mensagem direta não custou nem vinte segundos. Se Roger tivesse dito que não lhe interessava, seria outra coisa. A conectividade que as mídias sociais proporcionam faz com que as coisas aconteçam se queremos que elas aconteçam.

Social media marketing, segundo nosso evangelho

Quando, em 2009, estávamos redefinindo a Territorio creativo para reconvertê-la de agência interativa em agência de consultoria de social media marketing (SMM), percebemos que tínhamos a oportunidade, ao encontrarmos com um termo ainda engatinhando, de elaborar nossa própria definição do que entendíamos por marketing em mídias sociais. Poderíamos ter escolhido outro termo, como "comunicação 2.0" ou "social media optimization" (ainda hoje muita gente confunde esse termo com SMM), mas escolhemos marketing de forma premeditada. E, para ir além do que se costuma entender por marketing, usamos um termo com "M" maiúsculo e repetimos a famosa frase de David Packard, fundador da Hewlett-Packard: "O Marketing é importante demais para ficar por conta apenas do departamento de marketing".

Entendemos o Marketing como um amplo espectro de atividades orientadas para colocar o cliente no centro da organização: conhecer suas motivações, seu comportamento em grupo, o mercado, determinar necessidades, satisfazê-las conforme uma qualidade definida e estabelecer relações duradouras. Talvez tenha a ver com esta visão – a ignorância é atrevida – o fato de não ter trabalhado em departamentos de marketing tradicionais. O Marketing com "M" maiúsculo vai além do que se costuma entender por marketing, a saber, publicidade em todas suas variantes: *above the line* e *below the line*, marketing direto, marketing on-line, marketing de guerrilha, marketing da rua, marketing relacional...

Nossa visão é ampla, holística, poliédrica, complexa, sonora, ambiciosa. Frequentemente extrapola as expectativas de nossos clientes e nos coloca um quebra-cabeça, que poderíamos economizar com um enfoque do tipo "chegaram-os-rapazes-do-Twitter". Mas somos teimosos e buscamos realmente ajudar as empresas a mudar o mundo para melhor, descartando táticas publicitárias questionáveis e investindo dinheiro em um capital perdurável e de valor difícil de calcular: o vínculo com o cliente. Queremos construir uma sociedade sem interrupções publicitárias. Queremos que as empresas, além de vender seus produtos, façam de tudo para informar, atender e entreter. Por isso, decidimos complicar a vida e mostrar a nossos clientes o seguinte esquema:

Visão de social media marketing

- Publicidade
- Atendimento ao cliente (e fidelização)
- Comunicação
- Social Media Marketing
- Desenvolvimento de produto
- Vendas

Em nossa lista de valores 2.0, incluímos a humildade. Aprendemos em primeira pessoa, escrevendo em nossos blogs e descobrindo que sempre havia leitores que sabiam mais do que nós. Lá por volta de 2009, ao publicar essa visão no #TcBlog, aconteceu de novo. Naquela época havia só quatro pétalas no esquema, e um bom amigo da casa, Daniel Ponte, gerente da Everis, completou essa visão acrescentando uma área. Faltava a área de vendas, que um ano depois chegou, pelo seu próprio peso, a nosso enfoque de serviços. Todo o capítulo 8, dedicado ao social commerce, trata dessa pétala.

A visão teceriana (da Territorio creativo) do marketing em mídias sociais

Em novembro de 2009, publicamos no #TcBlog nossa visão mais geral e ampla do marketing em mídias sociais. Optamos por deixá-la aqui tal como foi concebida (uma palavra acrescentada e uma suprimida, e uma frase eliminada sobre o autor, pois era injustificada), porque, com suas carências, mostra a evolução de nosso pensamento que, não obstante, mantém-se fiel aos fundamentos.

Social media marketing, segundo nosso evangelho

David Packard disse que o marketing é importante demais para ficar por conta apenas do departamento de marketing. Há apenas 40 ou 50 anos, o marketing quase não existia. Surgiu quando a oferta começou a superar a demanda, e as empresas viram a necessidade de conhecer melhor o mercado e adaptar seus produtos a ele. Depois, entrou na moda (obrigatoriamente) orientar a empresa para o cliente. A partir desse momento, quase todas as funções da empresa se converteram em marketing. Sem exagero, é evidente que o Marketing (com maiúscula) compreende hoje várias funções desempenhadas em diferentes departamentos de uma empresa:

- pesquisa de mercado;
- desenvolvimento de produto;
- publicidade;
- comunicação corporativa;
- atendimento ao cliente e fidelização.

(Deixamos de fora a função comercial, porque essa tem envergadura suficiente para ser uma função independente, embora próxima do marketing, assim como a função de produção.)

Social media marketing?

Social media marketing é uma nova função corporativa que avalia o impacto das mídias sociais sobre uma empresa em particular, e as introduz, conforme essa avaliação, nos componentes da estratégia corporativa que têm a ver com o marketing, como a publicidade, a comunicação, o desenvolvimento de produto (e pesquisa de mercado) e o atendimento ao cliente (e a fidelização).

Essa definição pretende ser a visão que nós, da Territorio creativo, temos da função do marketing em mídias sociais. Ainda acreditamos cegamente nestes cinco mandamentos:

I) O advento das mídias sociais supõe uma revolução, não uma evolução como foi o e-Business no final do século passado (o primeiro uso de internet como um novo meio de comunicação empresarial).

II) O marketing em mídias sociais é importante demais para ficar por conta de qualquer diretor, com exceção do diretor-geral. Seja o diretor de comunicação ou o diretor de marketing, o SMM transcende a organização tradicional da empresa. A realidade é que nenhum departamento tem experiência na gestão da revolução das mídias sociais.

III) SMM não é publicidade em mídias sociais. Muita gente acredita que, usando o termo social media marketing, falamos do uso das mídias sociais para fazer publicidade. Mas essa visão tão estreita seria como pensar que o marketing é igual à publicidade. As mídias sociais têm pouco em comum com as mídias tradicionais, além da metade do nome. É a mesma distância que separa o SMM da publicidade.

IV) Comparar social media marketing com Search Engine Marketing ou eMail Marketing é como comparar a macieira com cada uma das maçãs. SMM não pertence à mesma categoria que as disciplinas "tradicionais" do marketing on-line, já que esses

> ramos são sobretudo publicidade. O sobrenome "marketing" faz com que se tergiverse seu significado real.
> V) Social media não é uma moda nem uma disciplina do management. É um fenômeno que interrompe em maior ou menor grau (dependendo do setor em que a empresa se move) a estratégia corporativa, como em seu momento o fez, para dar um exemplo, a publicidade "sem rodeios".
>
> Pelo menos também estamos seguros de que o social media marketing é complexo demais para ficar a cargo "dos membros da Territorio creativo". Este artigo pretende expor nossa visão e nosso modo de focar os projetos que desenvolvemos para nossos clientes. Mas estamos conscientes de que há muitas visões mais enriquecedoras (entre elas, as de nossos leitores). Gostamos muito do post[12] de Peter Kim sobre o assunto, embora não tenhamos encontrado muitos que apresentem uma definição resumida, o que é melhor, pois assim podemos abrir um debate.

Broadcasting da conversação

É comum que se faça referência às mídias sociais como "um canal a mais". Entendê-las assim implica ignorar a mudança radical com a qual a empresa se depara na hora de se comunicar com seus diferentes grupos de interesse. Cairíamos no erro, por exemplo, de contar o número de fãs e os impactos no lugar de prestar atenção à qualidade da relação que terminará produzindo um impacto indireto maior. A proliferação de meios tecnológicos de comunicação pessoais impõe às organizações uma transição de um modelo de comunicação em estrela, no qual a organização e sua mensagem se encontram no centro, a um modelo de comunicação em rede, no qual se produzem fugazes intercâmbios de informação entre milhares de pontos nodais.

---

[12] Disponível em http://www.beingpeterkim.com/2008/10/defining-social.html.

Broadcasting da conversação

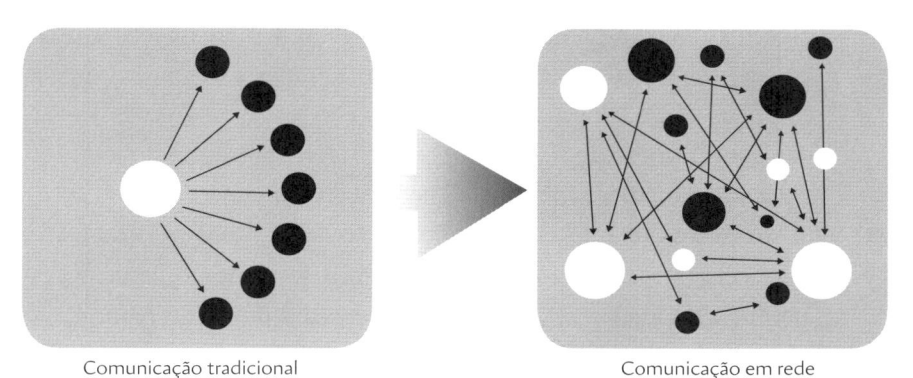

Comunicação tradicional

Comunicação em rede

A comunicação tradicional de difusão controlada e centralizada tem uma série de características que impactam sobre as regras de criação de mensagens, de distribuição e de estilos de comunicação:

- *A organização controla a mensagem.* A comunicação se produz em estrela, a mensagem chega diretamente aos receptores sem intermediários, com um controle absoluto por parte do emissor.
- *Trata-se de uma mensagem unidirecional.* O normal é lançar o anúncio e não obter informação de volta. Não lançamos a mensagem com expectativa de obter resposta.
- *Existem objetivos empresariais comuns.* Tanto a organização que contrata a publicidade quanto a que distribui os conteúdos são empresas com espírito de lucro. Se uma publicidade é enganosa, é porque existe acordo entre ambas as partes para sua emissão. Tornamo-nos muito incrédulos porque suportamos há muito tempo os abusos da publicidade. Já não acreditamos nem no que dizem terceiros, por mais neutros que pareçam. A máxima do "deixe que os outros falem por você" das relações públicas está suspensa. Hoje, é difícil ser neutro. Só as recomendações de pessoas próximas parecem ser confiáveis. Ao menos por enquanto.

- *O estilo de comunicação é corporativo e soa pomposo ou oco*. Uma das mensagens mais significativas de *El manifiesto Cluetrain*,[13] escrito por quatro autores norte-americanos em 1999, que predisse a massificação da web social e suas implicações nas funções de marketing das empresas, é que a linguagem corporativa não "soa" humana. As pessoas não conversam entre si dizendo "somos líderes absolutos do mercado dos condicionadores de cabelo", nem "o crescimento exponencial de nossos ativos intangíveis consolida fortemente nossa posição como especialistas reconhecidos no âmbito dos serviços profissionais de auditoria do meio ambiente". As pessoas usam um estilo natural, coloquial, não impostado. E, além disso, costumam ficar ruborizadas quando se autoenaltecem. As empresas não tiveram avó e nunca ficaram ruborizadas ao falar bem de si mesmas. Na verdade, colocaram o autoenaltecimento no código genético de sua comunicação. E nós temos nos tornado impermeáveis a esses códigos de pompa e circunstância. Se nos falam em tom de líder, ignoramo-los "submissamente".
- *Predomina a comunicação massiva*. Para otimizar orçamentos, procura-se exercer o máximo impacto no público-alvo. As mensagens não podem adequar-se ao receptor. Procura-se o mínimo denominador comum.

Nas comunidades não existe um só ponto nodal emissor, mas centenas deles que emitem, recebem e apresentam características muito diferentes: a fragmentação e a impossibilidade de comprar espaços publicitários marcam os estilos, a forma de relação e as tipologias de mensagens.

- *Comunicação em rede: pontos nodais e relações entre pontos nodais*. Quando não existe um único ponto de emissão, nem receptores que recebem a mensagem em uníssono, a comunicação se forma por conexões voluntárias entre pontos nodais. Esses pontos podem ser fortes ou fracos em função de sua identidade, de sua atividade e influência e das relações entre eles. A conexão também pode ser forte ou fraca segundo a interação e os históricos de conexão. Além disso,

---

[13] Disponível em http://www.cluetrain.com.

são produzidas conversas de um a um e de um com vários. A partir do momento em que se compreende que a mensagem não pode ser controlada, nem seu conteúdo, forma e tempo de difusão, começa-se a aceitar a insuperável realidade de que a teoria clássica da comunicação corporativa está desmoronando. Não é uma evolução, mas uma revolução. Agora se trata de construir pontos nodais, dotando-os de visibilidade e influência mediante algumas táticas de influência, essas, sim, tradicionais.

- *É diálogo, é bidirecional.* É possível que a mensagem não possa ser emitida do princípio ao fim sem ser interrompida, mas, sim, que seja transmitida de forma intermitente, intercalada com perguntas, refutações, saltos para a frente ou para trás. A diferença entre uma palestra magistral e uma entrevista não acordada.

- *Existem códigos novos e disruptivos, de acordo com a mídia utilizada.* Não deixam de aparecer novas mídias. A internet não é uma mídia, assunto que será visto no capítulo 3. As mídias são os serviços que se apoiam na internet para configurar-se como tais. Assim ocorre com o e-mail, o messenger, uma página da web, um blog, o Facebook ou o Twitter. E as mídias, em muitas ocasiões, são a mensagem, como dizemos ao contar como chegamos até a Editora Planeta. A forma como a mensagem é transmitida por meio dessa mídia, desse formato, estabelece a diferença entre o sucesso e o fracasso da comunicação. Se algo será repetido de boca a boca ou se ficará no primeiro receptor, exausto e sem energia para seguir viajando.

- *O tom da conversação soa humano.* Os pontos nodais da rede são quase sempre pessoas que falam como pessoas, não por acaso. Daí o empenho para que o tom da comunicação 2.0 soe humano e próximo. Repelimos os pontos nodais de pompa e circunstância. De fato, não os consideramos pontos nodais válidos. Evitamos a eles como ao típico amigo chato empenhado em contar-nos seu filme e incapaz de escutar.

- *Não falamos em comprar impactos publicitários.* É possível comprar publicidade em pontos nodais sociais, efetivamente. Mas seu impacto é mais baixo do que em mídias de comunicação on-line tradicionais.[14] Também podemos comprar *bloggers* e inclusive consumidores: muitas das iniciativas de *social shopping* (compra social) terminaram com o apelo "envie um tuíte e eu lhe faço uma oferta que você não poderá recusar". Porém, os códigos são diferentes, não existem normas e a fragmentação complica tudo. O marketing em mídias sociais não é para comprar publicidade necessariamente.

- *As conexões se estabelecem segundo o valor da conexão.* Se não posso comprar mídias, nem encontrar os receptores da minha mensagem, terei que procurar a forma para que os receptores da mensagem cheguem até mim. O princípio da utilidade novamente vem à tona. Mais adiante insistiremos no conceito da utilidade.
- *Foco em poucos e difusão viral.* Não podemos alcançar todos os receptores de repente. Trata-se de dar carinho a uns poucos, os mais próximos, e que esse carinho seja transferido desde o núcleo duro de fãs para fora, como uma onda expansiva. O fã é o novo objetivo de público. E a mudança de foco da audiência massiva para uma minoria não é simples.

Detenhamo-nos por um momento em ilustrar um exemplo da mudança de mentalidade que se imagina para uma grande empresa, um dos maiores anunciantes do país, ao passar de um ambiente de broadcasting massivo a um esquema de comunicação em rede.

@Movistar_es: um pequeno ponto nodal em uma grande rede

Quando a Movistar* abriu sua conta oficial no Twitter, aproveitando a unificação da marca com a Telefônica, sabia que com as regras da comunicação tradicional não conseguiria grandes resultados. A companhia designou duas pessoas com conhecimento do ambiente e experiência real

---

[14] Disponível em http://www.allfacebook.com/are-socialads-less-effective-then-search-2008-02.
* Marca comercial da Telefónica Móviles, uma operadora de telefonia móvel pertencente ao grupo Telefónica, que opera na Espanha e em diversos países latino-americanos. (N. do E.)

para coordenar o projeto: Ángel Luis Rivera, até então gerente de marketing relacional, e Elena Rodríguez Vega, responsável pelos fóruns de atendimento ao cliente da Imagenio.

Na manhã do primeiro sábado de maio de 2010, as espadas estavam em riste. Assim que foram publicados os primeiros tuítes, surgiram os primeiros comentários que especulavam se a Movistar entraria como um elefante em uma loja de porcelanas no Twitter. Mas a marca estava preparada e entrava com cuidado. Há algumas semanas, tinham sido preparados processos e equipamentos para interagir com os clientes que solicitassem ajuda e para resolver incidências e responder consultas. O tom adotado foi humano, humilde e simples. Utilizou-se o humor em todo momento. Poucos dias depois de começar, um tuíte escrito por Ángel Luis colheu centenas de retuítes e comentários:

> É complicado dizer isto, mas não gostamos do ADSL. Para quem devemos reclamar? @movistar_es !!! :)

Desde a primeira semana, a conta da Movistar já superava em número de retuítes e menções a Vodafone Espanha. E, em apenas seis semanas, também a superou em número de seguidores, embora o competidor acumulasse onze meses de história no Twitter. Colheram-se centenas de testemunhos em um tom muito diferente do que se podia ler apenas alguns dias antes de abrir a conta:

> Como o pessoal da @Movistar_es trabalha no Twitter! Verdade seja dita... (@AntonioGalian)
> Tenho que parabenizar a @Movistar_es. Perguntei sobre um problema e se deram ao trabalho de me ligar e tudo o mais... Nota 10. (@_miki)

E não se tratava só de atender bem aos clientes. A @Movistar_es destilava conhecimento sobre o ambiente virtual. Durante os primeiros dias houve muita pressão sobre as concorrentes: aVodafone teve que se reorganizar para começar a responder e atender casos de seus clientes. A

Orange chegou a eliminar a conta, que já funcionava há bastante tempo, para reabri-la dois meses mais tarde. Pablo Herreros, diretor da Goodwill Comunicação, comentou:

> A Movistar entrou no Twitter e no Facebook da maneira que deveria: escutando, aceitando e agradecendo críticas, resolvendo problemas e queixas de usuários e oferecendo conteúdo interessante. Mas o mais importante: utilizando o tom adequado e usando muito humor. [...] Meus sinceros parabéns à Movistar, pois o mais importante é que o diálogo com o cliente seja acompanhado de fatos que confirmam que não se trata de canais bonitos, mas sim de transmitir um interesse real em abrir-se para os novos tempos.[15]

Andy Stalman, diretor da Cato Partners na Espanha, destacava o fato de que a marca falava com ele em primeira pessoa:

> Fazer parte da comunidade on-line como marca requer muito trabalho, estratégia, conteúdo, um bom plano e principalmente bons equipamentos para executá-lo. Afinal, como dizemos, o poder expansivo do mundo 2.0 é mais potente do que econômico, porém, é um reflexo da vida 1.0.
> Como pôde uma marca como a Movistar me fazer mudar drasticamente de opinião em menos de uma semana? Na quarta-feira, a conta deles no Twitter (@movistar_es) posta um tuíte que compartilha um artigo que escrevi há pouco sobre a importância de as marcas ouvirem seus clientes. Ouvir e conectar-se é parte fundamental da vida diária de uma marca. Vocês não podem imaginar a cara que fiz ao ver que essa marca que eu via como distante, pesada, apática e alheia falava comigo em primeira pessoa.[16]

---

[15] Disponível em http://comunicacionsellamaeljuego.com/movistar-acierta-con-el-tono--en-twitter/.

[16] Disponível em http://www.marketingnews.es/varios/opinion/1048248028705/marca--movistar-nunca-digas-nunca.1.html.

Pontos nodais com identidade forte. Pontos nodais fracos de dinamização

O objetivo geral deste livro é detalhar alguns dos ensinamentos obtidos em projetos reais dentro da web 2.0. Sem pretender fazer agora uma lista completa, destacamos sete pontos importantes para enfrentarmos a conversão da comunicação unidirecional a uma comunicação em rede:

1. *Construir pontos nodais fortes.* Em uma comunidade aberta, ninguém está no controle, e a comunicação não se produz de forma massiva e instantânea, mas de forma progressiva e descontínua. Desenvolver pontos nodais fortes nos permitirá implantar uma identidade digital própria e característica e nos proporcionará a possibilidade de agregar valor à comunidade, gerando assim conexões voluntárias a esses pontos.
2. *Criar pontos nodais fracos "dinamizadores".* A fragmentação e a aleatoriedade das conexões em rede são altíssimas. Por isso, devemos construir também pontos nodais menores (fracos) nos quais possamos gerar conexões, aumentando as possibilidades de comunicação eficaz.
3. *Ser influentes.* Quanto mais valor os pontos nodais fortes agregarem, mais influências e autoridade obterão, ou seja, maior capacidade para desencadear uma ação.
4. *Desenvolver relações reais com fãs e pessoas influentes.* A comunicação não é massiva e instantânea. Nossos pontos nodais próximos serão fiéis à nossa mensagem e se tornarão "redifusores" para chegar a pontos nodais com os quais não estejamos ligados diretamente.
5. *Conversar.* As comunidades sustentam-se no diálogo e no intercâmbio de informação. É crucial responder e gerar diálogo. Para isso, devemos implementar uma política de humildade e transparência.
6. *Conhecer os códigos de cada mídia.* Cada plataforma ou mídia social tem seus próprios códigos e usos. Destacar-se no conhecimento e no uso deles nos ajudará a aumentar a força de nossos pontos nodais e de nossa identidade digital.

7. *Humanizar a comunicação*. O diálogo é próprio das pessoas. A aproximação corporativa à conversação deve ser uma réplica do tom humano e deve dar visibilidade às pessoas por trás da marca.

O graal das mídias sociais

Temos pela frente duas grandes possibilidades de errar o tiro na hora de elaborar uma estratégia para mídias sociais em nossa empresa: a primeira, pensar que as mídias sociais são a solução para todos os nossos problemas. A outra, pensar que elas não passam de uma moda passageira, que voltaremos ao *marketing as usual*. São os dois extremos do caminho, aquele com falta de visão e o utópico. Como sempre, a verdade terá que ser buscada na escala de cinzas.

As empresas e a sociedade em geral enfrentam uma transformação profunda. As raízes dessa transformação estão dentro da internet, mas a internet é, em si mesma, um sintoma do que já estava acontecendo: saturação de oferta nos mercados, excessos publicitários e um cenário de informação quase infinita. Três fatores que confluem na internet massiva, a qual acelera tudo. Cada vez mais oferta e mais acessibilidade, cada vez mais excessos publicitários (o spam chegou com a internet, não devemos esquecer) e cada vez mais acesso a crescentes volumes de informação.

Digamos que "oferta, publicidade e informação" agora se chamam internet. E quando a internet se viu dotada de funcionalidade social, os consumidores finalmente assumiram o controle. Embora "o cliente tem sempre razão" pareça ser para nós um slogan banal, o fato é que, infelizmente, para as empresas, ele agora começa a ser real. É o começo de um jogo que se joga com novas regras. Uma transformação. E o esforço requerido para executar essa transformação é muito alto, motivo pelo qual só algumas organizações estarão dispostas a beber do graal que as mídias sociais põem à sua disposição. O resto se contentará em adotar as ferramentas com um objetivo de comunicação e marketing com minúscula.

A que cheira a transformação?

A transformação facilitada pelas ferramentas sociais é trabalhosa, mas beneficiará a sociedade, possibilitando uma economia na qual haverá organizações mais transparentes, mais sociais e mais humanas. Com que se parece essa transformação, vista de uma perspectiva empresarial?

- *A publicidade em mídias massivas morreu, longa vida à relação com o cliente.* Publicidade em mídias massivas: o século XX criou o rádio, a televisão e a imprensa moderna e, no final, também criou seu "carrasco", a internet. Ou, como temos dito, o carrasco foi criado pelo esgotamento de um sistema. O século XXI será testemunha da volta às relações pessoais, ao atendimento e ao serviço ao cliente. Já estamos testemunhando uma mudança de inversão que vai da publicidade para chegar à relação com o cliente. Pode ser que essa transformação não seja rentável em um primeiro momento para as empresas, porém é evidente que o será para os "usuários". E o que é bom para o usuário deve ser bom para nós. Ou, melhor, o que é bom para nós deve ser bom para as empresas. A publicidade era sofisticada e emocionante. A relação é mais concreta. Mais humana. Menos espetacularizada. Mais honesta e natural. Os mercados, antes da publicidade massiva, eram estabelecidos com diálogo e agora voltam a sê-lo.[17] A época dourada das mensagens grandiloquentes e vãs ficou para trás. O anúncio de vinte segundos está definhando. Longa vida ao atendimento ao cliente.

- *A conversação se aprofunda e a produtividade melhora.* A cultura 2.0 penetrará lentamente nas organizações. Respeito, humildade, colaboração, estruturas mais abertas, informação acessível e compartilhada serão demandas das pessoas, pois preferirão trabalhar nesse tipo de estrutura, porque estarão agindo com base no mérito. As pessoas terão mais poder e se sentirão mais responsáveis por seus atos. Vários estudos demonstram que as empresas com maior penetração

---

[17] Disponível em http://cluetrain.com.

de cultura 2.0 são as que possuem maior cota de mercado e margens de exploração.
- *Colaboração na cadeia de suprimentos*. As ferramentas sociais facilitam a comunicação entre equipes e melhoram a produtividade. Isso levará a uma colaboração muito mais natural entre os diferentes degraus das cadeias de suprimentos. Ainda podemos lembrar a dificuldade de implantação de metodologias como a CPFR (Collaborative Planning, Forecasting and Replenishment), que melhoraram os níveis de estoques de varejistas e fabricantes. As mídias sociais e o barateamento das tecnologias como o RFID (Radio Frequency Identification) permitirão democratizar a colaboração e estendê-la a muitos outros elementos da cadeia, suspendendo conceitos como a economia de escala. A colaboração é um processo social, e essas ferramentas não fazem mais do que lhe oferecer suporte.
- *Os clientes dentro, a satisfação fora*. Falar do envolvimento dos clientes nos processos internos da organização já é um clássico. *Crowdsourcing*, cocriação, inovação aberta... Ambientes que fomentam a participação dos clientes no desenvolvimento de produtos, no atendimento a outros clientes, na comunicação e no marketing. As barreiras corporativas se dissolvem. Agora os clientes podem falar diretamente com os funcionários e os tomadores de decisão internos têm acesso ao mercado de forma direta e sem mediação. Perguntaremos diretamente às pessoas que usam nosso produto sem necessidade de estudos de mercado complexos. Ter o cliente mais perto nunca poderá ser prejudicial. Sempre implicará produtos e serviços mais de acordo com sua demanda.
- *Menos management, mais paixão*. As mídias sociais facilitam a desintermediação em geral e reduzem a necessidade de uma coordenação centralizada de equipes de trabalho. As estruturas de coordenação central costumavam se apoiar na posse da informação e da perspectiva geral. Embora a experiência continue sendo um grau, o acesso à informação é mais universal. Se forem estabelecidos e impulsionados princípios de "autogestão", as mídias sociais tornarão os coorde-

nadores menos necessários. As ferramentas possibilitam a mudança e, como nunca aconteceu antes, as pessoas é que estão forçando a gestão a ser levada a um nível mínimo. Ao mesmo tempo, o maior envolvimento das pessoas nas tarefas das mídias e, por consequência, na chegada a seus objetivos resultará em maior produtividade, como fruto de uma paixão.

- *A inovação é social.* Às vezes imaginamos a inovação como um processo vinculado a um inventor solitário. Talvez a invenção, mas não a inovação. A inovação é um processo social em quase todas as suas facetas, desde o processo de herança do conhecimento até sua consolidação no ambiente empresarial, do processo de tormenta de ideias até o de apoio psicológico ao inovador ou aos inovadores. O processo se parece muito mais com uma rede e um processo interativo do que com uma linha reta e cronológica. As ferramentas 2.0 potencializam os aspectos de relação, transformando-se assim em facilitadoras da inovação.

O graal ao alcance de uns poucos

Algumas empresas beberão do graal da mídia social. Outras, não. Em um hipotético exame de excelência, poucas empresas seriam destaques. Só uma pequena porcentagem de empresas torna-se obcecada, sobressai e cresce acima do mercado, porém isso acontece muito menos de maneira continuada, como se reflete no livro de Jim Collins *Empresas feitas para vencer*. Todas as empresas acabarão usando as ferramentas 2.0 nos seus processos de comunicação, como quase todas já usam a web corporativa. Mas poucas perceberão seu potencial de transformação e o impulsionarão com programas internos de mudança, mediante o compromisso da alta administração. E essa mudança convergirá em diferentes âmbitos: no estilo de management, na cultura empresarial, em uma comunicação interna muito mais bidirecional, na abertura dos dados internos, na forma de trabalhar com *partners* e outros elos da cadeia de suprimentos.

Hoje em dia, quase nenhuma empresa tem bebido do graal. Quando se fala de casos de destaque, podemos contá-los nos dedos de uma mão: Dell,

Best Buy, Zappos, Starbucks, Ford... Quase todos eles norte-americanos. Temos carinho especial pelo caso da Dell, uma empresa que aprendeu uma dura lição ao deparar-se, em 2005, com uma grave crise de comunicação, quando um blogueiro famoso, Jeff Jarvis, iniciou uma cruzada pessoal contra a marca, depois de uma má experiência com um laptop e perante o silêncio reiterado do serviço de atendimento ao cliente. O caso, conhecido como "Dell Hell", serviu de lição para a própria empresa e de exemplo para muitas outras marcas. Em 2007, diante de uma situação financeira perigosa, o fundador Michael Dell voltou a tomar as rédeas da companhia e iniciou uma profunda transformação para voltar a orientá-la para o atendimento ao cliente. Nessa missão, as mídias sociais tornaram-se uma ferramenta fundamental. Como explicou o próprio Jeff Jarvis, meses depois da crise:

> Deveríamos ajudar nossos clientes insatisfeitos a dizer-nos o que fazer. Como fez a Dell, na própria web corporativa, permitindo que seus clientes avaliassem e comentassem seus produtos; solicitando *feedback* e organizando-o e vinculando-o às soluções; criando blogs próprios e falando com os blogueiros em seus próprios blogs; enviando técnicos para resolver os problemas. A Dell também tirou ideias de locais disponibilizados para que os clientes deixassem sugestões e pudessem votar e comentar as sugestões dos demais. Em um ano, registraram-se 8.600 sugestões, 600 mil votos e 64 mil comentários, e a Dell implementou uma dúzia ou mais dessas ideias.[18]

O blog direct2dell.com foi criado para atender qualquer tipo de reclamação de maneira pública e aberta, e dali surgiram algumas das iniciativas comentadas por Jarvis. Experimentar e aprender a usar as mídias sociais lhes permitiu adiantar-se, lançando um outlet via Twitter (@DellOutlet), no qual, nos primeiros dez meses, acumularam vendas no valor de 6,5 milhões de dólares. Hoje, ele tem mais de um milhão e meio de seguidores. No final de 2010, a Dell lançou um "social media command center" para

---

[18] Disponível em http://www.businessweek.com/magazine/content/08_09/b4073058449430.htm.

escutar e atender em tempo real as menções à marca; alguns meses depois, contava com 70 funcionários e monitorava 25 mil menções diárias da marca em onze idiomas diferentes.[19]

É importante lembrar que, ao falar de ferramentas 2.0, não estamos defendendo uma ideologia tecnológica. As ferramentas são simples armas que permitirão às pessoas, verdadeiras protagonistas do processo, impulsionar a revolução. Não esqueçamos que a tecnologia tem sido, em muitas outras ocasiões, catalisadora de grandes mudanças sociais: basta lembrarmos das velhas máquinas de impressão, da máquina a vapor ou do telégrafo para entendermos a magnitude da transformação profunda em que estamos imersos. Mas a origem da mudança está em nós. Estamos observando um sistema que se desagrega, a revolução industrial está dando lugar a uma nova era. A internet se encontra no epicentro das mudanças que estão chegando e das que estão por vir. Poucas empresas estão bebendo do graal, e esperamos um dia poder dedicar um livro inteiro ao que esse graal significará. Por enquanto, cremos que é mais benéfico iluminar o caminho e preparar as bases para começar um longo processo com o pé direito. Este livro e os capítulos a seguir tratam disso. Se você acredita que, independentemente do graal, sua organização será afetada pela mudança e procura algumas ideias para caminhar, continuar lendo esta obra pode ser uma boa ideia. A seguir, apresentamos o protagonista de tudo: o socialholic.

---

[19] Disponível em http://www.readwriteweb.com/enterprise/2011/07/how-dell-really-listens--to-its.php.

Socialholics
hoje e amanhã

2

Em novembro de 2009, José de la Peña, Pepe para os amigos, acabava de retomar sua conta no Twitter. Durante um ano e meio, não viu muito sentido nessa ferramenta e a manteve abandonada. Mas naquele final de semana foi ao EBE, um congresso em Sevilha que reúne milhares de pessoas para debater sobre a evolução da internet e das redes sociais. Decidido a dar-lhe uma segunda oportunidade, tomou seu assento no trem e perguntou no Twitter se alguém mais estava nesse trem. Alguém que estava a um par de assentos na frente viu o tuíte e respondeu dizendo que estava no vagão 8. A anedota lhes trouxe um sorriso no rosto quando seus olhares se cruzaram. Hoje, Pepe ainda se lembra de que, quando se encontraram para tomar um café no vagão-restaurante com outros ibéricos, apenas conhecia uma ou duas pessoas; no domingo, de volta a Madri, sua conta no Twitter tinha passado de 40 contatos a 140, que foram se acumulando ao longo do final de semana, conforme ia conhecendo dezenas de pessoas interessantes e muitas de suas referências no mundo da internet. "O Twitter mudou minha vida e tem ampliado de forma extraordinária o número de gente apaixonante que conheço graças ao uso das ferramentas sociais." Apenas algumas semanas depois de voltar do EBE, encontrou no Twitter uma famosa autora norte-americana a quem queria convidar para o ciclo de conferências que organizava na Fundação Telefônica. Embora sua agência de relações públicas já tivesse feito o contato, Pepe dirigiu-se pessoalmente a ela pelo Twitter e ficou surpreso ao ver que ela respondia. "Não é como o e-mail.

A sensação de comunicar-se sem contato prévio, com gente que você admira, em tempo real, é maravilhosa."

Alguns meses após começar a pegar o jeito daquele *microblogging*, descobriu uma tag misteriosa em um tuíte, que fez com que chegasse até um bar de música. O DJ programava sessões de música *jazz*, *chill out*, e compartilhava com essa tag no Twitter as listas que criava no Spotify, o serviço de música on-line. Pepe ficou viciado na tag e imaginou-se replicando o sistema para fazer publicações no Twitter, metade passatempo, metade necessidade profissional, para suas conferências. Começou a publicar à noite citações sobre um autor ou sobre um tema iniciando com uma tag que unia os tuítes de cada sessão. Entre as nove e as onze, buscava citações na internet e compartilhava dez ou quinze frases que lhe pareciam relevantes:

> #noche_Zola "É melhor sondar as profundidades da unidade que só riscar a superfície da variedade" (José de la Peña @sandopen)
> Fim de noite #noche_Zola escritor francês, considerado o pai do Naturalismo e seu maior representante. (José de la Peña @sandopen)

Sua audiência crescia e ele retuitava as frases para que seus seguidores pudessem desfrutar delas. A constância gerou um compromisso com seus leitores. Se uma noite não podia compartilhá-los, chegava a programar alguns tuítes, embora preferisse fazê-lo diretamente. Às vezes, sua noite temática versava sobre um sentimento ou algum fato que havia acontecido durante o dia. Seus seguidores o consideram um símbolo e chegam a lhe perguntar por mensagem privada como ele está, o que aconteceu na noite que ele dedicou à "decepção".

Pepe escolhe temas ou autores com a motivação de conhecê-los melhor com o tempo, e agora chegam a pedir-lhe que dedique a noite a um tema concreto, o que às vezes fica difícil, como quando alguém sugeriu que fosse à "cirurgia".

A primeira experiência de Pepe com a web 2.0 ocorreu em 2002, quando era diretor de estratégia da Telefônica e entrava em fóruns on-line de temáticas de telecomunicações, nos quais descobriu um verdadeiro arsenal de informação na boca de clientes e profissionais. Entretanto, lembra que a experiência foi desagradável em alguns momentos, pois o anonimato dos fóruns propiciava ataques agressivos, como quando o identificaram como funcionário da Telefônica e ele se sentiu repudiado por isso. Nada a ver com a extrema correção política que percebeu no Twitter. Mesmo assim, sua experiência com os fóruns o levou a contratar os serviços de nossa *startup* de pesquisa netnográfica para averiguar o que as pessoas esperavam dos serviços UMTS que seriam lançados em 2004.

Mais tarde, em 2005, resolveu incentivar um projeto com blogs alimentados com várias das cátedras que a Telefônica mantinha nas universidades, e que foi batizado "Criamos o futuro". Em 2007, Pepe decidiu patrocinar também um projeto liderado por Dioni Nespral, em que setenta autores escreveram um livro colaborativo intitulado *Blogbook*. Naquela época, foi Dioni quem o convenceu a começar seu próprio blog. Em sua busca por manter certa distância de sua identidade profissional (era naquela época diretor de relações institucionais da Telefônica e, fruto das más experiências com os fóruns, temia que relacionassem o blog a sua identidade), batizou-o Sandopen (anagrama de pensando), que agora também lhe serve de apelido no Twitter.

Pepe reconhece que, após um início de bastante constância em seu blog, agora o utiliza só para escrever quando tem uma ideia mais ou menos original a ser desenvolvida, e acredita que este é o uso adequado para ele. Por exemplo, utiliza o Twitter e sua comunidade para difundir iniciativas da Fundação Telefônica, da qual é diretor da área de Debate e Educação. De fato, poderia se dizer que sua implicação pessoal nas redes sociais tem modificado a imagem da organização e está causando hoje em dia uma transformação em todos os níveis. Sua conta pessoal no Twitter tem sido beneficiada por seu trabalho, e vice-versa.

Hoje, quase já não usa o leitor de feeds RSS. Como tantos outros usuários da web 2.0 inicial, agora Pepe prefere seguir os links que lhe chegam sugeridos por pessoas a quem segue no Twitter para compartilhar leituras afins. O Twitter não faz com que ele sinta a pressão que os leitores RSS exercem ao ver tantas atualizações sem ler. Pepe usa uma ferramenta para desktop como o Tweetdeck para administrar o Twitter, o que fez com que ele mudasse sua experiência com a rede, porque manter visíveis várias colunas ao mesmo tempo e organizar suas buscas lhe permite ser mais produtivo. Também usa muito o Delicious, um sistema de marcadores favoritos on-line, para recompilar, entre outras coisas, leituras e dados que utilizará em seu segundo livro dedicado à história da eletricidade.

> Acredito que o Twitter me proporcionou muitas coisas, além de contatos e leituras interessantes. Tem mudado minha forma de pensar e de escrever. A limitação de recursos aguça a engenhosidade, a escassez é a mãe do genial. A censura promoveu obras-primas como *O carrasco (El verdugo)*.

Todos temos um #socialholic dentro de nós

"Não entendo muito bem esse negócio de Twitter", pensou José de la Peña após a primeira tentativa, e não mudou de opinião até um ano mais tarde, quando teve sua segunda oportunidade. É o que pensa muita gente que se aproximou para testar, mas não conseguiu fazê-lo "genuinamente". Pesquisaram funcionalidades básicas, olharam, acrescentaram um par de amigos, inativos iguais a eles, ou algumas "estrelas midiáticas", que inundam suas contas com mensagens descontextualizadas, e a quem tiveram que excluir rapidamente. Terminaram ficando avulsas, como um convidado que chega à festa, não conhece ninguém, tem uma troca fugaz de ideias com alguém que fica falando de outra pessoa desconhecida e ainda por cima é um conhecedor de botânica, passatempo que nem de longe compartilha. No final, dá um passeio, experimenta algum salgadinho, tenta lembrar o que está fazendo por lá, para depois desistir e se mandar. Na verdade, não entendeu nada, porque não era sua festa, nem tinha conexão alguma com o ambiente. Muitas pessoas nessa situação chegam a alguma rede social por não querer ficar por fora e terminam desistindo, porque "não estão conectadas".

Agora essas mesmas pessoas leem artigos sobre a importância das redes sociais para o futuro do marketing; aos poucos seus clientes estão se incorporando a esse coletivo que as mídias denominam "o consumidor social", mas eles não percebem.

A função social vem de fábrica no DNA humano. Aristóteles a definiu assim ao referir-se ao homem como animal social ou político (*zoon politikon*). Isso não significa que todos nós vamos terminar escrevendo reflexões profundas em blogs nem que vamos nos tornar fotógrafos amadores ou DJs que compartilham músicas no MySpace.

Mas é óbvio que, se hoje perguntarmos a qualquer pedestre em uma rua de uma cidade espanhola, por exemplo, se alguma vez ele "escreveu" algo na internet (um comentário em um fórum, em um blog, no perfil de Facebook de um amigo, uma crítica no http://toprural.com), a possibilidade de que a resposta seja negativa é ainda muito alta. No entanto, se fizermos a pergunta para um garoto de 16 anos de classe média urbana, a resposta será "claro", com probabilidade de 100%. Escrever on-line para eles é como escrever um e-mail para muitos de nós.

A idade média dos usuários de Facebook aumenta, o que indica que se trata de hábitos que são mantidos e que, sem que isso signifique ter de tornar todos criadores, chegaremos a ter um uso mais ou menos estendido das funcionalidades sociais. Como José de la Peña, centenas de pessoas estão adotando esses hábitos quando encontram sua utilidade e seu sentido. Se nos limitamos a observar a barreira, custamos a entender que todos temos um socialholic dentro de nós. E, no entanto, o mundo está cheio de gente a quem a mídia social está mudando a vida imperceptivelmente ou de maneira drástica, como a Isasaweis. Ou como o caso de outro socialholic, Miguel Nonay.

Viajantes sem limites, a história de Miguel Nonay

"Com a Renfe ou sem a Renfe, tenho certeza de que irei a Madri." Assim, contundente, se mostrava Miguel Nonay em outubro de 2009, quando, após receber um convite para participar de um congresso em Madri, fazia de tudo para que a empresa ferroviária Renfe transportasse sua scooter elétrica, sem sucesso.

Miguel, uma pessoa com mobilidade reduzida, precisa de sua "scooter legal", como ele mesmo a denomina, uma espécie de *quad* elétrico para movimentar-se em seu dia a dia. Foi um momento amargo para Miguel quando recebeu um não como resposta, ao solicitar à Renfe que lhe permitisse levar sua cadeira 48 horas antes de iniciar sua viagem, apesar de estar dentro das medidas que a própria empresa publicava como admissíveis para o transporte de objetos. Miguel não ficou quieto e escreveu no mesmo dia em seu blog A Salto de Mata, em um impulso, com a razão e a raiva compreensíveis, um post detalhando a situação em que a Renfe o tinha colocado.

Às 19 horas desse mesmo dia, ele recebeu a ligação de uma pessoa da gerência da Atendo, o serviço de assistência a viajantes com mobilidade reduzida da Renfe, informando que não haveria nenhum problema em transportar sua scooter no trem. Sem ter consciência disso, com sua história, Miguel tinha dado lugar a uma forte reação viral: muitos de seus seguidores tinham feito eco do que tinha acontecido postando a história em seus blogs, ampliando a primeira pedra atirada no lago por Miguel e cuja onda tinha chegado até a Atendo, o que fez com que a empresa entrasse em contato com ele, disposta a solucionar o problema.

Mas como Miguel Nonay chegou a ser convidado para um congresso e a dar lugar a um episódio tão comentado nas mídias sociais? Há de se retornar a uma entrevista na qual nosso protagonista escutou Inés Fernández Tuesta, uma garota muito jovem que alimenta um blog chamado Mis Viajes por Ahí, onde conta sua experiência em viagens que realizou por vários lugares. A experiência de Inés abriu um mundo novo e muito atrativo para Miguel, que imediatamente decidiu criar seu próprio blog e começar a contar suas próprias experiências de viagens, com o ponto de vista particular de uma pessoa que viaja com mobilidade reduzida e que encontra impedimentos que os demais não sofrem. Ele não somente começou a escrever em seu blog como também procurou outros para poder comentar e conhecer mais gente. Em 2009, seu blog era conhecido o bastante para que a empresa organizadora de conferências reparasse nele e o convidasse a participar de uma das mesas, junto com um jornalista e escritor profissional, Javier Reverte.

Como sua popularidade crescia, muitos de seus seguidores pediram para ele ir além do blog. Após um período de maturação, a iniciativa veio à luz: unir turismo e acessibilidade. Assim nasceu "Viajeros sin límites", um projeto coletivo em que Miguel tem acolhido mais pessoas, com ou sem limitações de mobilidade, para juntos tratarem de colher as informações que os viajantes com dificuldades necessitam para organizar sua viagem. Uma iniciativa na qual trabalham com os próprios hotéis para melhorar a experiência real das pessoas com mobilidade reduzida. E têm ido ainda mais longe: procurar obter a "classificação acessível" como um salto de qualidade para a indústria hoteleira.

Miguel sabe que, por causa de sua situação, poderia se aposentar em poucos anos e não "complicar" sua vida. Mas, como ele mesmo reconhece: "Esses dois últimos anos têm sido os mais intensos da minha vida". Conheceu muita gente e tem participado de palestras, até o ponto de ter adiado voluntariamente sua decisão de viver na Costa Rica para se dedicar com intensidade a "Viajeros sin límites". Uma pessoa de ideias claras e princípios sólidos, conhecedora da força que uma comunidade comprometida agrega a esses princípios. Quem não estiver convencido, pergunte à Renfe o que uma comunidade é capaz de fazer.

Não tenho tempo ou o princípio da utilidade

"Não tenho tempo para o Facebook." Parece que as pessoas que "gastam mal" seu tempo nas mídias sociais dispuseram desse bem precioso excessivamente. Mas a realidade é que o dia se compõe de 24 horas e cada um decide investir esse tempo como quiser. Quase todas as transações econômicas baseiam-se no princípio do valor, e muitos economistas contemporâneos estão adotando essa metodologia para explicar comportamentos sociais. Se percebemos que algo tem mais valor do que o custo do investimento realizado, nós o compramos. Caso contrário, nós o recusamos. Se acrescentarmos isso ao custo de oportunidade para introduzir o conceito de recursos limitados e entendermos que existem consequências na hora de escolher entre fazer certas coisas e não outras, poderíamos responder em primeiro lugar por que as pessoas gastam tempo nas redes sociais. As pessoas usam as mídias sociais porque elas lhes proporcionam um valor concreto, que percebem ser maior do que o investimento realizado. Ponto. Se não percebemos valor, não investimos.

Esse princípio é compatível com correntes filosóficas como o hedonismo e o utilitarismo.[1] É bom tudo o que nos dá prazer ou felicidade. Essas correntes partiam da premissa de que o homem é egoísta por natureza, embora pensadores como Bentham tenham tentado explicar que a "felicidade máxima", ou seja, otimizar o número de pessoas que obtêm o prazer de uma transação, seria a causa do bem-estar comum.

Clay Shirky aponta no seu livro *Excedente cognitivo* que a Wikipédia, um dos maiores esforços colaborativos que a humanidade já conheceu, é produzida com aproximadamente 1% das horas que os norte-americanos passam vendo televisão. O tempo é algo de que todos dispomos na mesma medida, e como ele é investido, pelo menos nas sociedades ocidentais do primeiro mundo, é quase de uma decisão individual. Cada qual dedica seus esforços em função do princípio da utilidade, do valor percebido e do custo de oportunidade. Por exemplo, os smartphones estão acelerando a adoção de redes sociais, porque, combinados com uma tarifa de dados, permitem aproveitar tempos mortos, como o transporte urbano e outras múltiplas esperas improdutivas ao longo do dia.

A utilidade das mídias sociais cresce de forma exponencial também em razão do efeito de rede.[2] Esse efeito, explicado pela primeira vez no início do século XX para defender os monopólios telefônicos estaduais, foi definitivamente batizado por Robert Metcalfe, coinventor do Ethernet (protocolo para conectar computadores a uma rede de informática) e cofundador da

---

[1] Disponível em http://es.wikipedia.org/wiki/Utilitarismo.
[2] Disponível em http://en.wikipedia.org/wiki/Network_effect.

3Com, como a já famosa lei de Metcalfe. Essa lei diz que o custo de uma rede é N, sendo N o número de pontos nodais da rede. Porém, o valor atribuído a cada ponto nodal é aumentado pelo quadrado dos pontos nodais, sendo N^2.

O valor de uma comunidade aumenta segundo o número de pessoas que a usa. Toda comunidade, seja real ou difusa, tem um número mágico de usuários, denominado "massa crítica", a partir da qual o valor percebido pelo usuário é maior no débito do que no crédito. O valor de pertencer à comunidade é maior que o investimento de esforço realizado para compartilhar e pertencer a ela.

A falta de tempo que alguém alega para não usar as mídias sociais indica, na verdade, que a pessoa não recebe um valor maior do que investe para utilizá-las.

É verdade. É assim porque sua própria comunidade, sua rede social – amigos, conhecidos, referências de conhecimento ou contatos –, não superou a massa crítica. Se acreditarmos que, via de regra, o valor agregado é maior do que o investido, uma vez superado esse primeiro esforço inicial, deveríamos evangelizar os neófitos como um ato de responsabilidade social. Nós o fazemos frequentemente. Considere o livro que você tem em mãos como nossa última cruzada.

> Lembrando a vez em que vendi em menos de 8 h, via Twitter, 2 ingressos para o U2 de 100€ cada para um mexicano de passagem pela cidade #lovethisgame (Iñigo Kortabitarte, @kortabitarte, agosto 2011).

Um modem de 2.400 bps como presente de casamento

Juan Julián Merelo se casou em 1991 e ganhou um presente de casamento que naquele momento despontava na ficção científica: um modem de 2.400 bps. Naquela época, a ferramenta imprescindível para saltar do mundo conhecido a um universo paralelo, ao qual pouquíssimas pessoas tinham acesso na Espanha: o BBS (Bulletin Board System). J. J. Merelo (@jjmerelo no Twitter) ou simplesmente JJ, como é conhecido em seu grupo, pode ser considerado um pioneiro no sentido mais próprio do termo.

Professor de engenharia de TI em Granada, é um apaixonado por todos aqueles serviços que desde o ano de 1991 têm lhe permitido compartilhar informação com outras pessoas. Seu começo foi no Fido-BBS, um sistema de comunicação ponto a ponto, no qual cada ponto era um usuário. Depois disso, essa atividade o marcou, passando a ser muito mais do que um passatempo nas horas vagas. De modo que, quando, no ano 1992, depois de ter sido "grosso" em uma troca de opiniões com outro usuário em um dos temas discutidos, o administrador o expulsou durante uma semana do serviço, "chegou a reconsiderar sua vida".

Isso até o ano de 2001, quando JJ deu início a seu primeiro blog, dentro do serviço de publicação Barrapunto. Qualquer usuário podia publicar um blog na seção de Mibarrapunto com uma facilidade então surpreendente naquela época. JJ conheceu ali outros usuários, entre eles Víctor Ruiz, que criaria depois a Blogalia, uma plataforma para a criação de blogs. Foi Víctor quem convenceu JJ a levar seu blog para lá e, em maio de 2002, nasceu Atalaya, que replicava o nome de um programa de rádio sobre temas de informática que JJ mantinha desde 1997.

Ele criou o blog para falar de temas próximos à sua especialidade profissional, mas, com o passar do tempo, o blog começou a abrigar conteúdos muito variados, muitos deles de caráter pessoal. Chegou a tornar-se um reforço de sua memória: ao escrever as coisas que aconteciam, com datas e dados, podia voltar a elas quando quisesse e se lembrar de momentos e pessoas. E ele gosta dos blogs especialmente porque têm outro componente importante: permitem procurar com maior facilidade do que serviços como Google+, Twitter ou Facebook, nos quais a busca pode acabar sendo frustrante. À luz desses serviços, JJ lembra uma reflexão própria emitida nos momentos iniciais do Twitter: "Restam noventa dias ao Twitter". O tempo passou e, como reconhece, talvez os dias fossem muito longos, mas sua reflexão ecoa da data de vencimento que muitos desses serviços têm implícita. Por exemplo, a dos IRC (Internet Relay Chat), um serviço que se popularizou entre os BBS e os blogs, mas que hoje tem perdido grande parte do interesse dos usuários.

Não há dúvida de que o modo de consumir informações tem evoluído desde o ano 2004 até hoje. Se os blogs eram a ferramenta mais usada e a que mais atenção ganhava, a chegada dos outros serviços sociais mudou essa balança e, como JJ reconhece, hoje em dia você tem que explicar à garotada que usa o Tuenti o que é um blog e que utilidade ele poderia ter. Porém, para ele, os blogs continuam tendo uma série de valores que os outros serviços não proporcionam.

O que leva uma pessoa a iniciar-se tão cedo nesse mundo e, principalmente, manter-se nele compartilhando coisas diariamente? Ter algo para contar. Além de seu trabalho como professor universitário, J. J. Merelo é um narrador nato, com centenas de relatos publicados e um romance ganhador do prêmio Bubok: *Lujo y glamour*. Por trás de um socialholic há muitos interesses que têm lugar nas mídias sociais. No caso de JJ, as motivações mais fortes são compartilhar conteúdo e falar com "sua gente". Sua experiência faz com que ele não dê tanto valor aos novos serviços de moda, mas àquilo que realmente conta: o conteúdo. Seja lá quais forem suas últimas motivações, pelo menos hoje ele pode colocá-las em prática com uma conexão permanente. Longe ficaram os dias do modem de 2.400 bps.

Raio X do #socialholic

De 2008 a 2011, segundo o estudo da Pew Internet Research, o número de usuários das redes sociais duplicou. A idade do usuário médio passou de 33 para 38 anos. E 31% dos usuários de redes sociais entram no Facebook várias vezes por dia. Na Espanha, oito entre cada dez internautas usam o Facebook[3] e 35% deles usam o Tuenti e dedicam ao site em média duas horas por sessão! Sete entre cada dez usuários de internet móvel conectam-se às redes sociais e 29% o fazem diariamente. Como já falamos antes, todos

---

[3] Disponível em http://www.tcanalysis.com/2011/02/22/publicamos-la-3%C2%AA-ola-del-observatorio-de-redes-sociales/.

os indicadores apontam que não se trata de uma moda transitória, e sim de um hábito.

No entanto, não pretendemos descrever o socialholic como alvo publicitário, mas como uma pessoa precursora de hábitos relevantes para a mudança que o marketing está enfrentando no século XXI. Não se trata de um novo objetivo sociodemográfico que precisa ser cumprido: urbanita, *geek*, classe média alta, jovem ou outras qualidades atrativas para o "marketiniano" do século XX. Observar um socialholic nos permitirá capturar modos e costumes que progressivamente irão se encaixando em outros grupos sociais. Todos os alvos terminarão adotando hábitos "sociotecnológicos". O uso dessas funcionalidades vai se espalhar pelos diferentes segmentos da sociedade até deixar de ter sentido falar do socialholic *per se*, porque todos o seremos um pouco.

O Google nos faz de bobos?

Um socialholic é um *news junkie*, um viciado na atualidade. Informação engolida por meio de assinatura ou por busca ativa. Conteúdos devorados em diagonal. Manchetes caindo em um leitor RSS, newsletters que chegam na caixa de e-mail, links sugestivos compartilhados no Google+.

Mas o acesso universal nos torna fiéis às fontes. O conteúdo on-line está "comoditizado". Dentre os 25 sites de notícias mais populares nos Estados Unidos, a porcentagem de visitantes fiéis (que voltam mais de dez vezes em um mês) não chega a 20% no melhor dos casos (em particular na CNN.com).[4] E o Google é a principal fonte de trânsito. O visitante ocasional é de vital importância e os internautas são pouco fiéis às publicações on-line.

Autores como Nicholas Carr ou o próprio Vargas Llosa garantem que o Google e os hábitos de consumo de informação na internet estão nos atordoando. Que perdemos a capacidade de reter ou decorar informações que depois serão vitais para o raciocínio. E que somos incapazes de nos concentrar para produzir esse raciocínio. O consenso nesse ponto parece

---

[4] Disponível em http://www.journalism.org/analysis_report/navigating_news_online.

ser grande, mas, contra ele, autores como Shirky defendem que a inteligência coletiva, a ação coordenada mediante capacidades tecnológicas, compensará muito mais a perda de capacidade individual.

Com a pressão de seus iguais e o acesso universal à informação, o socialholic aprende e chega a usar esse conhecimento para criar e melhorar suas criações. Um dia, você começa usando o Instagram – um serviço de *microblogging* para compartilhar fotos – e, de repente, quase sem uma transição, pode se transformar em uma referência da fotografia urbana. Como se estivéssemos no filme *Matrix*, parece que poderíamos postar as "dez noções básicas sobre fotografia" e, em pouco tempo, dar uma tapeada. E, embora tapear seja algo que horroriza o fotógrafo profissional, é evidente que a curiosidade da criatividade amplia-se.

Minha opinião conta e sua opinião é importante para mim

Gostamos de falar e de expressar nossa opinião, e gostamos que alguém a aproveite ou que a refute. Essas são dinâmicas que procedem do mundo real e que se ampliam nos ambientes sociais. Como se pode ler no estudo da Pew Internet Research anteriormente descrito, 26% das mulheres e 17% dos homens deixam um comentário em uma publicação no Facebook pelo menos uma vez por dia. Só 15% dos usuários de Facebook nunca comentam nada.

Também nos importamos, e muito, com a opinião dos outros. Nos últimos anos, diferentes estudos constataram que a opinião de nossos conhecidos on-line nos influencia cada vez mais. O socialholic é um consumidor "ressabiado" que por natureza desconfia da publicidade. Buscamos proativamente opiniões on-line de outros consumidores antes de comprar. Essa é a atividade mais comum das pessoas,[5] junto da comparação de preços: consultar informações nos celulares antes e durante o processo de compra. Não só consultam opiniões já emitidas, como estão acostumadas a perguntar até mesmo em tempo real. Uma busca no Twitter nos dá uma pista rápida:

---

[5] Disponível em http://www.emarketer.com/Article.aspx?R=1008487.

> Aprender defesa pessoal em Murcia #recomendar (Almudena Más @almumas, 8 março 2010)
>
> Algum restaurante para @recomendar em #Colunga??? É urgente. Obrigado!! (Juan Otero, @ruralworker, 27 agosto 2011)

Nos últimos anos, a Forrester Research, conhecida empresa de análise tecnológica, usa sua metodologia Social Technographics para definir os diferentes graus de participação dos internautas. Eles são classificados como "criadores", "críticos", "espectadores" e recentemente a empresa atualizou os perfis para introduzir os "conversadores" (gente que não cria conteúdo, especificamente falando, mas participa comentando, gerando updates, tuítes e também comentários curtos).

Na página da Forrester, a ferramenta está disponível para uso segundo uma classificação por país.[6]

Redefinir o contrato social: dar, receber, despir-se e comprometer-se

Compartilhar é a raiz do novo contrato social. Conforme fazemos uso dessas mídias, chegamos a compreender que compartilhar é o que nos leva a receber e, embora sempre existam os usuários passivos, a verdade é que o socialholic é propenso a criar e compartilhar. Em 2009, perguntamos a Josh Bernoff, vice-presidente da Forrester Research e coautor do livro *Groundswell*, se ele achava que a porcentagem de criadores de conteúdo aumentaria significativamente com o incremento no número de nativos digitais:

> Tenho algumas evidências sobre essa questão. A porcentagem de "criadores" chega a 50% em alguns países asiáticos como Coreia do Sul. Mas, nos dois últimos anos, essa porcentagem cresceu muito pouco nos Estados Unidos, enquanto outras categorias (como a dos *joiners*) cresceram muito mais rapidamente. Acredito que nem todos

---
[6] Disponível em http://www.forrester.com/empowered/ladder2010.

os norte-americanos (ou os espanhóis) têm temperamento para ser um criador. Assim, espero que essa porcentagem chegue a no máximo por volta de 25% a 30% da população.[7]

Um compartilha e cem se beneficiam. A regra do 1/10/100 (um cria, dez comentam, cem leem) fala do valor de uma comunidade. Por isso tanta gente compartilha on-line sua opinião sobre um produto, por exemplo. Cada vez mais, os consumidores estão conscientes do valor de seus testemunhos.

Segundo o estudo da Pew Internet Research, as pessoas que usam o Facebook várias vezes ao dia são 43% mais propensas que outros internautas (e até três vezes mais do que os não internautas) a pensar que se pode confiar na maioria das pessoas. Os socialholics estão também cada vez menos desconfiados com relação a sua privacidade. Não temos nada a esconder e confiamos nas pessoas em geral; assim, não nos importa que todo o mundo veja o que estamos fazendo. Além disso, em um mundo mais conectado, arejar nossa intimidade nos molda como pessoas. O sucesso do Grande Irmão já não está unicamente na televisão.

É normal que um socialholic trabalhe sua marca pessoal e que algum deles, quando alcança o *status* popular em alguma rede social, chegue a imitar comportamentos próprios de uma celebridade. Acostumamo-nos também a gerenciar de maneira ativa um monte de vínculos fracos e a conversar com gente praticamente desconhecida como se fossem amigos da vida toda.

Por outro lado, os usuários do Facebook estão mais engajados politicamente do que seus colegas. Nos Estados Unidos, segundo o estudo da Pew Internet Research, durante as eleições de novembro de 2010, um internauta mostrava o dobro de propensão a convencer outras pessoas de seu voto e um usuário muito ativo no Facebook, 57% a mais do que o internauta médio.

---

[7] Disponível em http://www.territoriocreativo.es/etc/2009/06/josh-bernoff-groundswell--forrester.html.

Frikies e geeks

A facilidade que a internet tem proporcionado para que pessoas movidas por interesses raros (escassos) possam se conectar e se organizar está, paradoxalmente, dotando de visibilidade esses grupos *freaks** e ajudando-os a ganhar adeptos. A cultura *friki* está em voga e, embora o termo ainda tenha conotações pejorativas, percebe-se que os socialholics sentem-se orgulhosos de seus passatempos estranhos. Nossas especificidades nos diferenciam e, portanto, nos definem. Tomar significado é identificar-se em um ambiente de ruído social.

Talvez a única cultura compartilhada por todos os socialholics seja a *geek*: o culto visceral à tecnologia (principalmente informática). E não só tecnologia, mas também alguns símbolos *geeks*, como pode ser o Lego, a marca de brinquedos de construção, ou os filmes de ficção científica, como *Guerra nas estrelas*. É possível que a tecnologia deslumbre o ser humano porque lhe proporciona dons que estavam reservados aos deuses, como a onipresença, o conhecimento universal ou a telepatia.

Em seu estudo "Quatro ou mais", a Pew Internet Research abordou os hábitos das pessoas que possuíam mais de quatro *gadgets* para se conectar à internet. Hoje talvez o estudo já esteja ultrapassado. Daí, por exemplo, a obsessão por ter tudo sincronizado por meio da internet em diferentes dispositivos móveis (agendas, calendários, documentos, fotografias).

O *always on* muda nosso comportamento social. As discussões em grupo sobre fatos históricos costumam acabar sem discussões com uma busca rápida na Wikipédia pelo celular. Um chat em grupo do Whatsapp (rede móvel de mensagens instantâneas) pode nos fazer mudar os planos na hora.

A superficialidade e o imediatismo do consumo de informações, que comentávamos antes, estão desenvolvendo novos hábitos, como os favoritos on-line tipo Delicious ou Diigo, ou os serviços como Read It Later ou Instapaper, para degustarmos posteriormente, em casa ou em mo-

---

* Neste livro o autor faz uma separação entre os termos, porém no Brasil os *freaks* (pessoas interessadas em jogos, quadrinhos, ficção científica, etc.) também são conhecidos como *geeks*. (N. do E.)

mentos de repouso, as leituras ou vídeos que não podemos assistir de imediato.

Nossos hábitos estão mudando, e introduzir mais minutos de conexão mental com conhecidos ou desconhecidos on-line está modificando nosso comportamento e, por consequência, nosso desenvolvimento pessoal. A pressão e a influência que exercem nossos pares (*peer pressure*) e a mimese terminarão forçando-nos a "fazer um *planking*".

Papai, você não vai fazer um *planking* agora

Quando Alfredo Cano (@alfredo_cano no Twitter) convenceu seus pais a irem conhecer seus sogros no Pirineu catalão, não imaginava que, na hora de tirar uma foto de família no jardim, seu pai, "um personagem muito especial", nas palavras do próprio Alfredo, se jogaria no chão para fazer um *planking*. Na fotografia instantânea,[8] vê-se uma cena campestre, com uma família em perfeita pose e sorriso de livro, e um senhor, de uns 60 ou 70 anos, jogado aos pés da família, de bruços. Um cachorro e uma criança pequena olham-no com cara de surpresa. Junto à legenda da foto, "O dia em que os meus pais conheceram meus sogros...", uma tag diz #planking. Clicando na tag, tem-se acesso a dezenas de milhares de fotografias produzidas sob o mesmo conceito.

Fazer *planking* consiste em estar jogado de bruços em um lugar incomum. É especialmente difícil quando só são apoiados o peito e os pés, por exemplo. Durante os tumultos nas ruas da Inglaterra em agosto de 2011, uma das fotos que deram a volta ao mundo foi a de um jovem jogado na rua, diante de um grupo de policiais que perseguiam os manifestantes no meio dos distúrbios. Embora a origem dessa atividade remonte a 1997, o *planking* tem demonstrado força especial desde 2010. Casualidade? As revoltas árabes, o 15-M, os distúrbios na Inglaterra e o *planking*.

---

[8] Disponível em http://instagr.am/p/JztWc/.

Em *O gene egoísta*, Richard Dawkins inventou o termo "meme" para referir-se à "unidade de conhecimento" na difusão cultural. Um *meme* é uma ideia que se transmite de um indivíduo a outro ou de geração a geração, e trata-se de um conceito que recentemente foi protagonizado para explicar a propagação "viral" da informação nos tempos do consumidor social.

Explicar por que alguém enfiou a cabeça no porta-bagagem de um avião, onde apoia também o peito, e os pés no porta-bagagem da frente, tirar uma foto e postá-la na internet[9] não é simples. E, contudo, poderia se dizer que o fenômeno do *planking* resume o que está acontecendo. É tudo o que este capítulo tenta explicar. Ver algo surpreendente que outros fazem nos impulsiona misteriosamente a imitar um comportamento. Quando em um estádio todo mundo faz a ola, ninguém se pergunta como nem por quê. Criar o melhor *planking* e compartilhá-lo na internet dispara nossa reputação pessoal. Mas como se atrever a fazer isso? Mas como é possível pensar nisso? Vendo fotografias de outros *plankers*, choramos de rir. Entretenimento, economia do absurdo, marca pessoal, espírito gregário. Alguém ainda argumentará que é coisa de *frikies*. De fato, o mundo tornou-se um relatório de *frikies*, de modo que se mostrar em público e retuitar entre eles faz com que os *memes* viagem com rapidez e sem controle. Hoje em dia, ser *friki* é ser normal. Aliás, Alfredo Cano trabalha com grandes empresas e, às vezes, tem até que usar gravata. Seu pai, o protagonista da foto, é médico. Quanto tempo passará antes que as entrevistas de trabalho exijam dos candidatos provas contundentes de um elevado grau de *frikismo*?

SER+: os socialholics, por quê?

Não é preciso ir muito longe para entender por que as pessoas fazem uso compulsivo das mídias sociais, qual é a utilidade que nelas encontramos. Olhar para nós mesmos e nos conhecermos melhor nos mostraria o caminho. Nossas necessidades, nossas motivações. O que procuramos em nosso ambiente. O que esperamos do próximo. O que sentimos quando compartilhamos o que criamos.

---

[9] Disponível em http://www.geekosystem.com/best-planking-pictures/.

O ego é um conceito malvisto por nossa sociedade. Egoísta e egocêntrico são adjetivos pejorativos. Há em nossa cultura ocidental e cristã uma obsessão por não parecer demasiado ocupados conosco mesmos. O altruísmo inclina a balança para o outro e parece que deveríamos esquecer-nos de nós. Porém, devemos construir um ego forte precisamente para não nos ocuparmos permanentemente conosco mesmos. Caso contrário, teremos um altruísmo mal compreendido. O ego move o mundo. Não deveríamos nos envergonhar dele.

Compreender o que nos rodeia e nos sentir queridos e integrados nos impulsiona para as mídias sociais. Nosso modelo motivacional descreve em quatro etapas como nosso ecossistema social fortalece nosso eu, nos ajuda a entender melhor nosso ambiente, nos ajuda a nos relacionarmos com esse ambiente e, por último, nos faz melhores e promove nosso crescimento nesse ambiente. Batizamos esse modelo de SER+.

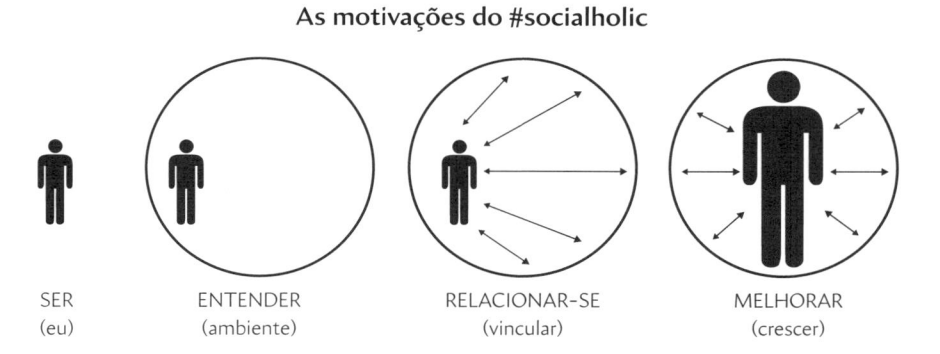

As motivações do #socialholic

SER	ENTENDER	RELACIONAR-SE	MELHORAR
(eu)	(ambiente)	(vincular)	(crescer)

Ser

Uma frase repetida ao se observar os comentários em uma rede social é que eles estão "infestados de egos". Gente se vangloriando, algo profundamente humano. Tanto que, quando entramos nesse ambiente, inevitavelmente começamos a fazer o mesmo, e nem percebemos ("o sujo falando do mal lavado"). Se ajustássemos o foco, veríamos também que as redes sociais estão cheias de satisfação pessoal, de entretenimento, de busca de alívio e de tudo o que nos reafirma como seres humanos.

- *Reforçar o ego.* O ego forte, como se costuma dizer nos ensinamentos da ioga, é exatamente o daquela pessoa que já não precisa se vangloriar de nada, porque ela já está segura de si. Vangloriar-se ajuda a construir o ego. Apesar de poder parecer o contrário, os perfumes de ego que se respiram nas mídias sociais são benéficos para o meio ambiente. Se eles são produzidos, é porque, em cada interação pessoal, o princípio da utilidade nos levou a examinar a situação e encontrar um valor nessa afirmação pretensiosa. Temos carência de autoestima na sociedade. Quando nos vangloriamos de algo, nós nos sentimos melhor. Aprendamos a conviver com o ego dos outros e a perdoá-lo. Hoje por você, amanhã por mim.

- *A criatividade move o mundo.* Quando Luis Rodríguez (@luison para seus seguidores) descobriu o Instagram, seu interesse pela fotografia transformou-se em um vício. Dos filtros originais simples, ele passou a experimentar aplicações mais sofisticadas para seu iPhone e a desenvolver um estilo próprio. Sua profissão de arquiteto evidencia-se nos enquadramentos e perspectivas dos edifícios mesclados com sua especialidade, *reflections*, reflexos em cristais, vidros, janelas de automóveis ou poças d'água. Três das trinta fotos instantâneas do concurso de fotografia móvel expostas durante o Madrid Photo Contest eram dele, o que o levou ao rádio e a aparecer em diversas mídias on-line. Seus milhares de seguidores apreciam suas criações quatro vezes ao dia, e apesar de reconhecer que não sabe se esse vício terminará se transformando em um trabalho em tempo integral, a emoção de criar sua própria obra reverbera em sua voz.

- *Para passar o tempo.* É possível que assistir a um programa de namoro na televisão produza o mesmo entusiasmo que "vasculhar" os perfis do Facebook. Com quase 35 milhões de usuários ativos por mês, as estatísticas do Farmville, jogo popular do Facebook, confirmam que jogar é uma das motivações do entretenimento. Assim, esquecemos a realidade temporariamente e depois voltamos a abraçá-la com força.

- *Um desabafo ou alívio temporário.* Quando Luis Muñoz (@HipPhoenix) escreve "odeio xxxx, são um bando de ladrões de merda... Sei que não adianta nada dizer isso aqui, mas ao menos desabafo por alguns instantes",[10] ele quer dizer exatamente o que disse. Poderia ter sido também uma súplica por causa de uma dor física ou psíquica. Em qualquer caso, não devemos desprezar o alívio emocional como um fator motivacional.

Entender

Enfrentar nosso mundo e compreendê-lo. O que, como, quem e por quê. Aprender é a principal motivação para o uso da internet, segundo o "Intent Index",[11] um estudo permanente das motivações para o uso da internet.

- *Aprender por meio de fontes ou tendências.* Inscrever-se em um podcast (uma transmissão periódica em áudio ou vídeo) no iTunes, o aplicativo da Apple para gerenciar conteúdos e continuar recebendo os vídeos de um canal sobre culinária, que nos foi recomendado por um amigo. Ou clicar em um trending topic no Twitter, para entender sobre o que está se falando em um exato momento.
- *Investigação ativa.* Perguntar no Quora, a rede social de perguntas, por um autor que nos interessa. Pedir ajuda no Twitter e receber sugestões para comprar um computador. Aprofundar a pesquisa na Wikipédia sobre um determinado compositor musical.
- *Fofocar para saber quem é quem.* Há algum tempo, quando o uso das redes sociais ainda não estava tão difundido, realizamos um processo de seleção para contratar um profissional sênior. Um dos três candidatos finalistas chegou à entrevista e, em poucos minutos, deixou claro que havia feito sua lição de casa: ele conhecia nosso histórico profissional, para onde tínhamos viajado recentemente e nossa obsessão pela autoformação (antes de solicitar um curso, o profissional deveria demonstrar interesse real pela matéria lendo

---

[10] Disponível em http://twitter.com/#!/HipPhoenix/status/104716053745115136.
[11] Disponível em http://www.intentindex.com/.

livros sobre ela). Os outros candidatos só sabiam nossos nomes e o objetivo empresarial da Territorio creativo. As redes sociais não dão acesso a informações pessoais de muita gente. E entender a posição de cada um e de seus interesses nos proporciona uma vantagem competitiva. Fofocar, mas não apenas para passar o tempo.

Relacionar-se

Dissemos que o uso das mídias sociais nos reafirma como seres humanos. Também nos ajuda a entender o mundo que nos rodeia. Agora é o momento de nos relacionarmos com o mundo ao redor e de entender a utilidade que extraímos dessas relações.

- *Conectar-se, sentir-se acompanhado e tornar-se íntimo.* As mídias sociais nos ajudam a conhecer gente, criar vínculos, baixar defesas e desenvolver uma sensação de intimidade. No primeiro capítulo, contamos como este livro surgiu, em uma troca de mensagens diretas no Twitter. O desenvolvimento de vínculos frágeis ou *networking* com objetivos pessoais ou profissionais é uma das razões mais citadas em todas as pesquisas sobre motivação. Mas não falamos só em manter vínculos frágeis. Como revelou o estudo da Pew Internet Research de junho de 2011, aqueles que usam o Facebook várias vezes ao dia possuem 9% a mais de relacionamentos próximos (vínculos fortes).[12] No mesmo estudo, os usuários ativos do Facebook declararam que se sentem mais acompanhados e apoiados emocionalmente do que a média da população dos Estados Unidos.
- *Compartilhamos para nos sentirmos vivos.* Por que compartilhamos? Colocamos essa pergunta em nosso blog enquanto escrevíamos esse livro e muita gente "compartilhou" conosco sua opinião. Os nomes dessas pessoas estão entre parênteses, e no artigo original[13] pode-se

---

[12] Disponível em http://www.pewinternet.org/Reports/2011/Technology-and-social-networks/Part-3/SNS-users.aspx.

[13] Disponível em http://www.territoriocreativo.es/etc/2011/08/por-que-compartes-online.html#comments.

consultar os comentários completos e visitar seus links pessoais. "Compartilhar nos faz sentir parte do mundo, parte de um grupo" (Sonia). "Faz-nos voltar a sentir a curiosidade que tínhamos quando éramos crianças" (José de la Peña). "Porque nos sentimos em dívida com aqueles que compartilham conosco" (Nacho) ou "justamente para pôr em prática a arte de 'dar para receber'" (Nuria Costa). "Como responsabilidade social, para que outras pessoas possam aproveitar a informação valiosa que possuímos" (Miriam). De um lado, "buscamos reconhecimento social" (Francisco Sáenz), por outro, "nos torna pessoas melhores" (Gorka Corres).

- *Nós nos definimos como pessoas.* Na relação, buscamos definir nossa marca pessoal. Continuando com mais respostas à pergunta do tópico anterior, "compartilhar nos ajuda a construir nossa identidade" (Marcos G. Piñeiro). "É o 'olhar do outro' que nos torna pessoas" (Paloma). "Atende nossa necessidade afetiva e social de interagir" (Javi Vegas) e "nos ajuda a nos tornarmos conhecidos no grupo como referência em uma determinada matéria" (Paco Pérez Bes).
- *Comunicação pessoal e em equipe.* Embora não pareça, o Twitter surgiu da necessidade de uma equipe de estar mais bem informada sobre o que seus membros estavam fazendo. É possível que, quanto mais próximas as pessoas estejam, menor seja a motivação primária para a comunicação pessoal ou em equipe.
- *Falar por falar.* Da mesma forma que no item sobre a pessoa isolada mencionamos o entretenimento puro, o passatempo, aqui podemos destacar, inclusive, a participação em um grupo com a única intenção de ter um passatempo.

(+) Melhorar

Muita gente sente que está crescendo como ser humano graças a esse novo ambiente sociotecnológico. Esse não é o objetivo de todos, embora seja o de muitas pessoas. Nem todos conseguem, mas a vida de muitas pessoas está mudando verdadeiramente.

- *Mudar o mundo.* Há pessoas que se empenham para mudar o mundo. Talvez Francisco Polo, empreendedor social e criador da plataforma de ativismo on-line actuable.es, seja um dos que se declaram assim, literalmente. Em sua plataforma de ativismo on-line, afirma: "Qualquer pessoa, independentemente dos conhecimentos que tenha, pode criar um movimento ou se juntar a qualquer outra pessoa ou ONG para mudar as coisas". Em menos de um ano, a plataforma já conta com meio milhão de usuários. Cruzadas pessoais, como a de Miguel Nonay, são um exemplo louvável.
- *Influência pessoal para mudar nosso círculo individual.* Nem todos pretendem salvar o mundo, alguns querem apenas mudar seu pequeno mundo. Vender mais, mudar a forma de pensar das pessoas. Obter poder sobre os outros, aumentando nossa influência, sempre foi uma motivação intrínseca ao ser humano. Segundo um estudo realizado pelo *The New York Times*, 49% das pessoas compartilham conteúdo on-line porque querem mudar a opinião das outras pessoas.[14]
- *Ser útil.* Muita gente procura ser útil, porque isso faz com que se sintam melhor. É o caso dos voluntários, mas também de Philippe González, de quem falaremos no próximo item. Miriam Scollo, já citada, nos contava no #TcBlog:

> Sou estrangeira e já estou aqui há mais de dez anos; desde que cheguei, tudo o que descobria, sabia e averiguava, eu compartilhava para que todos pudessem aproveitar a informação que tinha sido difícil de conseguir ou, em alguns casos, que alguém havia me fornecido. Se eu ficasse sabendo de um ato, congresso, concurso ou atividade relacionada a desenho, compartilhava com meus amigos desenhistas; se fosse alguma atividade para crianças, divulgava-a no colégio; se descobria uma forma fácil de fazer algum trâmite entre meus amigos ou para as pessoas que chegavam de fora, divulgava-a o máximo possível. Para mim, o surgimento das redes sociais foi grandioso, porque de forma muito mais simplificada eu podia chegar a mais

---

[14] Disponível em http://nytmarketing.whsites.net/mediakit/pos/.

gente ao mesmo tempo. Antes, teria que fazê-lo enviando e-mails por grupos de interesse ou exclusivamente pelo boca a boca. É muito gratificante encontrar publicações valiosas e sinto essa necessidade imperiosa de compartilhá-las, principalmente para que todos possam tirar proveito delas.

- *Construir uma marca pessoal notável.* Segundo o já citado estudo do *The New York Times*, 68% das pessoas compartilham conteúdos para mostrar seus gostos aos outros. Mas uma coisa é usar essas ferramentas para definir uma "identidade digital" e outra muito diferente é fazer uso intensivo para construir uma marca pessoal e profissional forte. Um blog, uma conta no Twitter ou um perfil ativo no LinkedIn podem ajudar a conseguir ou a mudar de emprego, como comprovam os inúmeros depoimentos, artigos e livros[15] escritos a esse respeito.
- *Aprendemos conversando.* Não foi por acaso que o conhecimento de Sócrates nos foi transmitido mediante diálogos. Debater nos ajuda a aprender. Às vezes, até procuramos a controvérsia para aprofundar nossa busca de conhecimento. Por meio do acesso à informação e da interação com as pessoas que conhecem um assunto, podemos acelerar nossa curva de aprendizagem.

Apesar de tentarmos agrupá-las, a verdade é que cada pessoa tem suas próprias motivações. Vejamos o que levou Phil González a criar um blog para Instagramers e, em seguida, complicar sua vida coordenando dezenas de grupos no mundo todo.

Instagramers: de um blog a 130 países

Para uma pessoa que ficou desempregada, é muito difícil levantar-se toda manhã. E há pessoas que, por causa dessa situação de falta de trabalho, passam por momentos de grande desânimo na vida

---

[15] Disponível em http://www.amazon.com/Me-2-0-Powerful-Achieve-Success/dp/1427798206.

pessoal. É fascinante ver como algumas que tive a oportunidade de conhecer, depois de começar a compartilhar fotos no Instagram e manter relações com um número cada vez maior de pessoas, encontraram uma razão para se levantar toda manhã. O Instagram serviu de estímulo social para ajudá-las em uma passagem tão difícil como aquela.

Quando Phil González (@philgonzalez no Twitter), um veterano da internet espanhola, conta sua experiência com os Instagramers, ele demonstra estar radiante. Quem são os Instagramers? É preciso voltar a novembro de 2010, quando Phil, diretor interativo da Chello Multicanal, depois de se dar alta do Instagram e desfrutar de uma viagem à Tailândia, passa a compartilhar fotos com as outras pessoas. Phil é criativo por natureza, gosta de pintar, desenhar, e a fotografia é um caminho mais próximo de sua inclinação. Assim, a rede de microblog fotográfico se transformara em um passatempo que lhe permitia compartilhar sua verdadeira paixão com outras pessoas.

Tudo mudou, no entanto, no dia em que ele participou de uma conversa entre duas pessoas sobre como conseguir que as fotos se tornassem populares e conquistassem mais seguidores. Phil recomendou a eles diversas informações baseadas em sua própria experiência e em conceitos que continuam funcionando desde o início da internet. Essas pessoas lhe agradeceram, e tamanha foi a acolhida e o alcance de suas opiniões que Phil decidiu criar, naquele mesmo dia, um blog sobre o conceito do Instagram. O blog se chama Instagramers e foi o primeiro passo de uma aventura que o levaria muito longe.

Trata-se de uma compilação de conselhos sobre como tirar melhor proveito do Instagram, dos filtros, das fotos e das relações entre as pessoas. Ao mesmo tempo, Phil abriu uma conta no Instagram com o mesmo nome, na qual acumula cada vez mais seguidores à medida que sua atividade se torna mais conhecida. Mas há um problema: os fundadores do Instagram decidiram que a conta dos Instagramers era parecida demais com o nome do serviço, motivo pelo qual, para surpresa e indignação de Phil, decidiram bloqueá-la. Phil conversou com eles e reclamou que não deveriam ter feito isso sem antes avisá-lo. Passado o aborrecimento, mudou o nome da conta para "IGers", mas em seu íntimo decidiu que os fundadores do Instagram iriam saber quem é Philippe González.

Superado o incidente, Phil concentra-se em alimentar o blog e torná-lo útil. Ele percebe que, entrevistando os usuários com muitos seguidores, tornará conhecidas as pessoas reais que existem por trás das fotos e aumentará a visibilidade de seu próprio blog. E, de fato, o número de visitas ao blog cresceu. Mas o mais interessante da história aconteceu quando uma moça de Barcelona entrou em contato com Phil e pediu permissão para montar um grupo de Instagramers em Barcelona. Phil não viu inconveniente no fato de a marca registrada para seu blog acolher o grupo de Barcelona. E deu a autorização.

Depois de Barcelona, alguém em Madri fez o mesmo pedido. Assim, os dois grupos iniciais já reuniam as duas principais cidades espanholas. E foi só o começo. Chegaram Valência, Bilbau e muitas outras. Só na Espanha eram vinte grupos. Só na Espanha? Phil havia pensado em começar a escrever o blog em inglês. Uma grande amiga fez com que ele percebesse: por que se limitar apenas aos usuários de língua espanhola se o Instagram é internacional? A mudança teve tamanha influência que, quando o sexto grupo espanhol foi formado, Phil entrou em contato com alguém de Amsterdã, que lhe pediu para criar um grupo lá. Depois vieram Oslo, Estocolmo, Suíça e, fora da Europa, Brasil, Venezuela e muitos outros, até ultrapassar 130 grupos, que continuam crescendo, espalhados pelos cinco continentes. O que começou como um blog para entusiastas se transformou em uma rede de milhares de pessoas unidas por um interesse semelhante: a paixão pelo Instagram, por compartilhar fotografias e conhecer outras pessoas.

Os grupos de Instagramers chegaram a crescer ao ritmo de dez por semana. E eles foram obrigados a se organizar: criaram uma intranet na qual os responsáveis por cada grupo – *manigers* – trocam novidades e notícias para alimentar e cuidar dos grupos. Na verdade, ninguém é chefe. Phil quis deixar isso claro desde o princípio. O objetivo era compartilhar a mesma denominação, Instagramers, para proporcionar aos grupos maior força pelo reconhecimento de uma mesma marca. Isso os tornava mais poderosos na hora de organizar concentrações, pedir ajuda ou similares. Phil faz questão de manter uma organização estabelecida sem chefes e que não seja movida a dinheiro. Inclusive quando o apoio a várias campanhas de marcas comerciais, como #lamejorplaya de Casio Exilim, foi fundamental para o sucesso delas.

E se não foi por dinheiro, por que Phil passou meses dedicando seu tempo livre a isso? Sua atividade profissional garantia-lhe estabilidade econômica. Phil era uma pessoa com empatia e vontade de ajudar os outros. Durante anos fez isso profissionalmente, e sabia que, ao compartilhar, media seu conhecimento sobre o assunto, o que consistia em um desafio pessoal. São vários os exemplos de pessoas cujas vidas mudaram graças a sua aventura. Como o caso de Aurora Michavila, uma grande amiga de Phil, que se animou a participar da rede. Aurora adora tirar fotos na rua. Em virtude do sucesso no Instagram e da entrevista no blog, primeiro para ela e depois para um rapaz de Nova York também fissurado por fotos tiradas nas ruas, eles acabaram se conhecendo e agora formam um casal.

Mas o que aconteceu com os fundadores do Instagram? Mudaram de opinião sobre a atividade dos grupos? A verdade é que os responsáveis pela rede de microblogs de fotografia hoje pedem conselhos a Phil e seguem seus comentários e tudo o que acontece com os Instagramers. Principalmente quando lançam uma nova versão do aplicativo. Não há dúvida de que os fundadores do Instagram já sabem quem é Philippe González.

A internet desconstruída

3

Estanislao Riobasso é conhecido informalmente como Tanis, o apelido que utilizou na primeira vez em que se registrou em um fórum on-line. Ele é o que se poderia chamar de um especialista em internet. Em 1998, com alguns anos de experiência profissional em marketing, ele fez mestrado em um curso renomado sobre internet no norte da Espanha. Conceitos tecnológicos básicos como o protocolo HTTP ou a linguagem de programação Flash combinavam-se com termos acumulados recentemente, como usabilidade na web e novas áreas de negócios, como a publicidade on-line ou o e-mail. Em 1999, um portal de internet o contratou pelo dobro do salário que ele ganhava em sua empresa de grande distribuição. Durante alguns meses, ele desfrutou da febre do ouro, vendendo publicidade e calculando com curvas crescentes e assintóticas o potencial de receitas em cinco anos.

Tanis conta que, em uma reunião, um diretor ianque foi à Espanha para dizer-lhes que teriam que multiplicar por dez a receita dos próximos seis meses. Quando perguntou como iria fazer isso, o norte-americano explicou as triangulações do investimento publicitário: A investe cem dólares para anunciar em B, que investe esse dinheiro para anunciar em C, o qual, por sua vez, irá investi-lo em A. "Vocês escolhem se serão A, B ou C", disse-lhe, sorrindo. Tratava-se de inflar receitas sem deixar rastro para que os investidores continuassem colocando dinheiro novo no portal. Não se valorizava essas empresas pontocom pelos benefícios inexistentes, mas sim pelo faturamento obtido.

Em 2001, quando a bolha estoura, Tanis é contratado como responsável por um negócio digital de uma tradicional empresa espanhola de mídia. Ele se aprofunda nas filigranas dos conteúdos on-line, vê o crescimento das receitas de classificados, venda de banners e outros displays, enquanto observa como o Google vai ficando com uma fatia cada vez maior do bolo, a das buscas, que parece considerar reservada para si por direito próprio. Também assiste à chegada do conteúdo gerado pelo usuário, por blogueiros intrusos, pessoas sem ocupação melhor do que gravar um vídeo para arrasar no YouTube. E, com um misto de admiração e ressentimento, vê como são criadas as empresas de blogs, que, construindo conteúdo rápido e fácil de consumir, colocam seus cabeçalhos nas edições digitais de sua empresa, segundo dados da Nielsen.

Em 2008, ele deixa o mundo da mídia para ser o responsável pela inovação de uma empresa de seguros. Ele não suportava ser o centro das críticas quando o crescimento do negócio digital não compensava os prejuízos que acumulavam com as publicações em papel. A responsabilidade dele passou a ser preparar a empresa para concorrer em um mundo em que "o digital" seria crítico para os próximos anos. Em uma conversa recente sobre como ele vê o mundo dos seguros na internet, Tanis, ao mesmo tempo em que lê e responde mensagens no Blackberry, garante que o Facebook é uma moda e que ainda virão outras redes sociais. Ele também acredita, como afirmou ninguém menos do que Negroponte, que o Twitter morrerá; embora tenha investido algum tempo nele, não vê mais nenhum sentido em sua existência. Os blogs estão mortos e o futuro da publicidade on-line é o celular.

Como já se pode imaginar a essa altura, Tanis é um personagem fictício inspirado em muitas pessoas reais. Fragmentos de vivências de protagonistas do *boom* digital do final dos anos 1990 que hoje tentam entender quem roubou seu queijo e por que seus negócios não seguiram pelo mesmo caminho que as bem-sucedidas *startups* que povoam os jornais. Profissionais de prestígio reconhecido pela estratégia digital de suas empresas podem, paradoxalmente, estar limitando o avanço e a exploração das tendências que vão desmantelar a internet, da qual acreditavam possuir todas as chaves. As chaves de uma internet versão 1.0 que hoje parece ter pouca ou nenhuma relação com os socialholics. As chaves que aprenderam quando estudavam o protocolo HTTP no mestrado sobre internet e que colocaram em prática vendendo anúncios classificados na web. Tanis é o expoente de um núcleo duro de especialistas que trabalharam na internet corporativa nos últimos dez anos. Eles dedicaram esforços onde havia transações comerciais, tendo a web como a principal ferramenta de comunicação corporativa. Deixaram de lado tudo o que não gerava dinheiro: fóruns, comunidades on-line, blogs, agregadores, vídeos, redes sociais, chegando inclusive a depreciar essas ferramentas que aglutinavam a paixão, mas não abriam a carteira dos internautas.

O fato de a internet continuar se chamando como era chamada em 1995 é uma barreira para a inovação digital. Já não se sabe muito bem o que é a internet, porque ela já não é o que era e nem será o que é. A internet é um conceito que permite criar ferramentas de comunicação invertebrada, saturada de ramificações que desfiguram as sequências da comunicação para celebrá-la com grande alarido, do qual depende o clique na página de compra de um produto. A internet de hoje já não é o que era na semana passada. Nem de longe a de cinco anos atrás e menos ainda a que foi estudada por Tanis. Ela passou da web estática para a web dinâmica sem passar pela caixa de saída, e, agora, até mesmo dizer "web dinâmica" ou "web de leitura/escrita" já quase gera nostalgia.

O principal inimigo da inovação digital dentro das grandes corporações não é o ignorante digital, que tem consciência de sê-lo e que coloca recursos a seu alcance para não se transformar em obstáculo à inovação digital. O verdadeiro inimigo da inovação digital pode ser esse "especialista em internet" cujo currículo permite que ele seja o guia da empresa no caminho da internet que ele estudou, e da qual só resta o nome.

A internet não é um meio

Uma das principais tentações do setor de publicidade é considerar a internet uma mídia comparável à televisão, ao rádio ou à imprensa. Se analisarmos o estudo da Infoadex[1] sobre investimentos em publicidade, observamos que a internet aparece como mais um canal para investir na compra de mídia on-line. Em 1995, quando o eBay, a Amazon e o Yahoo! come-

---

[1] Disponível em http://www.infoadex.es/estudios.html.

çaram a funcionar, os meios de comunicação tradicionais – que foram espertos – decidiram aproveitar a nova invenção e começaram a fincar raízes na web, criando assim os MTTI (meios tradicionais transplantados para a internet). Um banner aqui, umas capitulares ali, colunas, seções e classificados; também não se tratava de uma mudança tão brusca. E os anunciantes, submissos, compraram banners como antes compravam painéis impressos.

Mas alguns publicitários mais espertos perceberam que podiam ir mais além e usar o e-mail, que estava ganhando popularidade. E assim nasceu o spam. E logo descobriram os fóruns e encheram-nos de banners (e de spam). Mas logo viram que floresciam os diretórios e se registraram como puderam, às vezes pagando para terem destaque. Depois descobriram o chat e os anunciantes não sabiam o que fazer com ele; o P2P (atenção, piratas); o Messenger (banners outra vez?); o Skype (surpreendente!); o Google, que tudo muda (que chatos os AdWords, não?); os blogs (cuidado, não se aproxime que lá te crucificam); outras coisas extravagantes, como o iTunes; o posicionamento no Google, que premiava os blogs que te crucificavam; o YouTube (como?); o Second Life (é preciso estar para sair no jornal); o Twitter (é preciso estar?) e o Facebook (para que servem os fãs?). É melhor não continuarmos para o bem do sofrido anunciante.

A verdade é que, no entanto, há gente que continua pensando na internet como um meio, um canal a mais, o que é especialmente grave quando se trata de gente "do ramo". Na verdade, estamos falando da maior plataforma tecnológica de criação de mídias já vista pela humanidade. Cada mídia com base na internet é um mundo por si próprio. Como um mundo é o rádio, a televisão ou a imprensa, a que é preciso conhecer, praticar e amar. Só que a uma velocidade vertiginosa.

E, para coroar tudo isso, acrescentamos que o acesso é feito (cada vez mais) por dispositivos diferentes. Os dados do GlobalWebIndex, de setembro de 2010, indicavam que, em um determinado mês, 37% dos internautas acessaram a web por um celular, 10% via consoles de videogames, 4% pela televisão e 2% a partir de um leitor de e-books (cifra que subia para 8% quando se tratava de "executivos" de empresas).[2] A internet não é um meio e não devemos pensar no acesso único à internet a partir do "navegador tradicional".

---

[2] Disponível em http://globalwebindex.net/explore-the-data/data/annual-report-2011/.

A complexidade da internet

Falamos sobre a complexidade da internet há algum tempo. Em 2005, publicamos um artigo que a comparava com um espelho de nosso mundo, algo totalmente separado do conceito de internet como meio de comunicação.

Um espelho do mundo real

Faz tempo que pensamos que a web chegaria a se transformar em um grande espelho do mundo real. Um espelho virtual, que captava o relevo, o virtualizava e o devolvia no momento da desconexão. Um espelho de Alice que guardaria em seu interior as mesmas maldades, o mesmo zelo, a mesma paixão; tudo bem digitalizado para poder passar pelo aro. Imaginávamos que o espelho chegaria a refletir tudo quando a geração *beat* deu lugar à geração *bit*, exceções e eremitas à parte. Um espelho espesso, tão espesso como o presente, mas com arquivos, para ir alimentando o passado. Chegamos a pensar até que os mapas de isóbaros desenhados nele nos ajudariam a prever o futuro. Se John Naisbitt levantasse a cabeça...

Assim o veria, como um espelho. Nunca acreditamos, por exemplo, que a internet era um meio (de comunicação), entendendo como tal um suporte de uma mensagem que tem um emissor e um receptor. Se forem ondas hertzianas e um receptor de rádio, de um a muitos; se for um telefone e cabos de pares de cobre, de um a um. Mas alguém ainda acredita que a internet seja um meio? Se sim, consulte urgentemente o famoso cientista da computação David Weinberger, por favor. Para ele, a web é um mundo. Para nós, humildes descendentes de *zapatero* (com z, não com Z), a web é um espelho. Um reflexo de muitos para muitos, inter-relacionados entre si, entrando e saindo, batendo nas portas, trocando mensagens, palavras, imagens, sons, pensamentos, notícias, estatísticas, publicidade, chat, atom, livros, P2P, xml, skypes, rss, blogs, correios, http, fóruns, Google, onlinepokers, comunidades, éter. Sim, vejo também o éter preenchendo os espaços mortos do espelho. Ali onde se rompem os feitiços binários e surgem 404s e outros disparates, *déjà vus* estilo *Matrix*.

Se nos olhamos perto do espelho, nós nos assustamos. Por trás de nosso reflexo disforme, vemos gente ruidosa que gesticula e gente que cala e sorri; solidários, egoístas, republicanos, liberais,ególatras, chineses, irmãs, atrizes, primos, esquerdistas, venezuelanos. Vemos as caras refletidas, as mãos que escrevem (a esquerda é a direita, e vice-versa). Uma vez colocamos um espelho diante de outro espelho e o modem se irritou, sem saber se saía ou entrava. Outra vez vimos expatriados amontoarem-se em volta de um pouco de melancolia. Também, estando dentro, se souberem procurar as aberturas, é possível olhar para fora e observar o horizonte parisiense a partir da Torre Eiffel, ou a sintética praça de Greifswald. Agora escutamos com o ouvido colado contra o cálido cristal e ouvimos que nos dizem "te amo" e acreditamos reconhecer essa voz sobre o ip. Está previsto que alguém tentará quebrar o espelho e também que virão espelhos melhores. O nosso espelho – a pequena parte do mundo espelhado – é bom, muito bom. Vão fazê-lo mais forte, mais espesso, mais rápido nos reflexos. Assim será. Antes não tínhamos espelho. Logo chegará um simples *upgrade*.

Quando não tínhamos espelho, não sabíamos como nos pentear. Agora estamos sempre na moda.

O Google e os blogs criam a web 2.0

Em junho de 2003, tivemos a oportunidade de apresentar DiceLaRed ao mundo, uma *startup* cujo software permitia rastrear fóruns de opinião on-line sobre uma conhecida marca de consumo. No início da reunião, disparamos à queima-roupa para a marca: "Seus clientes estão falando de seus produtos na internet e vocês não dão a mínima atenção!". Olharam para nós, incrédulos, negando nosso comentário. Eles acompanhavam continuamente o Google e não encontravam comentários sobre seus produtos escritos diretamente pelos consumidores. Triunfantes, nós nos colocamos sob as ordens do software de DiceLaRed, que incluía um rastreador de fóruns on-line. Naquela época, os fóruns pertenciam à chamada "web oculta", porque o Google, em razão de sua estrutura técnica e da frequência de atualização, não os indexava. Fomos levando-os, um a um, às diversas comunidades on-line em que as pessoas frequentemente expressavam em público suas opiniões sobre os produtos. Foram exemplos suficientes para mudar uma convicção errada.

O certo é que o diálogo, uma parte essencial do que hoje denominamos "web 2.0", é bastante anterior àquilo que, por contraposição, entenderíamos como web 1.0. O e-mail e a Usenet nasceram duas décadas antes da World Wide Web; a internet era geralmente utilizada para leitura e podia ser acessada por meio de um navegador, tornando-se popular em 1995. O correio e os fóruns de opinião (e o chat) são antigos e solenes. A internet original nasceu como uma tecnologia para conectar computadores e, posteriormente, as pessoas que queriam se comunicar com pessoas. Não se tratava de um meio de comunicação de massa, em que uma empresa colocava sua página de web e o resto dos mortais submissos corria em rebanho para ler os temas corporativos.

O que ocorria com essa internet original, mais viva do que nunca em 2003, quando ocorreu a citada reunião, era apenas que as conversas privadas ou limitadas estavam reduzidas a um número minúsculo de participantes. As marcas as ignoravam.

Quando se fala da web 2.0, às vezes se menciona Tim O'Reilly, pensador e autor que cunhou o termo, mas não se tornou referência no serviço que trouxe os diálogos à tona e os colocou na mesa dos departamentos de marketing. O representante disso é o Google, mas não o Google que comprou ferramentas 2.0, como *blogger* ou *writely*, ou que lançou iniciativas como *Wave* ou agora Google+, mas sim o da ferramenta de buscas que a nós é tão familiar. De 2001 a 2003, produziu-se uma conspiração maçônica com três atores: o primeiro foi o buscador, que premiava no posicionamento das webs a usabilidade e a acessibilidade (por exemplo, separar o conteúdo do desenho, html e css) e também os links que entram e saem de cada página; o segundo, os criadores de software de blogs, que iam cumprindo as orientações técnicas de usabilidade e acessibilidade do consórcio W3C; o terceiro, os blogueiros, que começaram a atualizar conteúdos e a fazer links como se estivessem endemoninhados.

E se fez a magia. As conversas dos consumidores afloraram e os *top ten* do Google começaram a apresentar as cômodas ou incômodas opiniões de pessoas comuns, que não eram jornalistas, e que não podiam ser influenciadas facilmente pelas tradicionais artimanhas das relações públicas. E, pouco depois, o Google também começou a indexar os fóruns, que até então haviam resistido a suas garras. O resto é história. Agora as marcas, como a empresa de produtos alimentícios que visitamos em 2003, saltam e dançam ao sabor do vento social que parece soprar. Mas nem sempre foi assim. A web 2.0 estava sepultada e foi o Google que a desenterrou.

Da web 2.0 à web social

A web 2.0 é um mito. Uma ideia que aglutina uma série de sucessos e projetos que transformaram o uso que se fazia majoritariamente da primeira internet comercial. De estar desenhada para que se digerissem informações pré-cozidas, ela se transformou em uma magnífica plataforma de criação, distribuição e conteúdos e diálogos. Conforme o século XXI avançava, a melhoria progressiva das tecnologias de programação web e de acesso à rede aceleravam e melhoravam a experiência do internauta. E facilitavam a disposição deste a aceitar serviços de software hospedados na rede, que lhe permitiram criar blogs, páginas da web, álbuns de fotos, documentos de trabalho compartilhados, guardar e compartilhar URLs, compartilhar vídeos e fazer chamadas telefônicas sem telefone.

No início, a web 2.0 referia-se mais às ferramentas do que ao conteúdo. Havia muitos softwares diferentes à disposição do usuário, que foi pouco a pouco assumindo o controle da rede. A quantidade de conteúdo produzido por esse usuário superou rapidamente a produção gerada pelos esforços centralizados das empresas e das organizações privadas ou públicas. Além disso, os serviços batizados como 2.0 ofereciam uma imagem de funcionalidade social. Um serviço para hospedar fotos, como o Flickr, além do armazenamento, permitia aos usuários estabelecer vínculos à vontade com outros usuários do serviço para compartilhar álbuns, comentar fotos dos demais, marcá-las como favoritas ou acrescentar-lhes tags de forma colaborativa. De fato, essa imagem social significou o sucesso do Flickr em relação aos muitos serviços existentes que já ofereciam álbuns on-line.

Ainda nos parece incrível pensar que, há poucos anos, compartilhar um vídeo on-line era uma empreitada que exigia muita massa cinzenta do usuário inexperiente. A banda larga e o esforço tecnológico feito pelas empresas de comunicação acompanharam o crescimento da web 2.0. Em 2003, Eduardo Ríos, então diretor de estratégia da Telefônica (fixa), confessava que os serviços P2P orientados para compartilhar arquivos grandes na rede, de forma fragmentada, estavam pondo em xeque a aposta estratégica de uma rede de dados que havia sido desenhada de forma "assíncrona", partindo da premissa que o usuário sempre baixaria na rede mais conteúdo do que disponibilizaria. A isso se somaria o fato de que o usuário queria, além de disponibilizar conteúdo para compartilhar com os demais, transmitir o que havia sido gerado por outros usuários.

A internet havia mudado muito em poucos anos. Hoje há muitas pessoas que, acreditando conhecê-la, desrespeitam as sutis tendências que a estão formatando. Mas, antes de olhar para o futuro, vale a pena dar uma olhada rápida nos projetos que protagonizaram a história da web 2.0.

Projeto a projeto

O primeiro marco da web 2.0 foi, sem dúvida, o primeiro marco da história da internet: a criação, em 1969, do e-mail, e sua posterior evolução para os grupos de notícias, sites em que se podia ver os correios eletrônicos serem compartilhados. E que, por sua vez, acabaram derivando, com o advento do protocolo HTTP e da "World Wide Web", os fóruns on-line. O chat e as mensagens instantâneas foram outros marcos importantes. Já o Napster, o serviço de compartilhamento de arquivos, introduziu a tecnologia P2P na equação. Como já foi dito, a eclosão da web social foi gerada pela popularização dos blogs e pelo acesso aos *top ten* do Google. Serviços como o Slashdot (e seu reflexo espanhol, o Barrapunto) e o Digg (e seu clone espanhol, o Menéame) mudaram a forma de digerir a atualidade, marcada pela quantidade de votos que fazia com que uma notícia passasse para uma posição de destaque, registrando assim milhares de visitas. O chamado "efeito Slashdot" podia derrubar facilmente um servidor despreparado para o tráfego em massa.

O MySpace foi a primeira rede social a alcançar 100 milhões de usuários, resultando no rastro de popularidade que deu início ao Friendster, o qual pode ser considerado como a primeira rede social que combinava o conceito de perfil, os dados pessoais que o usuário queria compartilhar com outros perfis e o "esquema social" com a rede que forma ao especificar quem são nossos amigos. O Delicious tem um lugarzinho especial no coração de muitos pioneiros da web 2.0. Um serviço muito simples para guardar on-line os favoritos do navegador, que, ao acrescentar funcionalidade social, se transformou de repente em um grande mecanismo de busca "social": em vez de deixar um algoritmo calcular a relevância de uma URL, como no caso da ferramenta de busca do Google, são as pessoas que, ao marcar algo como "favorito", atribuem popularidade ao link. Também devemos recordar a tecnologia denominada RSS, um padrão xml a que diferentes serviços de software se dedicaram para distribuir notícias (capitular, *lead*, autor, texto). Sem ter chegado a se popularizar, serviu para agilizar a distribuição de conteúdos de web e foi crucial para chegar ao uso massivo dos blogs.

Evidentemente, pelos motivos já expostos, o Flickr foi outro marco "social". O mesmo aconteceu com o YouTube. Ambos compartilhavam a característica de servir de depósito "social" de conteúdo. O fato de poder compartilhar vídeos de maneira simples e gratuita mudou a web para a forma como a conhecemos hoje.

Talvez o Twitter tenha sido um dos saltos quânticos da história 2.0. Mesmo tendo menos usuários do que o Facebook, este lhe plagiou – integrando para sempre na funcionalidade de toda rede social que se preze – o conceito de "o que você está fazendo": as atualizações rápidas de situação, que servem para mostrar o que passa por nossa cabeça ou para compartilhar links e outras informações com amigos. O Twitter inaugurou e é o proprietário inquestionável do que se denomina web em tempo real. As primeiras notícias, testemunhos e imagens sobre um terremoto, um atentado ou uma revolta social em qualquer lugar do mundo sempre chegam por meio do Twitter.

Antes do Facebook, e também do Twitter, o Second Life se transformou em um protagonista midiático ao qual se recorre para prever – sem o menor sentido – o fim do Facebook. De fato, a internet não parecia estar ainda preparada para metaversos virtuais em 3D. Com certeza, as tecnologias de reconhecimento do movimento como o Kinect ajudariam na hora de simplificar e dar mais utilidade a esse contexto, que sem dúvida desempenhará um papel muito importante no futuro da web.

O Facebook é o grande protagonista da história recente, o que é comprovado pelas centenas de milhões de usuários. Mark Zuckerberg, seu fundador e idealizador, entendeu que deveria abrir as fronteiras e permitir que outras empresas pudessem aproveitar seu ecossistema, sua forma de vida. É o caso da Zynga, a empresa criadora do Farmville, que fatura mais de um bilhão de dólares. Bem no início, quando o que estava em jogo em uma rede social era sua "massa crítica", era essencial para o sucesso rápido dessa conhecida rede social o fato de que os usuários avançados, que já tinham perfis em outras redes e muito conteúdo em serviços como o Flickr ou YouTube, não fossem obrigados a começar do zero, graças a uma interface aberta (*open graph*) que permitia que serviços diferentes fossem integrados ao Facebook. Além disso, o ecossistema de desenvolvedores que aproveitam as referidas API (interfaces abertas) para trabalhar com os dados do Facebook gera uma economia na rede que beneficia o sistema central. Esse ecossistema também é citado como um fator de sucesso do Twitter.

Terminamos com o Foursquare apenas para registrar como um serviço 2.0 combinou várias tendências, como o acesso à web móvel, a geolocalização e a *gamification* (aprofundaremos esses assuntos ainda neste capítulo), para criar um sistema que abriu novas possibilidades de promoção para os negócios locais e grandes empresas com ativos físicos, como hotéis, agências bancárias, restaurantes e cafés, etc.

Deixamos de fora da linha do tempo serviços conhecidos e importantes como Skype, eBay, LinkedIn, Google+, Slideshare... Pretendíamos nos concentrar minimamente nos tópicos abordados. Passemos agora para alguns dos debates colocados na mesa para depois tentar imaginar para onde estamos indo.

A consciência coletiva

Uma das características sociais que mencionamos são as tags do conteúdo. Em artigos, tuítes, fotos, vídeos, documentos, os usuários acrescentam tags aos conteúdos e esses metadados funcionam como palavras-chave que indexam e ajudam a organizar e encontrar os ativos digitais. Essa funcionalidade começou a mostrar os dentes com os blogs e serviços de busca especializados em blogs, como o Technorati, e tornou-se especialmente popular com o Flickr. O público de concertos ou peças, por exemplo, concordava em compartilhar fotografias com uma tag comum que permitisse que depois fossem vistas todas as fotos tiradas naquele evento. Como no caso do *planking*, as tags servem para categorizar o mundo e também para coordenar ações e gerar um movimento social.

Na época da web em tempo real, as tags se tornam virais e proporcionam coordenação a grupos não organizados previamente. Isso foi observado durante atentados, catástrofes naturais e, claro, durante movimentos como o 15-M na Espanha, em que as mensagens com tags que eram compartilhadas no Twitter chegaram a totalizar dezenas de milhares na hora. Dessa forma, muitas pessoas podiam consultar em tempo real o que estava acontecendo (fotos, comentários, artigos, manifestos) sem necessidade de que alguma mídia tradicional desse a notícia. De fato, as mídias tradicionais chegaram tarde para dar cobertura a uma mobilização que já totalizava centenas de milhares de pessoas.

Clay Shirky, já citado, argumenta em *Excedente cognitivo* que a web social está evoluindo para uma consciência coletiva que nos permitirá atuar em nosso benefício com maior facilidade e agilidade, como um só organismo. De fato, são muitos os cientistas que apontam nessa direção. Vejamos como isso afeta uma área muito mais mundana, como, por exemplo, o consumo.

Consumidores unidos jamais serão vencidos

Já não se trata de termos órgãos de defesa do consumidor, mas de que o consumidor se organize, para surpresa de muitas empresas, de forma majoritariamente descentralizada. ShopSavvy, um aplicativo para smartphones, permite escanear o código de barras de um produto e nos informa os preços do mesmo produto em outras lojas dos arredores. Talvez se pense que não interessa aos varejistas compartilhar seus preços publicamente, e que isso mudaria a situação existente. Antes de nos aprofundarmos nesse tema, vamos falar do Wikango, um aplicativo que poderia colocar em xeque a mesma vigilância. O Wikango* é um aplicativo móvel que, junto do GPS, a partir da informação pública existente e da colaboração de outros motoristas, avisa tanto sobre radares fixos quanto móveis em uma estrada. O funcionamento é simples. Acessamos o Wikango do carro e ele detecta a estrada em que estamos e a direção que seguimos e nos indica quantos motoristas à frente estão usando o aplicativo. Se vemos um radar, só temos que apertar um botão para "reportá-lo". Os motoristas que vêm atrás agradecerão. No caso do ShopSavvy, apesar de as lojas não quererem informar seus preços, é mais provável que muitos dos preços sejam informados pelos próprios compradores.

Desde o princípio, o consumidor se viu fortalecido com ferramentas que, de forma viral, podiam ecoar e propagar suas reclamações diante dos abusos dos comerciantes. Os próprios sistemas de críticas, como os que podem ser vistos na Amazon, no TripAdvisor ou no Top Rural, são uma ferramenta de pressão e transparência. Hoje em dia, ter um produto ruim é uma estratégia muito pior do que no século passado. "Quem engana os outros, engana a si mesmo".

---

* Similar ao Waze, aplicativo de trânsito amplamente utilizado no Brasil. (N. do E.)

Por outro lado, o conceito de compra social (*social shopping*), em que se envolvem os amigos na compra, ou a compra "coletiva" com o objetivo de obter um desconto, continuará evoluindo. O Groupon, primeiro site com essa tendência, está enfrentando dificuldades financeiras, mas outros clones de seu modelo têm reportado lucros. E algumas lojas on-line utilizarão esse sistema na tática de marketing e viralidade. Se o preço, em vez de ser fixo, diminui conforme cresce o número de pessoas que compra, teremos interesse em contar para nossos amigos.

O que projetos como eBay, Airbnb e Comunitae têm em comum? Eles representam a chamada "economia P2P". O poder de desintermediação da web está abrindo espaço para serviços pensados para facilitar a organização de pessoas físicas para compartilhar seus sofás, seus carros e para fazer com que emprestem dinheiro umas às outras. Em países pobres, um sistema de microcréditos como o Kiva é sucesso absoluto no microfinanciamento particular de projetos. Muito mais conhecido, o principal representante desse tipo de economia é o eBay. Como temos visto, a sociedade está se organizando para gerar movimentos sociais, derrubar os tiranos ou para criar uma economia paralela à oficializada pelos bancos. Não obstante, insistimos no fato de que as mídias sociais são ferramentas e, como tal, podem ser utilizadas com propósitos muito mais obscuros. Comentaremos agora a polêmica sobre a privacidade.

Privacidade e diagrama social

Recentemente, o LinkedIn entrou em contato diretamente conosco para nos oferecer serviços de recrutamento. Ficamos surpresos, mas só em parte. No e-mail, uma funcionária atenciosa de um serviço de soluções corporativas afirmava ter visitado nosso perfil corporativo e, ao perceber que muitos de nossos funcionários eram membros da rede, ela decidira investigar um pouco mais. Ela nos parabenizava pela quantidade de contratações que havíamos realizado nos últimos meses e mencionava com nomes e sobrenomes três "tecerianos" que acabavam de se unir às fileiras da Territorio creativo. Apesar de esses dados serem públicos, o LinkedIn pode processá-los de forma automática e detectar as empresas que mais estão contratando, com base em certos padrões estabelecidos. Além disso, a mensagem chegou somente para nós dois, em separado, o que indica que haviam identificado os administradores da página. Apesar de que grande parte do rastro que deixamos na internet é deliberadamente pública, sempre nos perguntamos até onde pode chegar o conhecimento que todos esses serviços acumulam de nossos hábitos e nossa história. Teria sido especialmente grave se tivéssemos decidido manter os dados em sigilo.

Até pouco tempo atrás, ainda que se estivesse no Facebook com absoluta discrição, dando acesso somente a determinadas pessoas, era impossível evitar que alguém te marcasse em uma fotografia da qual você não queria se lembrar, ou marcasse alguém dizendo que aquela pessoa que aparecia ali, com os olhos brilhantes, era você. Nem que alguém a quem era permitido ler o que você escreve de forma particular no Twitter retuitasse o conteúdo de forma aberta a todos os seus seguidores. Por outro lado, falhas de segurança e a configuração da privacidade dos diferentes serviços podem jogar muitos esforços no lixo.

Quase todos concordam que o Google+ é um movimento magnífico não tanto porque vai diretamente contra o Facebook, mas sim porque permitirá distribuir a cada um de nós uma publicidade muito mais bem segmentada. Conceitos atualmente em debate na Europa, como o uso de cookies e outras tecnologias que podem afetar nossa privacidade, parecem não se deter porque, como vimos no segundo capítulo, a privacidade é cada vez menos importante para os socialholics, mesmo que implique tema controverso como o processo de adoção massiva dos serviços 2.0.

E nosso esquema social? A quem pertence? Em tese, minha rede de amigos deveria pertencer a mim, apesar de alguém poder argumentar que, na verdade, a declaração mútua (como no Facebook) de uma relação de amizade pertence às duas pessoas. Em qualquer caso, é evidente que esse ecossistema social que todos nós levávamos conosco e que agora declaramos formalmente em ambientes sociais tem grande valor. Quem tem um amigo tem um tesouro, e se eu sei quem são seus amigos e posso enviar-lhes mensagens comerciais indiretas por seu intermédio (isso é o que faz o Facebook, por exemplo, quando diz que o fulaninho, seu amigo, também "curte" determinada marca), estarei aproveitando a capacidade infinita de dar uma indicação que um conhecido pode ter.

Always on: as fronteiras off/on se diluem

Elena tem 16 anos, terminou o nono ano do ensino fundamental e não acredita que tenha duas vidas. Seu mundo é o colégio e os amigos, com um pequeno espaço para a família. Ela conversa com os colegas da classe, envia-lhes sms pelo celular, mesmo que às vezes estejam a poucos metros de distância. À tarde, faz as lições de casa e fica com o computador ligado. A rede social espanhola Tuenti é o máximo! Ela chama uma amiga e pergunta se ela fez o exercício 12. Paula lhe diz que não, mas que pergunte a Eva, que é a mais estudiosa do grupo e com certeza já fez. No Tuenti, ela procura por Eva, que, além de estudiosa, é viciada em tirar fotos com gestos extravagantes com a webcam e postá-las na conhecida rede social. Elena pergunta sobre o exercício e elas deixam a conversa para o intervalo do dia seguinte. Durante o recreio, Elena recebe uma mensagem multimídia e mostra-a para Eva. O rumo da conversa sofre um golpe, porque a foto que acabam de receber muda tudo.

Elena não acredita que existe um mundo off-line e outro on-line, com regras independentes. Ela está sempre conectada, é uma "nativa digital". Para ela, toda essa coisa de internet já vinha de fábrica. Para um socialholic, é a mesma coisa. Quando um imigrante digital vai somando anos, as barreiras artificiais entre o on e o off se diluem. São limites falsos, impostos pelas necessidades de organização das empresas.

No dia 31 de agosto de 2005, houve um encontro em Madri motivado pelo primeiro dia internacional do blog. Seis blogueiros se "desvirtualizaram", dando a cara a tapa e um tapinha no ombro, como se dissessem "já era hora de nos conhecermos pessoalmente". Esse *beers & blogs* tornou-se recorrente com o empenho pessoal de Octavio Rojas e outros tantos socialholics. Em mais alguns meses, os participantes já eram mais de cinquenta pessoas, que se reuniam para tomar cervejas e trocar conversas físicas.

E outras cidades foram adotando a iniciativa. Com a chegada do Twitter, criou-se o TwitMad, que ganhou mais adeptos em muito menos tempo e uma proliferação rapidíssima em outras cidades espanholas. O mesmo aconteceu com os Instagramers de Phil González. Cada vez mais, as comunidades virtuais aumentarão sua presença física, porque não existem dois mundos, existe um só.

Pela mesma razão, a publicidade vai derrubando as barreiras entre o off e o on. Como veremos mais adiante neste livro, a publicidade em mídias sociais não deve se limitar aos meios sociais; em razão da natureza do social, o off e o on se integrarão e a energia fluirá de um mundo para o outro ou, melhor dizendo, não sairá deste único mundo.

Para onde caminha a web social?

A famosa lei de Moore afirma que a capacidade computacional duplica-se a cada 18 ou 24 meses. Alguns cálculos como os da lei de Gilder e de Nielsen estimam que a largura da banda fixa também dobra a cada dois anos e o telefone móvel, a cada dois anos e meio. A capacidade de armazenamento de dados também se duplica a cada 23 meses desde 1956 (lei de Kryder).[3] Além disso, há outras tendências tecnológicas, como a miniaturização, a proliferação e o barateamento dos chips RFID, a proliferação dos chips GPS, das tecnologias de densidade e a qualidade das telas digitais, que se somam às capacidades computacionais de conexão e armazenagem.

Se a essas crescentes capacidades tecnológicas agregarmos a inovação dos empreendedores em um setor com pequenas barreiras de entrada e o poder de trabalhar com fronteiras abertas, que nos permitam reutilizar um software já desenvolvido e aproveitar o efeito de rede de serviços enormes já em funcionamento como o Facebook, o Twitter e o Google, nós nos encontramos diante de um futuro ao mesmo tempo emocionante e difícil de prever. Arriscar-se a descrever algumas tendências que, por convergirem

---

[3] Disponível em http://www.metaverseroadmap.org/inputs.html#constant.

com a própria evolução da web social, constituirão o futuro dela, seria antecipar de forma inevitável a data de validade deste livro.

Mas não pudemos evitar. Já dissemos que os socialholics são *geeks* deslumbrados pela tecnologia. Como disse o escorpião à rã,[4] é a minha natureza.

Onipresente, mas geolocalizado

Abra o guia de viagens de Praga em seu iPhone para localizar-se no mapa. Você é identificado com um ponto azul. A direção para a qual está olhando é mostrada, e você será avisado das "atrações" a menos de 500 metros que você não deveria perder. Ele permite, em modo de realidade ampliada, ver a rua por meio da câmera do telefone, indicando, segundo a direção em que você olha, os locais de interesse a seu alcance.

Há apenas alguns anos, parecia mágica que os carros contassem com o GPS para indicar o caminho a ser percorrido. Hoje em dia, muitas pessoas já não se perdem nas cidades e, com o telefone celular em um Starbucks, fazem *check-in* no Foursquare, no Facebook Places ou no Gowalla para ver se algum amigo está por perto e quer tomar um café. E, ainda, talvez o Starbucks lhes envie um convite, por terem ganhado uma medalha (um distintivo que pode ser obtido fazendo-se uma série de coisas prévias no aplicativo) ou por terem se tornado *mayor*, literalmente o prefeito do local. Além disso, o aplicativo avisa que, bem ao lado, ele pode aproveitar uma promoção da Telepizza. Isso não é tecnologia fictícia, é algo que acontece hoje em muitas cidades.

Nada comparado com o que a geolocalização nos reserva. *Check-ins* automáticos com Geoloqi ou Google Latitude permitem que um seleto grupo de amigos esteja a par, a todo o momento, de onde estamos e do que estamos fazendo. Se estou fazendo compras em uma loja, com o Shopsavvy me informo sobre o preço do mesmo artigo em estabelecimentos próximos. Se tiro uma foto com uma câmera geolocalizada, posso olhar as fotos que

---

[4] Disponível em http://es.wikipedia.org/wiki/El_escorpión_y_la_rana.

outras pessoas tiraram desse mesmo lugar e os tuítes que deixaram para saber a opinião delas sobre o restaurante que estou indicando. As coordenadas se transformam em um metadado inserido automaticamente em ativos digitais como fotos ou tuítes, abrem uma variedade de possibilidades que se integram com as funcionalidades sociais.

Abertos e híbridos por natureza

Em toda rede social existe uma barreira de entrada: obrigar os usuários a construir novos perfis, publicar conteúdos ou detectar amigos. Como já dissemos, o Facebook abriu suas portas desde o princípio para que outros desenvolvedores pudessem trabalhar com sua base de dados. Eles mesmos desenvolveram os primeiros aplicativos importantes para os *early adopters* que já acumulavam horas de navegação com a web 2.0. Era possível importar as fotos do Flickr, compartilhar os canais do YouTube, para continuar depois com uma integração maciça com todos os tipos de aplicativo.

Uma das características dos serviços batizados por O'Reilly em 2004 como web 2.0 eram seus API, o sistema de interfaces públicas que, com instruções para os desenvolvedores, permitia que eles tivessem acesso a dados do serviço e assim pudessem integrá-los a novos serviços. Essas tarefas híbridas foram chamadas de *mashups*, mas o importante nelas é a tendência de construir sobre coisas que já estão construídas. Uma simulação do mundo da cultura e da arte, que constrói a partir do que já existe. Trata-se de algo muito comum que continuará marcando a evolução da internet. Chegarão novos serviços que aproveitarão os sistemas de serviços cada vez mais complexos já existentes.

A vida é um jogo

Existe uma tendência denominada *gamification*, que se refere a importar dinâmicas de jogo para uma série de atividades nas quais normalmente não se joga. O Foursquare oferece pontos por cada *check-in* e permite que se veja uma classificação semanal em relação a seus amigos. Além disso, dá medalhas, como a de "noturno" por fazer *check-in* em quatro bares em uma só noite, e oferece a possibilidade de competir com alguém pela "prefeitura" de um local.

O Badgeville é um prestador de serviços de *gamification* para sites da web, que nos seus primeiros meses de vida acumulou dezenas de clientes. Com seus serviços, o Allkpop, uma enorme comunidade on-line coreana, aumentou em 104% os artigos compartilhados por seus usuários, que, por sua vez, publicaram um número de comentários 34% maior. Ele oferece medalhas por uma série de ações, e sorteios e prêmios diretos para quem conseguir pontos. Por exemplo, a medalha "girls-day", ganha quando o usuário assistir ao vídeo sobre o dia das garotas e o compartilhar ou clicar em "gostei".

Se pensarmos bem, não se trata de uma grande novidade. Os programas de fidelização e milhagem das linhas aéreas compartilhavam o conceito de pontos. Em 2004, diante do estrondoso sucesso do iPod, a Nike entrou em contato com a Apple para propor que eles criassem uma experiência combinada, já que muitos corredores calçavam Nike e utilizavam o aparelho de mp3. O resultado da aliança foi Nike + iPod, um ecossistema com um acelerômetro que se adaptava aos tênis e transmitia as informações para o iPod, de modo que, ao mesmo tempo em que se ouvia música, era possível saber, a todo o momento, a velocidade da corrida. Ao sincronizar o iPod com o computador pelo iTunes, software da Apple designado para esse fim, os resultados da corrida eram enviados para uma página da Nike, que armazenava os registros pessoais e guardava um histórico para ser utilizado pelos usuários, o que lhes permitia estabelecer metas e objetivos, e ainda oferecia a possibilidade de competir com outros corredores de qualquer lugar do mundo.

Entremeados com o conceito de jogo, os chamados "bens virtuais" começam também a ser uma moeda de troca. É possível desfrutar de tênis mágicos patrocinados pela Adidas em um jogo de basquetebol de videogame, ou uma marca, como La Redoute, pode dar créditos no Facebook que permitem aos leitores de seu blog comprar artigos na rede social.

E, à medida que mais coisas vão se conectando à internet, o jogo passará da tela dos computadores para a vida real. Por exemplo, organizando competições entre os clientes da Colgate para ver quem escova os dentes melhor e com maior rigor. Ou empresas de seguros de automóveis que premiam os motoristas responsáveis – ah, isso já existe? Aqui vão alguns exemplos para ilustrar essa tendência.

A internet das coisas

A Mapfre lançou recentemente um seguro de veículos para jovens chamado YCar. Trata-se de uma caixa preta (e confidencial) instalada em um lugar "secreto" do veículo. O aparelho é localizado via GPS a todo o momento, está conectado ao 3G e conta com um acelerômetro. Se o motorista respeitar os limites de velocidade no decorrer do ano, ganhará um bônus no valor a ser pago no ano seguinte. Além disso, em caso de acidente, o aparelho avisa a central, que imediatamente liga para o motorista a fim de oferecer auxílio na estrada.

O barateamento progressivo dos chips eletrônicos fará com que qualquer coisa material possa estar conectada à internet. Esse campo tecnológico foi chamado de "a internet das coisas". Como no caso do Nike + iPod ou das balanças com wi-fi, isso facilitará algo que também está ganhando popularidade: o registro e a mobilidade de nossas informações pessoais. Os números de nossas atividades diárias serão armazenados de forma automática e eterna. Quantas horas dormimos por dia, nosso peso, pressão arterial, dados que podem ser muito úteis para nossos exames médicos e para outras finalidades.

Por outro lado, nossas transações vitais poderão passar a fazer parte do metaverso da internet, e o sucesso de nosso regime será compartilhado em tempo real, inclusive em forma de jogo, como mencionamos no caso da Colgate e a escovação de dentes. Como ironia, resgatamos uma entrevista sobre a possível integração de chips em eletrodomésticos, nesse caso a geladeira, e programas de ajuda "social" (pessoas que ajudam outras pessoas), por exemplo, o popular programa Vigilantes do Peso dos Estados Unidos:

Acredito que poderíamos fazer um aplicativo de sucesso com uma geladeira RFID e o Vigilantes do Peso. Imagine receber uma ligação de um supervisor do programa: "Parabéns! Sabemos que você viu o sorvete, mas não o tirou do freezer. Isso é que é força de vontade! Por que não recompensa a si mesmo com um iogurte? Só tem 110 pontos e restam três a você. Mas não pegue as bananas. Estão passadas". (Joe Grimm, internetevolution.com)

Tablets para ver televisão, vender ou diagnosticar doenças de pele

O iPad criou uma nova categoria de produto. Embora tenham sido feitas várias tentativas desde o início da informática de consumo (entre elas, a da própria Apple nos anos 1990, com o Newton), desta vez as estrelas parecem ter se alinhado para que um dispositivo assim tivesse êxito. Um sistema operacional digital de sucesso comprovado como o do iPhone, uma tecnologia de tela muito mais avançada, maior conectividade tanto pelo uso de tarifas de dados móveis quanto pela disseminação atual das conexões wi-fi. Comunidades de desenvolvedores cada vez mais produtivas e serviços de web de conteúdos para dar sentido ao objeto.

De uma forma ou de outra, os tablets, que podem ter servido para salvar alguns trastes da indústria editorial, configurarão muitos dos hábitos futuros dos consumidores sociais na internet. Ver televisão com um tablet na mão muda completamente as regras do jogo de um meio tão unidirecional como era a televisão.

E também começam a ganhar destaque os usos corporativos. Por exemplo, sua ergonomia para acesso rápido sem a necessidade de estar à frente de um computador já o está introduzindo em alguns restaurantes que começam a usar os tablets com um menu interativo. Na Freixenet, ofereceram aos representantes comerciais a possibilidade de ter um dispositivo portátil ou um iPad. Depois de um período de teste, a maioria escolheu o último, já que podiam acessar o sistema comercial e emitir os pedidos de forma mais ágil. Estão sendo lançados aplicativos médicos como o

DermoMap,[5] desenvolvido por uma equipe de dermatologistas espanhóis, que ajuda no diagnóstico durante a consulta, com uma base de dados e fotografias das cem doenças de pele que representam 95% dos diagnósticos.

Ler uma revista como *Wired* ou *Yo Dona* em um iPad se transforma em uma nova experiência para o usuário. Sem perder o benefício proporcionado ao cérebro pela organização gráfica editorial tradicional, ele tem também ali as possibilidades multimídia e interativas. Os anunciantes serão beneficiados e, no final, o setor editorial também será.

Cada vez menos telefone e mais sensor

Sem abandonar o mundo do hardware que deflagramos com a "internet das coisas", não podemos esquecer que o *gadget* de referência no impulso da web social está sendo o celular; essa magnífica invenção originalmente desenhada para falar "sem fios" está a caminho de se tornar um sensor geral e poliédrico. Microfone, tela digital, câmera, GPS, bússola, acelerômetro... Com certeza estamos assistindo ao início de uma corrida para a integração "biônica" do homem com a máquina. Com um sensor assim em nossas mãos, o desenvolvimento de aplicativos móveis (apps) não deixará de oferecer usos sofisticados e surpreendentes. Do citado Wikango até outros como o Stickybits – que, mediante a leitura do código de barras de um artigo, permite consultar, em tempo real, comentários, fotos ou descrições ampliadas que as pessoas compartilharam ou que estão compartilhando neste instante sobre o produto.

Além da geolocalização, os celulares conectam a realidade física com a virtual por meio de hyperlinks em forma de códigos de barras ou códigos bidimensionais. O escaneamento de códigos por celulares está crescendo exponencialmente; multiplicou-se por oito em doze meses entre 2010 e 2011,[6] e a Espanha é o terceiro país em termos de utilização. Ele é utilizado no mundo do turismo para marcar monumentos e outras atrações a fim de

---

[5] Disponível em http://www.elmundo.es/elmundosalud/2011/03/02/pielsana/1299078780.html.
[6] Disponível em http://www.territoriocreativo.es/etc/2011/05/to-bidi-or-not-to-bidi.html.

que os turistas possam consultar informações on-line, ou na publicidade – sem ir muito longe, por exemplo, acrescenta a uma garrafa de Bombay um vídeo sobre como preparar um coquetel com gim. Além disso, esses códigos podem ser dinâmicos, como os usos proporcionados pela Scanbuy: ao colocar um código bidimensional em um cartão de visita, os dados são incorporados diretamente à agenda de telefones, e se houver mudanças no endereço físico, não será preciso trocar o cartão.

O *boom* de desenvolvimento dos aplicativos móveis que estamos vivendo só irá crescer à medida que mais consumidores adquirirem smartphones. Em julho de 2011, a Pew Internet Research anunciava que um em cada três americanos possuía um smartphone de algum tipo e que dois terços deles acessavam a internet todos os dias por meio desses aparelhos, enquanto um terço, aproximadamente, não tinha outra conexão de banda larga em casa.[7] Na Espanha, os dados são semelhantes e por hora não há indícios de que deixarão de crescer. Além disso, dentro de pouco tempo, o celular também poderá funcionar como Documento Nacional de Identidade e meio de pagamento eletrônico. Será muito habitual programar aplicativos descartáveis para apoiar campanhas ou gerenciar o acompanhamento de um determinado acontecimento, por exemplo.

O crescimento da conectividade com a internet a partir de vários aparelhos e do uso de aplicativos no celular deixará um rastro monumental de dados que muitas empresas tratarão de explorar a todo custo. Falemos, então, do *big data*.

1,8 zettabytes

Cento e dez bilhões de iPads de 16 GB completamente cheios. Essa é a quantidade de dados que o EMC e o IDG calcularam que seria produzida no mundo em 2011.[8] Ou, em outros termos, 1,8 zettabytes (1,8 multiplicado por 10 elevado a 21 bytes). E espera-se que a quantidade de dados

---

[7] Disponível em http://www.pewinternet.org/Reports/2011/Smartphones.aspx.
[8] Disponível em http://www.emc.com/collateral/demos/microsites/emc-digital-universe-2011/index.htm.

armazenados duplique a cada dois anos. Em 2015, estaremos produzindo yottabytes (1 multiplicado por 10 elevado a 24). Novos nomes já estão sendo procurados para os múltiplos que devem surgir. E, apesar de a produção individual do referido conteúdo estar estimada em 75%, 80% estão de alguma forma relacionados às empresas. Além disso, as informações produzidas na forma de documentos, arquivos, música e vídeos são bem menores do que a quantidade de dados gerados a respeito das próprias pessoas.

A enorme quantidade de informações produzidas está colocando em xeque a indústria encarregada de armazená-las. Talvez você já tenha ouvido falar dos imensos armazéns de dados que o Google tem espalhados pelo mundo todo e como muitos deles estão sendo transferidos para latitudes nórdicas para aproveitar a temperatura ambiente na refrigeração, que necessita aproximadamente da produção de energia de uma usina nuclear.

Além de armazenar dados, vive-se uma verdadeira explosão de softwares para analisá-los e tirar conclusões que nos ajudem a ser mais produtivos. Como no caso já citado do LinkedIn, as técnicas preditivas de análise da informação já estão ajudando a entender, em função dos diálogos gerados, se uma série de televisão faria sucesso. Boa parte do caminho que falta percorrer até o *social customer engagement*, do qual falaremos na terceira parte do livro, é a integração dos dados internos que uma empresa possui a respeito de seus clientes (histórico do faturamento ou dos contatos, por exemplo) com a informação externa que essas pessoas estão publicando nas redes sociais. Essa capacidade de análise do que se denomina de *big data* transformará a web social para sempre. Estamos apenas começando a jogar com esses dados.

Comércio: social, móvel e P2P

Será normal comprar pelo celular na própria loja, para evitarmos a fila do caixa e já sairmos com nossa mercadoria? Parece que alguns comércios já estão tomando providências com relação a essa possibilidade, e seus aplicativos móveis refletem isso. Dedicaremos um capítulo todo ao social commerce. Combinando-se a tecnologia móvel e as capacidades sociais, parece evidente que o processo de compra mudará para sempre.

Mais uma vez, as barreiras entre o mundo físico e o virtual estão se diluindo. A experiência de compra na loja física se verá apoiada até extremos inimagináveis pelo mundo virtual. O FastMall é um aplicativo para smartphones que apresenta mapas com informações sobre lojas e promoções em tempo real de milhares de centros comerciais.

Com o aplicativo móvel Store, da Apple, se estamos em uma loja física podemos solicitar um atendimento e a foto do vendedor que se encarregará de solucionar nossas dúvidas aparecerá na tela. Além disso, podemos configurar um produto a partir do aplicativo e comprá-lo diretamente na loja. Ter acesso, em tempo real, ao atendimento ao cliente na loja, comprar on-line estando na loja, comprar de casa e ir à loja retirar o produto são fatos que já estão acontecendo em nosso celular.

O que podemos dar de presente a um amigo? Em função de suas conversas no Twitter, um mecanismo sofisticado de recomendações, como o Hunch, pode nos proporcionar ideias adequadas ao gosto dele. O MyStrands, fundado pelo espanhol Gabriel Aldamiz, procurava inicialmente gerar recomendações musicais a partir das músicas que já ouvimos, e agora é um mecanismo de recomendações ainda mais amplo. Talvez o mais popular entre os "recomendadores" seja o da Amazon: "Quem comprou este livro também comprou...". As recomendações estão na base social do ato da compra, e as tecnologias que exploram o diagrama social para gerar novas recomendações têm um longo caminho a percorrer.

Mas chega de falar do futuro. Até aqui tentamos descrever as rotinas do socialholic e o contexto em que ele se move. A internet não é um meio, é uma plataforma tecnológica que está dotando as pessoas de uma conectividade com a qual nunca tinham sonhado. A consciência coletiva é uma ideia extravagante que começa a se materializar em sucessos tão díspares quanto as manifestações do 15-M contra a Copa do Mundo, na detecção colaborativa de radares e na criação de uma das maiores obras coletivas do conhecimento humano: a Wikipédia.

No entanto, em nosso dia a dia nos deparamos com dezenas de pessoas que ainda não acertaram o alvo ao tentar compreender o que está acontecendo. Atribuem à tecnologia social um papel de entretenimento ou de componente secundário ao que realmente importa: os negócios. Então acreditam que se trata apenas de adaptar processos obsoletos a novos canais.

Na segunda parte do livro, que começa agora, tentaremos explicar como deve evoluir a identidade digital corporativa, como abraçar uma cultura colaborativa e aberta e, por último, apresentaremos a metodologia da Territorio creativo para enfocar os planos estratégicos de marketing nas mídias sociais. Dedicamos esta primeira parte a analisar o que está acontecendo. É hora de começar a pensar em como enfrentar as mudanças.

II. EMPRESA 2.0

Identidade digital nas mídias sociais

4

Em julho de 2005, Fernando Tomás (@bambino no Twitter) detectou um defeito em seu Alfa Romeo 147 com um ano e meio de uso. Era um conserto razoavelmente caro e o veículo não estava na garantia. Já que na época do lançamento do carro a Alfa Romeo havia divulgado um fórum, como um meio inovador para falar com seus clientes, ele decidiu entrar no fórum oficial, seguindo a orientação que aparece no site do veículo. Lá se animou a perguntar aos usuários se mais alguém tinha tido um problema similar. Quando sua mensagem desapareceu logo depois, ele acreditou tratar-se de um erro e publicou a mensagem novamente. Mas a mensagem desapareceu novamente, o que o fez suspeitar que a empresa apagava as mensagens negativas. Verificando melhor, comprovou que, de fato, no fórum não aparecia nenhuma mensagem sobre problemas técnicos e que todas versavam sobre experiências positivas dos clientes, como a economia de combustível e casos semelhantes.

Ele voltou a publicar a mensagem no fórum, tomando o cuidado, na ocasião, de guardar uma impressão da tela. A segunda mensagem dizia:

> Escrevi na semana passada uma mensagem que desapareceu do fórum; acho estranho porque não usei linguagem imprópria e simplesmente deixei o registro de um fato. Repito, caso tenha havido algum erro e, por favor, se o mesmo aconteceu a alguém ou se conhecem

algum outro caso, por favor, digam, porque na oficina disseram-me que é uma avaria frequente.

*Houve problema na bateria, o carro não dava partida, chamei o guincho do seguro, que o transportou para minha cidade (estava a mais de 150 km de distância), a lâmpada do *airbag* acendeu no painel. Fui à oficina autorizada da Alfa Romeo, trocaram a bateria, foram quase 200 euros.

A lâmpada do *airbag* não apaga; o rapaz, que me conhece, porque rodo muitos quilômetros e a cada três meses faço uma revisão, me disse que isso acontece muito, que é uma "sacanagem", mas que o "computador" que ele tem não consegue consertar e que é preciso trocar o quadro de distribuição do *airbag*, que custa mais de 300 euros. Claro que fiquei com muita raiva, pois não entendo como uma avaria de 200 passou a custar 500 euros!!

Apagaram novamente a mensagem e aquilo acabou com sua paciência. Muito aborrecido, decidiu escrever a respeito em seu blog,[1] com links para várias mensagens, e avisou alguns conhecidos, que repercutiram a mensagem em vários blogs, alguns muito famosos, como o ALT1040[2] e o Merodeando.[3] O post de Fernando:

Que surpresa a nossa ao comprovar que nossas mensagens são apagadas sistematicamente. Investigando mais no fórum, nota-se que todas as mensagens ali postadas falam maravilhas do carro, mas não há ninguém contando que tenha tido um problema nem perguntando como resolvê-lo. O moderador do fórum, por sua iniciativa ou seguindo ordens superiores (não sei se da agência de publicidade responsável pela campanha ou da própria Alfa Romeo), decide que tipo de mensagem deve incluir ou não. Com isso, ele passa dos

---

[1] Disponível em http://bambino.blogia.com/2005/070501-foros-oficiales-de-alfa-romeo--la-comunidad-como-via-de-marketing-mal-entendida-a.php.
[2] Disponível em http://alt1040.com/2005/07/alfa-romeo-no-entiende-internet.
[3] Disponível em http://www.merodeando.com/2005/07/06-alfa-romeo-nos-la-quiere--dar-con-queso/.

limites do aceitável, pois estamos cumprindo estritamente as condições do fórum com relação ao conteúdo publicado e à etiqueta. Resultado: um fórum sem credibilidade, que gera a sensação de que a Alfa Romeo tem algo a esconder, o que não é nada benéfico para a empresa. Por que, talvez, os que se aproximem da Alfa Romeo pela primeira vez fiquem impressionados com tantas coisas boas, mas, para nós que já temos um e já temos nossa opinião sobre o carro, o fórum começa a gerar incertezas. Resumindo, para ganhar possíveis clientes, estão deixando de lado os clientes reais. Uma estratégia muito ruim, realmente, porque o fórum poderia ser uma ferramenta perfeita para trocar impressões com seus clientes e, assim, MELHORAR.

Em apenas um dia, aquilo ganhou força, e, como Fernando reconhece, um blog que contava com uma média diária de trinta visitas recebeu mais de 3 mil visitas em alguns dias. Parecia que a web 2.0 e o poder do consumidor iam ganhando corpo, porque apesar de ele não se considerar "influente", percebia como os relacionamentos cultivados on-line o ajudavam a se fazer ouvir.

Não houve resposta. Ninguém da Alfa Romeo escreveu nem sequer um pequeno comentário em seu blog. Ele reconhece que ainda chegam felicitações da Alfa Romeo no dia de seu aniversário, mas ninguém tomou conhecimento da raiva que ele sentira naquelas semanas. Evidentemente, pode ser que a relação de amor de Fernando com o *cuore sportivo* que representa a marca não tenha se deteriorado profundamente. Mas, como ele mesmo reconhece, algo na percepção de sua marca favorita mudou, e não foi para melhor.

Viemos de um século em que a publicidade nos acostumou a produtos embrulhados em papel de presente, de um tempo em que as empresas não queriam ventilar os trapos sujos da realidade. Uma realidade que eles lutavam para negar, censurando opiniões negativas. Não estamos mais em 2005, e já não é tão normal ouvir falar de marcas que censuram comentários em fóruns ou blogs; mas, como destacamos no primeiro capítulo ao dissertar sobre o graal das mídias sociais, é evidente que está se produzindo uma transferência de premissas assumidas pela publicidade em relação a esse cliente e que a imagem da marca será cada vez mais afetada pelo tratamento que recebemos das empresas.

Identidade digital e interação

Neste livro falamos de identidade corporativa para nos referirmos à imagem que uma pessoa forma de uma marca ou uma organização a partir de sua experiência com ela. Ela pode resultar da experiência com um serviço ou produto, ou do processo de comunicação. Com relação ao terreno "digital", não pretendemos sugerir que existam duas identidades, on e off-line, mas que distinguimos a origem das experiências que moldam essa identidade na mente do consumidor. Assim como Elena, nossa aluna do nono ano do ensino fundamental, citada no capítulo anterior, que não percebia que habitava dois mundos diferentes, o consumidor não tem duas imagens diferentes de uma marca, embora seja evidente que ele possa diferenciar as experiências positivas e negativas no ambiente on-line ou off-line se ele receber, por exemplo, uma atenção diferente no call center ou no Twitter.

No início, a identidade digital corporativa era forjada essencialmente no eixo visual – identidade gráfica – e de conteúdos – tipologia, expressão, mensagem – que a empresa publicava na internet. Podemos apreciá-la ao analisar uma web corporativa: um grande esforço de desenho gráfico, talvez também de usabilidade, e com conteúdos corporativos de excelente qualidade. Textos magníficos que descrevem a bondade da organização, vídeos elaborados conforme a melhor tradição de produção audiovisual do século XX, etc.

Mas que importância tem hoje o Pantone de um logotipo corporativo se estamos tratando mal nossos clientes, gritando com eles em vez de conversar, ignorando-os em vez de escutá-los? O auge da web participativa, social, dialogada e humana chegou para acabar com a brincadeira. Agora as webs corporativas olham, com inveja, o tráfego crescente das mídias sociais. As marcas usam as roupas de domingo, mas não abrem a boca. Vestem seus trajes de gala e, se por caso têm que dizer alguma coisa, ficam estateladas, esquivas, pouco acessíveis. Como escritórios de advocacia. E o impacto dessa absoluta falta de tato na interação não poderá ser apagado facilmente com um belo logotipo.

Como resultado do auge da web social, a identidade digital corporativa observa a redução do impacto visual e do conteúdo e o aumento do peso da interação e dos comentários sobre a marca ou a organização postados pelos usuários na rede. Hoje em dia, os livros sobre identidade corporativa devem transformar-se em livros sobre netiqueta. Os guias de estilo, em guias de conversação.

A terceira parte do livro, dedicada ao *social customer engagement*, pretende servir para construir uma relação com o cliente baseada na bidirecionalidade. E na quarta parte estão detalhados os procedimentos do dia a dia dessa interação. No entanto, acreditamos que seja importante recordar agora algumas normas básicas de comportamento 2.0 para que sejam incorporadas à genética da marca.

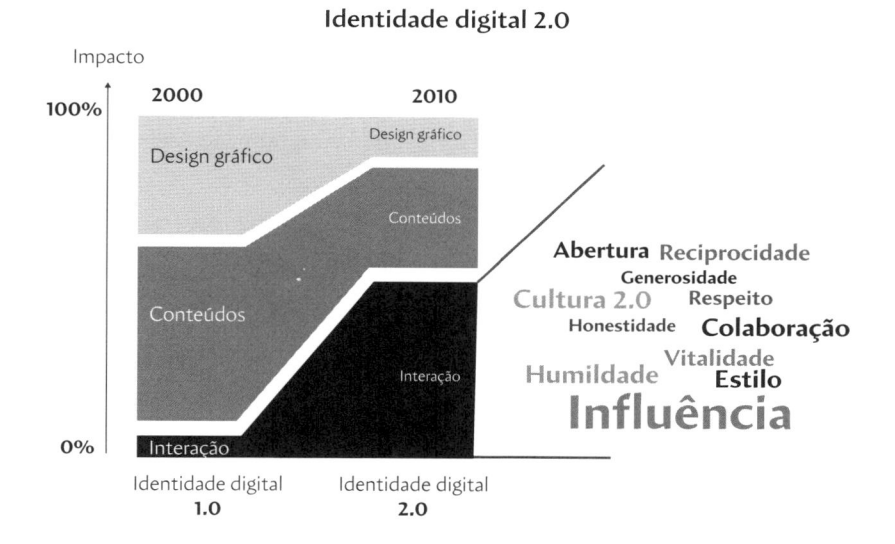

Identidade digital 2.0

Netiqueta corporativa

Como diremos várias vezes, recomendamos criar perfis corporativos da marca em ambientes sociais. Blogs corporativos ou temáticos impulsionados pela organização, fanpages no Facebook, contas no Twitter. Nessas mídias, o logotipo e a presença da marca são o que fica mais visível. Mas não devemos esquecer que os pontos nodais da conversa devem ser as pessoas e que as mídias sociais nasceram para ser utilizadas pelas pessoas. Às vezes, as pessoas que mantêm uma conta corporativa chegam a assinar os tuítes com suas iniciais. Ousamos compartilhar aqui um decálogo simples que utilizamos na maioria dos nossos projetos:

1. *Entender e dominar os códigos de cada mídia.* Cada plataforma tem seus truques e códigos. Os usuários avançados os conhecem e os controlam. As organizações não devem cometer os erros dos novatos. Por um tempo, é aconselhável escutar, observar e averiguar os referidos códigos. Não saber o que é #followfriday no Twitter mina a credibilidade de uma marca recém-chegada.

2. *Escutar, responder e fomentar o diálogo.* Escutar quando falam conosco ou fazem comentários em uma mídia adequada, responder às perguntas ou aos comentários e procurar o diálogo direto e proativo, sem esperar que falem conosco. Inclusive fora das nossas próprias mídias, em fóruns e blogs alheios.

3. *Corresponder às provas de amizade.* Se alguém nos segue em uma plataforma de seguimento não simultâneo, como o Twitter ou o Instagram, é correto retribuir com o *following*. Não seguir nossos "seguidores" de volta pode nos fazer parecer arrogantes. No caso do Twitter, devolver um *follow* permitirá que nossos seguidores nos enviem mensagens privadas.

4. *Citar fontes, divulgar e criar links.* O correto é reconhecer nossas fontes de leitura e inspiração. O link é a moeda de troca da internet, e o efeito produzido, por exemplo, por uma grande empresa que cita uma pessoa, surpreende e gera confiança. Os links em um blog ou via Twitter merecem um agradecimento.

5. *Usar um tom próximo e humano.* Evitar a todo custo o estilo pomposo e vazio habitual da comunicação corporativa. É melhor usar um tom simples e mostrar que estamos agradecidos. Que a voz soe humana, que deixe transparecer as pessoas por trás da marca.

6. *Manter a formalidade sem exagerar.* As descrições corporativas em cada mídia social ("biografia", "informações", "sobre") e a apresentação gráfica devem obedecer aos princípios corporativos, mas também podem dar espaço para a improvisação. O ambiente 2.0 a aceita.
7. *Fazer uso do humor.* É muito atípico ver as empresas utilizarem o humor, algo profundamente humano e natural. É recomendável utilizá-lo de forma moderada e sem ferir sentimentos.
8. *Citar a concorrência.* Outro tabu que bloqueia a comunicação 2.0. A concorrência existe e está a um clique de distância. Mostrar relações cordiais em público é sinal de segurança e boa saúde.
9. *Ser humilde e admitir erros.* Errar é humano. Admitir o erro e desculpar-se, também.
10. *Inovar, testar, recomendar.* Estar informado sobre os *memes* e aproveitá-los. Testar novas ferramentas e compartilhar o aprendizado ajuda a comunidade.

Princípios da identidade digital

Há quem distinga identidade e reputação, referindo-se com a primeira ao que a marca "pretende" ser e, com a segunda, ao que as pessoas percebem. Digamos que a reputação mediria o desvio entre a imagem de marca pretendida e os resultados. Em qualquer caso, não é novidade que a marca defina seus traços de identidade, planeje sua construção e trabalhe nela. No ambiente 2.0, como mencionamos, a identidade vai além do posicionamento e é construída pensando-se nos múltiplos contatos e experiências que as pessoas têm com a marca. Mesmo que cada empresa procure adquirir um fator diferencial, existem princípios comuns que devem ser considerados na construção da identidade digital 2.0.

Evidentemente, é mais fácil falar do que fazer. Gerar "confiança" contempla centenas de vertentes e afeta temas cruciais como a qualidade do produto, a honradez na comunicação ou a percepção que a sociedade tem da organização que há por trás de um serviço. A "transparência" é um princípio profusamente citado e minimamente percebido. A "utilidade" é um princípio de identidade digital que vai além do produto, uma necessidade imposta pela natureza da comunicação em rede analisada no primeiro capítulo. A "inovação" também é um princípio universal que busca transmitir uma imagem duradoura perante os tempos presentes de mudança e incerteza constantes. A "criatividade" é um princípio de identidade almejado porque gostamos de compartilhar nossa vida com gente criativa. E, por último, a "sustentabilidade" vem ganhando espaço permanente na mente do consumidor responsável.

Confiança: o barômetro de Edelman

Você declararia publicamente ser amigo de alguém de reputação duvidosa? Na web social, as empresas enfrentam uma questão de confiança. Perguntando pelos fatores mais relevantes para a reputação corporativa, os participantes do 11º barômetro da confiança de Edelman classificaram nos quatro primeiros lugares a qualidade (69% dos entrevistados), a transparência (65%), a confiança (65%) e o bom tratamento dos funcionários (63%).[4]

Como se gera confiança? Falamos de um longo caminho que percorre âmbitos que escapam do alcance deste livro. Mas podemos proporcionar algumas ideias em relação à confiança nas mídias sociais:

- *Aceitar críticas.* Eliminar comentários, como aconteceu com o de Fernando Tomás, não ajuda a transmitir confiança. Ter algo a esconder é precisamente o contrário de uma política aberta e transparente.
- *Atender a nossos clientes em público.* Estabelecer um canal em que as dúvidas e as incidências sejam resolvidas em público transmite segurança. Existe uma grande diferença entre possuir um telefone de atendimento ao consumidor e incentivar as pessoas a tirarem suas dúvidas ou compartilharem seus casos em um fórum próprio de atendimento ao cliente.

---

[4] Disponível em http://www.slideshare.net/EdelmanSpain/edelman-trust-barometer-2011-6879488.

- *Praticar princípios de netiqueta.* Já os enumeramos, seu cumprimento nos fala de uma marca que se preocupa pelo ambiente social, que o respeita, que o constrói.
- *Ser ágil e ordenado.* Manter os ativos digitais em ordem transmite uma mensagem de organização. Responder aos comentários com diligência, não abandonar a criação de conteúdos em perfis sociais ou blogs durante períodos contínuos.
- *Dar visibilidade às pessoas que existem por trás da marca.* Sempre recomendamos criar perfis corporativos (com logo e com marca corporativa) em mídias sociais e fazê-los crescer. E também recomendamos "mostrar sem vergonha" as pessoas que trabalham nesses perfis. Por último, postar um rosto humano com nome e sobrenome gera confiança.

Transparência radical: positivo, negativo ou neutro

O First Direct, um dos principais bancos on-line do Reino Unido, subsidiário do HSBC, mostra na web First Direct Live[5] a porcentagem de *feedback* positivo, negativo ou neutro que recebe de seus clientes em qualquer mídia social. No "Talking Point", realiza perguntas abertas a seus clientes – que deixam, ali mesmo, os comentários (muitos deles negativos), acessíveis a todos os internautas –, sobre atendimento ao cliente, produtos ou a utilidade de seu aplicativo para iPhone. O Dominos Pizza fez algo similar, mostrando em uma das telas gigantes da Times Square[6] o *feedback* que recebe dos clientes no sistema de entregas on-line, dirigido – avaliação incluída – aos *pizzaioli*.

A missão do Facebook parece simples: dar às pessoas o poder de compartilhar e tornar o mundo mais aberto e conectado. Seu fundador, Mark Zuckerberg, tem declarado em várias ocasiões que uma maior transparência

---
[5] Disponível em http://www.live.firstdirect.com/.
[6] Disponível em http://www.youtube.com/watch?v=W5Q2Y2ZQ-4Y&feature=youtu.be.

gerará uma sociedade mais tolerante: todos nós poderemos aceitar que alguém tenha feito algo "reprovável" em sua vida. O debate sobre a "transparência radical", uma tendência que está no auge em management, tomou força quando, em 2005, os conselheiros delegados norte-americanos começaram a escrever blogs pessoais. Parecia que a 2.0 começava a mudar as práticas habituais de "sigilo" e o controle da informação que rodeava a comunicação corporativa.

Quando EJ publicou em seu blog[7] que um inquilino a quem tinha alugado sua casa por meio do Airbnb – popular serviço de aluguel de moradias para estadias curtas muito apreciado por socialholics – a deixou destruída, o Gawker, um dos blogs mais populares dos Estados Unidos, fez eco.[8] Como só pode ocorrer na blogosfera e no Twitter, a história espalhou-se como pólvora e EJ chegou a receber pressões diretas do Airbnb para retirar a publicação ou dar-lhe um toque positivo. Aquilo estava afetando a reputação da empresa (1.300 milhões de dólares nesse momento). Como mostrou a história contada no USA Today,[9] isso tirou EJ do sério. Finalmente, Brian Chesky, o CEO do Airbnb, teve que emitir uma nota pedindo desculpas publicamente e anunciando um seguro de proteção contra vandalismo de até 50 mil dólares.[10]

Como uma empresa nascida da economia P2P que se comunica com desenvoltura na web social pôde incorrer em semelhante erro? Por que tiveram de transcorrer 35 dias desde que o Airbnb atendeu EJ no telefone e ele fez sua publicação no blog até chegar a nota de seu CEO cedendo a tudo?

Ser transparente implica humildade. Reconhecer erros, defender um ponto de vista e também estar aberto a críticas e a pontos de vista diferentes. O fato de que muitas empresas patrocinaram a visita do Papa às Jornadas Mundiais da Juventude em agosto de 2011 em Madri despertou a

---

[7] Disponível em http://ejroundtheworld.blogspot.com/2011/06/violated-travelers-lost-faith-difficult.html.
[8] Disponível em http://gawker.com/5825262/woman-utterly-pillaged-via-airbnb.
[9] Disponível em http://travel.usatoday.com/destinations/dispatches/post/2011/07/plot-thickens-airbnb-renter-horror-story/179250/1.
[10] Disponível em http://travel.usatoday.com/destinations/dispatches/post/2011/08/airbnb-ceo-we-have-really-screwed-things-up/179592/1.

ira[11] de um grupo reduzido de clientes e gerou a criação de grupos no Facebook pedindo o boicote a elas (de qualquer forma, com pouco sucesso). Quando Ben & Jerry's, uma conhecida marca norte-americana de sorvetes, mudou temporariamente o nome de seu sorvete estrela no estado de Vermont, Chubby Hubby (por Hubby Hubby), em uma clara demonstração a favor do matrimônio homossexual, e anunciou[12] o fato no Twitter, ganhou muitos ataques (respeitosos e outros nem tanto) de setores que reprovavam essa lei.

Não se trata de ser politicamente correto. Trata-se de ser ágil e franco, nem que seja só porque quem engana os outros engana a si mesmo.

Inovação: morrer testando

Desde 2005, o BBVA tem experimentado de forma compulsiva os ambientes 2.0. A partir da área de inovação, foram impulsionados projetos como a blogosfera interna, que buscava aumentar a participação dos funcionários nas ferramentas de comunicação interna. A ActivBBVA é uma comunidade de investidores que posta informações econômicas e dinâmicas no estilo do Menéame.* O BBVA Friends and Family é uma iniciativa de *crowdfunding* orientada a ajudar empreendedores a conseguir financiamento para seus projetos.

A Caja de Ahorros de Navarra (agora Banca Cívica) também tem se destacado em inovação 2.0. Graças a iniciativas como seu uso intensivo do Twitter, referenciado continuamente como um caso de estudo, sua campanha para destinar sua obra social para o que cada cliente decide e jogos como Twrivial, um concurso de trivial no Twitter, ela ampliou notavelmente o número de seguidores.

---

[11] Disponível em http://www.meneame.net/story/lista-completa-empresas-patrocinadoras--jmj-2011.
[12] Disponível em http://twitter.com/#!/cherrygarcia/status/3687576449.
* Rede social espanhola de notícias baseada na participação da comunidade. (N. do T.)

Qual foi a primeira empresa a testar o aplicativo de páginas corporativas do Google+? Não por acaso, trata-se da Ford dos Estados Unidos, uma das empresas pioneiras em inovação 2.0 por meio do aplicativo de ideias My Ford Story.

Três meses após o lançamento do Instagram, a rede móvel já acumulava seu primeiro milhão de usuários, mas tinha despertado apenas a atenção das empresas. Só a National Geographic e a Levi's no Brasil declaravam estar usando-a com fins corporativos. Foi então que a NH Hotéis criou uma ação denominada #wakeuppics para a hashtag em fotos com metáforas visuais de momentos que refletissem o começo do dia ou de um projeto. Algo que refletia o conceito criativo da cadeia hoteleira nas mídias sociais: *wake up*. Em apenas vinte dias, foram etiquetadas oitocentas fotos (e em 2012 esse número foi multiplicado por dez). Utilizar o Instagram antes de todo mundo, uma rede que estava despertando grande interesse midiático, levou a ação da NH a muitas mídias, incluindo o *El País Semanal*. Testar, inovar, errar..., ser os primeiros sempre compensa.

Utilidade: um jornal que só tem publicidade

Até pouco tempo atrás, nas bancas espanholas podia-se encontrar um jornal que só publicava anúncios. Ao contrário dos jornais gratuitos, não se custeava com a publicidade. Eram seus leitores que pagavam para comprar o *Segunda Mano*. Anuntis, a empresa proprietária, migrou em 2008 seus cabeçalhos para a internet, mas até esse ano os clientes pagaram até 3 euros para comprar um jornal que só tinha publicidade. A publicidade torna-se informação quando está onde e quando precisamos dela. Quase a metade do investimento em publicidade on-line vai para o Google. Os AdWords, anúncios que aparecem no conhecido buscador e em outros sites da web que os publicam, em parte devem seu sucesso ao fato de que se trata de informação relevante na hora em que a procuramos. Incorporar a utilidade em nossa identidade digital é fundamental em um ambiente como o das mídias sociais, no qual não podemos comprar facilmente a atenção das pessoas. A marca deve ser útil se quiser ganhar a atenção da comunidade.

A Virgin Atlantic desenvolveu um aplicativo para iPhone chamado Taxi 2 (www.taxi.to), que ajuda os passageiros de um voo a compartilhar um táxi do aeroporto até seu destino. Ed Maklouf, o coinovador responsável pelo aplicativo, explica que o Taxi 2 permite aos passageiros economizar tempo e dinheiro, agiliza as filas na saída do aeroporto e evita a poluição e os engarrafamentos. E a Virgin estende o cuidado com seus clientes para além da porta de chegada, disponibilizando-o não só para os passageiros Virgin, mas também para clientes de qualquer companhia aérea.

A Campsa começou a editar seu famoso guia (agora *Guía Repsol*) no final dos anos 1970, consciente do esforço que implicava se tornar um mapa e guia de estradas de referência. Também tinha consciência da recompensa que obteria criando uma ferramenta útil que representasse o "espírito da estrada", precisamente o lugar que a Campsa queria conquistar entre seus clientes. Oferecido primeiro em CD-Rom e depois na internet, o guia tem resistido bem aos ataques do tempo, embora na atualidade enfrente centenas de aplicativos concorrentes, começando pelo Google, que pode tudo; a própria Cepsa incorpora em seu aplicativo para smartphones, sob o conceito "inovando para você", o mapa de localização de suas estações, um serviço que se conecta com problemas de trânsito da DGT (Direção Geral de Trânsito); e o Wikango, serviço de localização de radares que já mencionamos.

Evidentemente, um grande esforço terá maior orçamento para desenvolver aplicativos e ser útil para uma PME (pequena e média empresa). Mas um simples conteúdo de interesse pode ser o canal de "vinculação" com os clientes. O atendimento ao cliente por meio do Twitter, do Facebook, um chat on-line. Ou uma oficina mecânica, que avisa pelo celular ou pelo Twitter que o carro está pronto.

Criatividade: um sweet #followfriday

Em 25 de fevereiro de 2011, dez pessoas que compareceram ao congresso de Social Media Marketing, celebrado no hotel NH Eurobuilding de Madri, encontraram, ao voltar a seus apartamentos à noite, uma mensagem simples escrita com balas coloridas da marca hoteleira em cima de suas camas: "#ff por escolher @NH". Ninguém das mais de quinhentas pessoas que compareceram ao evento, que durava dois dias, foi embora sem saber como a NH tinha surpreendido esses dez "famosos" tuiteiros. Era uma sexta-feira e a NH fazia um #followfriday a seus hóspedes, um gesto habitual no Twitter nesse dia da semana, por meio do qual os usuários recomendam a seus seguidores gente interessante para seguir.

A cama com a mensagem foi fotografada, gravada e compartilhada centenas de vezes. Nesse dia, a NH Hotéis esteve nos trending topics de Madri. E, após algumas semanas, quando foi publicado o vídeo sobre a ação, milhares de visualizações e, sobretudo, centenas de tuítes favoráveis à marca foram publicados por muitas pessoas, elogiando a percepção da mídia, o bom trabalho realizado e a vontade de pensar de forma diferente. Em resumo, um passo na construção da identidade digital da marca graças à inovação criativa que, por sua vez, representava a ação. Foram contabilizados mais de 500 mil impactos no Twitter. Mais de trinta publicações em diferentes blogs ecoaram a ação, que, além disso, foi apresentada em diferentes fóruns profissionais e tem aparecido em diversos meios de comunicação. Como reconhece Elena Alti,[13] UP de produto e marca da cadeia:

> [nossa presença em mídias sociais] está nos ajudando a conhecer melhor nossos clientes, tanto atuais como potenciais, a saber o que eles querem, do que eles gostam e do que não gostam... e graças a isso podemos melhorar o serviço que oferecemos. Além do mais, campanhas como #wakeuppics no Instagram ou o sweet #followfriday levaram-nos a estar na boca de muitos, e a reforçar a imagem de inovação e diferenciação.

---

[13] Disponível em http://www.hotelistico.com/2011/07/29/las-campanas-de-smm-de-nh--hoteles-han-servido-para-reforzar-la-imagen-de-innovacion-y-diferenciacion/.

Sustentabilidade 2.0: da caridade* à inovação social

Repitamos a pergunta que fazíamos no começo desta seção com um tom de responsabilidade social corporativa: quem gostaria de se associar a uma marca que não contasse com uma política clara de RSC (responsabilidade social corporativa)? Segundo o estudo Brand Sustainable Futures, da Havas Medias, 84% dos consumidores espanhóis esperam condutas responsáveis por parte das empresas e 75% dos consultados afirmam que deveria ser competência das empresas, e não dos governos, a contribuição para resolver problemas sociais e do meio ambiente.[14]

A responsabilidade social corporativa vai além da filantropia, pois deve cumprir com as obrigações de qualquer empresa: gerar benefícios e satisfazer as necessidades de seus grupos de interesse. Como resultado da crise financeira, a RSC enfrenta o desafio de passar da difusão à gestão eficiente, do "bom" à inovação social. Trata-se de incluí-la como parte inerente do *core business* das empresas e, em consequência, com o compromisso de impactar de forma positiva as respectivas demonstrações de resultados. Esta é a RSC 2.0, e sua finalidade é garantir o sucesso da empresa para que ela possa oferecer valor à sociedade.

A busca de novos motores de crescimento, a redução de custos, o aumento dos índices de satisfação dos clientes e a melhora do clima no ambiente de trabalho dos funcionários requerem um diálogo, amplo e sustentado, com os grupos de interesse. Nesse sentido, a web 2.0 surge como o quadro propício, além de compartilhar informações e sugestões: trata-se do trabalho conjunto em iniciativas que proporcionem valor mútuo.

Qual é a marca mais sustentável? Na verdade, não acreditamos que a pergunta tenha sentido, mas o SocialYell.com dá uma resposta a ela por

---

* No original, *buenismo*: termo que designa, na Espanha, certos tipos de atuação social e política que, baseados no sentimentalismo, objetivam concretizar programas de ajuda a populações desfavorecidas sem contudo demonstrar, por parte de seus agentes, capacidade crítica para avaliar os resultados alcançados. (N. do T.)

[14] Disponível em http://www.brandsustainablefutures.com/brand-sustainable-futures--news-october-2010.html.

meio de um barômetro que permite que se tenha uma ideia do sentimento que o tema desperta. Como eles sabem a resposta? Ela é dada pelas opiniões da comunidade, que encontra no SocialYell um fórum para debater temas de sustentabilidade no mundo empresarial. Seus visitantes animam-se a informar-se para tomar melhores decisões de consumo, combinando conversas de seus membros com uma coleta de notícias e informação reunidas e organizadas ali. Zipcar, uma empresa de aluguel compartilhado de automóveis, tem 85% de sentimento positivo. Assim pensa a respeito o usuário mpark89:

> Qualquer esforço para reduzir o número de carros na estrada, economizando milhões de litros de gasolina e diesel, é admirável. A Zipcar diz que cada um de seus carros substitui aproximadamente quinze carros particulares que de outra forma estariam nas estradas. Não só economiza dinheiro dos seus membros, evitando que tenham que ter seus próprios carros (gasolina, seguros, manutenção, estacionamento e impostos são pagos pela empresa!), mas, além disso, ajudam o mundo a ser um lugar mais verde para se viver.[15]

Menos reputação e mais clientes

Em uma conversa com o analista e jornalista Miguel Ángel Méndez sobre reputação 2.0 e gestão de crise, desmembramos uma pequena anedota relacionada ao projeto que coordenamos com a NH Hotéis. A história foi o centro do artigo que Miguel Ángel publicou no *El País*:

"Será que a empresa hoteleira NH sabe que o hotel Parque Central, que ela administra em Havana, discrimina os cidadãos no acesso à internet?" – essa frase explodiu como pólvora na rede. Ela foi escrita no Twitter pela blogueira cubana Yoani Sánchez, famosa por suas críticas à censura na ilha e seguida na internet por centenas de milhares de pessoas no mundo todo. Sua mensagem foi reenviada pelo Twitter a toda velocidade e, em questão

---

[15] Disponível em http://socialyell.com/Zipcar/2009/07/29/Great-Idea.

de minutos, a cadeia NH viu-se com uma perfeita bomba-relógio nas mãos. Em termos empresariais, uma baita de uma crise de comunicação on-line em potencial.

> Como desativá-la? Como evitar que a bola de neve corresse montanha abaixo, arrastando a marca? A mensagem de Yoani, na realidade, partia de um erro: a NH já não gerenciava nenhum hotel em Cuba. A empresa reagiu no mesmo instante: desmentiu a mensagem no Twitter, respondeu publicamente, um a um, a todos os que ecoaram a frase, sendo Yoani a primeira, e também acalmou por telefone os ânimos de várias pessoas-chave na cadeia das mensagens, os chamados prescritores, profissionais influentes com um grande número de seguidores on-line. Resultado: o sangue não atingiu o rio.[16]

Há alguns anos, detectamos nas empresas uma obsessão por medir sua reputação corporativa on-line que, no entanto, não se traduz em ações para melhorar a dita reputação nem em intenção real de mudar o que as prejudica. Desde o comecinho da era 2.0, decidimos focar na criação da identidade digital – na gestão proativa e construtiva da reputação –, e não em sua medição. Medir deve vir depois de gerenciar. Na Territorio creativo, somos obcecados por medir o que fazemos para entender como as ações se traduzem em resultados. Mas, *se não fazemos, não medimos*.

Na nova era do cidadão conectado, do acesso infinito à informação, da ação cidadã coordenada ou da inteligência coletiva, em que as empresas serão "obrigadas" a serem honradas e transparentes por multidões de "consumidores" que ventilarão suas vergonhas em público, não faz sentido se empenhar em trabalhar a marca e cuidar da reputação, como se pudéssemos mantê-las em vidros de formol, ao estilo do século XX. As recomendações de nossos amigos e conhecidos, e inclusive de usuários on-line "desconhecidos", ganham força na decisão de compra precisamente como

---

[16] Disponível em http://www.elpais.com/articulo/carreras/capital/humano/apagar/fuegos/Internet/elpepuec oneg/20110424elpnegser_1/Tes.

resultado dos abusos cometidos pela publicidade e pela comunicação corporativa até hoje.

Evidentemente, é necessário utilizar ferramentas para escutar on-line, detectar alertas precoces e medir a reputação. Essas ferramentas, ou conjunto de ferramentas, podem ser gratuitas, mas também existem sofisticados softwares de escuta. O fato é que, como ocorreu no caso da NH, que utiliza o software da Meltwater para coletar as conversas sobre sua marca, na maior parte das vezes, uma marca com funcionários conectados detectará a crise potencial mediante *crowdsourcing*, ou seja, os funcionários serão alertados por outras pessoas conectadas. Com o tuíte de Yoani, que protagonizou a história do *El País*, chegamos a ter até cinco avisos em menos de três minutos a partir do momento em que o tuíte foi publicado, o que possibilitou tempo suficiente para a reação.

Também é recomendável ter um plano de gestão de crise, com um procedimento a ser seguido quando o nervosismo impede de pensar com clareza. Esse procedimento, como ocorre com os de evacuação de prédios, deveria ficar em uma página só e estar plastificado e pendurado com grampos na parede dos departamentos de marca e comunicação. Detectamos também uma obsessão pela gestão de crise de reputação que não responde ao único bálsamo que realmente poderia nos ajudar nessas situações: a criação de uma comunidade. No caso da Airbnb, que já comentamos antes, a comunidade é tão forte que EJ chegou a ser acusado de falsidade e oportunismo por reconhecidos personagens 2.0, como Robert Scoble ou Paul Graham. Se trabalharmos na criação e na gestão de uma comunidade, conseguiremos que, chegado o momento, seja essa comunidade quem poderá intervir em nosso favor. Nada será mais eficaz contra um comentário feito por um cliente insatisfeito do que a réplica de um cliente satisfeito. Em 2007, Martin Varsavsky, empreendedor da internet, expunha em seu blog:

> Estive testando o Yoigo e é realmente fantástico. Suas tarifas são mais do que razoáveis, tanto para fazer ligações na Espanha quanto para ligar para o exterior. Mas, para mim, o fato de que tantos usuários

ainda hoje decidam pagar mais com a Orange, a Vodafone e a Movistar demonstra como a publicidade lava o cérebro das pessoas...[17]

Resumindo, quando ficamos obcecados por medir nossa imagem na internet, sempre deveríamos nos lembrar da seguinte máxima: "menos reputação e mais clientes".

O posicionamento da marca por meio do conteúdo

O conteúdo continua sendo o rei? Agora que as audiências se fragmentam, que todos nos tornamos produtores de conteúdo e entramos em uma fase de escassez de atenção dramática, tem sentido que as empresas invistam em conteúdos e, ainda mais, em conteúdos para gerar identidade de marca, para vincular-se a seus clientes?

O capítulo 11 do livro oferece algumas pistas sobre a criação de conteúdos otimizados para a web 2.0. O chamado "marketing de conteúdo" (*content marketing*) ganha posições como ferramenta de posicionamento de marca e de vinculação (engagement). No entanto, a abundância de informações e a fragmentação de audiências requerem uma produtividade ao alcance de poucos: deve custar menos produzir os conteúdos, eles devem estar otimizados e desenvolvidos para a plataforma social na qual serão distribuídos e, sobretudo, devem se desvincular do ruído circundante.

A que nos referimos com a construção de identidade digital por meio de conteúdos? A patrocinar um blog sobre bebês, como o fez a Sanitas com Bebes y Más, da Weblogs, S.L. A redigir um *whitepaper* sobre como investir melhor o orçamento de marketing on-line em tempos de crise, como o fez a agência de marketing on-line para a pequena e média empresa Vexlan.[18] A fazer um estudo sobre comércio eletrônico como o dos Correios, que

---

[17] Disponível em http://spanish.martinvarsavsky.net/general/yoigo-es-fantastico-pero-la--publicidad-le-lava-el-cerebro-a-la-gente.html.
[18] Disponível em http://www.vexlan.com/whitepapers/guia-marketing/?ref=blog.

comentaremos no estudo de caso a seguir. A desenhar belos infográficos, muito estimados por sua facilidade de assimilação, como as que realiza a Symantec para acompanhar seus estudos técnicos. A desenvolver uma grande comunidade sobre conteúdos de utilidade de gestão empresarial para PMEs, como o Open Forum, da American Express, em andamento nos Estados Unidos desde 2008. A criar um canal de vídeos tutoriais para ajudar os clientes da Vodafone na Grã-Bretanha, ou um com gravações exclusivas de artistas cantando em modo acústico, como o Burberry Acoustic. A inventar um jogo no Facebook, como o *El Maestro Besador* do Inversis, do qual falaremos no capítulo 7. A realizar uma magnífica apresentação de tendências mundiais com periodicidade anual, como a que a JWT costuma publicar no Slideshare.[19] Ou, simplesmente, a enviar um tuíte com uma manchete selecionada que consideramos de interesse para nossa comunidade, extraída de um jornal econômico do dia.

Caso Correios: a marca por meio dos conteúdos

O sétimo andar da sede corporativa dos Correios em Madri nos acolheu na primeira visita que realizamos a quem depois se tornaria nosso cliente, após ganharmos uma concorrência pública. Esse detalhe marcava o verdadeiro interesse em explorar as possibilidades que as mídias sociais ofereciam. Não é todo dia que uma consultoria de marketing e comunicação é recebida pelo primeiro escalão – o presidente de uma organização como os Correios, acompanhado pela diretora de comunicação.

A estrutura básica do serviço postal dos Correios na Espanha, tal como o conhecemos hoje em dia, configurou-se no século XVIII com a decisão, por parte da coroa espanhola, de unificar o serviço. Talvez o distanciamento no tempo e o fato de o serviço estar consolidado com poucas novidades sejam as razões pelas quais uma marca pode ser associada a um adjetivo

---

[19] Disponível em http://www.slideshare.net/jwtintelligence/2f-100-things-to-watch-in--2011-6306251.

muito concreto: "antigo". A equipe de marketing e comunicação dos Correios tinha claro esse ponto de partida. O público associa a marca ao envio de correspondência. E o trabalho desenvolve-se de forma contínua sobre a mudança de percepção. Como fazê-lo em um momento como o atual, com a publicidade tradicional perdendo força e orçamentos cada vez mais ajustados? Outra complexidade somava-se a um posicionamento inválido: a extensa e complexa gama de serviços.

O plano estratégico em mídias sociais alinhava-se com as áreas estratégicas de serviços da empresa: encomendas e comércio eletrônico. Essa última, uma atividade no auge, requer um componente-chave para a experiência de usuário: a logística. Desenvolver a visão e a experiência dos Correios nessa área requeria ganhar a posição mediante um elemento básico da identidade digital 2.0: os conteúdos.

"O blog de comércio eletrônico" (com o apoio dos Correios) tornou-se o primeiro passo da estratégia. Um blog orientado a PMEs que fazem vendas on-line e que podem se tornar clientes dos Correios com o serviço preferencial de entrega a seus consumidores. No blog são oferecidas recomendações e análises sobre plataformas de venda on-line, truques para melhorar a experiência de compra, a conversão, etc. Ele tem seis categorias principais: marketing on-line, tecnologia, usabilidade, pós-venda, jurídico e logística. Com esse ponto de partida, os passos seguintes insistiram nos conteúdos como eixo de posicionamento de marca.

O primeiro estudo na Espanha sobre social commerce foi patrocinado pelos Correios em conjunto com a Territorio creativo, a Adigital (associação de empresas de internet) e a Confianza Online. Na pesquisa, perguntava-se às empresas sobre o uso real de funcionalidades sociais em lojas on-line, a aposta pelo uso de redes sociais e as expectativas de futuro sobre essa tendência. Coletavam-se também conclusões de outros estudos internacionais e selecionavam-se as melhores práticas. Uma boa combinação para conseguir notoriedade, já que ao interesse sobre o tema unia-se a carência de bom conteúdo sobre o mercado espanhol. O estudo foi apresentado na European Ecommerce Conference (EEC) e na eComm Retail, as duas maiores feiras de comércio eletrônico de Madri.

Para conversar sobre esses aspectos, os Correios mantêm também uma conta no Twitter (com foco principal no atendimento ao cliente) que faz a cobertura de encontros de internet e de e-commerce, complementando a presença da marca no Facebook. O patrocínio de atos de e-commerce ou marketing on-line em diferentes pontos da geografia espanhola reforça a socialização dos conteúdos desenvolvidos e gera oportunidades reais de negócio, como ocorreu na feira EEC de 2010, quando duas empresas se tornaram clientes graças à atividade desenvolvida no Twitter.

O terreno dos conteúdos profissionalizados em espanhol está ainda muito virgem, mas aos poucos os buracos vão se fechando. Os primeiros a chegar pegam os melhores lugares e dali não saem. A experiência dos Correios no âmbito da logística lhes dava uma posição privilegiada para falar de temas que hoje são atualidade. Só era necessário imaginar como canalizar o muito que tinham a dizer com a visão nostálgica do carteiro e da caixa de correio.

Marca pessoal e marca corporativa

Como convive a marca corporativa com a marca pessoal que os funcionários adquirem usando as ferramentas 2.0? As mídias sociais proporcionam poder de comunicação às pessoas, que, por sua vez, podem lhe conferir um uso profissional ou individual. No primeiro caso, começa-se a estabelecer uma comunicação direta entre pessoas, e as barreiras corporativas, artificialmente construídas com a premissa do controle, começam a cair. O nome e os sobrenomes dos funcionários posicionam-se na mente dos clientes.

Facilita-se também a construção da identidade digital das pessoas e, sobre ela, sua marca pessoal. Os profissionais, especialmente os mais apaixonados pelo seu trabalho, começam a ler e a compartilhar as referidas leituras. Os mais avançados chegam a pôr suas reflexões em um blog e se tornam formadores de opinião. O confronto entre o controle corporativo e as marcas pessoais está servido.

Mesmo com seus riscos implícitos, a oportunidade é imbatível. Não esqueçamos que as pessoas estão na raiz das relações "sociais". A forma natural que as empresas têm de ingressar em suas comunidades de interesse é, precisamente, por meio de seus próprios funcionários e de suas marcas pessoais. Com a mesma quantidade de esforço, será mais fácil que uma conta pessoal no Twitter ganhe força do que uma conta corporativa de uma marca mais ou menos conhecida. É recomendável incentivar os membros das equipes a construírem identidades fortes e estabelecerem recomendações de uso, como as que apontamos no próximo capítulo.

Dois riscos conhecidos: o primeiro, que as personalidades fortes "eclipsem" a marca corporativa e prejudiquem o trabalho da equipe. Para reduzi-lo, as empresas devem ensinar o equilíbrio. As personalidades que tendem ao egocentrismo são muitas vezes um obstáculo para a colaboração e o espírito forte da comunidade. As "superestrelas" podem ser prejudiciais para um projeto colaborativo. Há de se trabalhar para que as pessoas também alimentem a marca corporativa, participando da gestão das contas do Twitter ou do blog corporativo. Homogeneizando materiais e mensagens e atuando como embaixadores da marca, em qualquer ocasião, como em conferências ou declarações nas mídias

O segundo risco: promover a "transição" de pessoas entre diferentes empresas. Não devemos temer a capitalização que a pessoa fez da imagem da marca corporativa. Uma solução poderia consistir no uso de redes de ex-alunos, como se sugeriu no Jam (*brainstorming* global com 2.700 participantes de 80 países diferentes) sobre social business que a IBM organizou no começo de 2011.[20] Tais redes não têm por que ser construídas *ad hoc*; pode-se aproveitar as funcionalidades de grupos abertos ou fechados nas redes, como o LinkedIn. Os benefícios se traduzirão na forma de gestão do conhecimento, contatos posteriores ou prestígio da marca.

Sebastián Muriel: quando o Twitter chegou à Red.es

Quando Sebastián Muriel pediu à sua equipe que o colocasse em contato por telefone com outro importante diretor, responderam-lhe: "Desculpe-

---

[20] Disponível em http://www-01.ibm.com/software/info/social_business_jam/.

-nos, mas ele não aparece na agenda". Diante disso, Sebastián (Sebas para os amigos) não pôde deixar de responder, mostrando a tela de seu Blackberry: "Como não está na agenda se eu o tenho aqui no Twitter?". Quando se é um diretor-geral tão "conectado" como Sebastián Muriel, em um órgão público como a Red.es, não deve ser fácil para a equipe manter o ritmo 2.0.

Sebastián Muriel, diretor-geral da Red.es entre 2006 e 2011, destacou-se rapidamente por sua capacidade de lidar com as mídias sociais. E, mesmo que não queira reconhecer, ele se converteu em um caso de estudo sobre como a presença 2.0 ajuda a construir uma marca pessoal que rivaliza em notoriedade com a da própria empresa. Sebas, como bom socialholic, inquieto, apaixonado pela relação com as pessoas e pela música, um de seus grandes passatempos, testa a maior parte dos serviços 2.0 conforme estes aparecem no horizonte. Desde o início, o Twitter despertou poderosamente sua atenção. Já na Red.es, ele ficou maravilhado com a facilidade com que se podia conectar com outras pessoas e ampliar seu círculo de contatos.

A Red.es é uma organização que pratica múltiplas atividades ligadas a um objetivo principal: incentivar a presença digital na internet de cidadãos e organizações. Para mencionar só algumas, podemos citar o gerenciamento dos domínios .es, o impulsionamento do RG eletrônico, a RedIRIS e muitas outras iniciativas de ajuda a PMEs e no âmbito da educação. Com essa missão em mente, parecia lógico que o diretor-geral e os demais membros da equipe da Red.es adotassem as ferramentas sociais. Sebastián foi pioneiro dentro da Red.es no uso do Twitter e outras mídias sociais e vivenciou diferentes etapas na percepção desse fato por parte da equipe.

A primeira foi de espanto: a surpresa generalizada ao descobrirem que escrevia no Twitter sobre boa parte de sua atividade diária, tanto de temas profissionais (respeitando questões de confidencialidade) como pessoais. Foi sempre partidário de não distinguir entre ambos os contextos, e isso o aproximou de um grande número de pessoas, muitas das quais não teriam conseguido entrar em contato com ele de outra forma.

Depois, a equipe descobriu que podia ter acesso em tempo real ao dia a dia de seu chefe: onde estava, quais eram suas opiniões, como passava seu tempo livre ou as conversas que mantinha no Twitter com outras pessoas.

Muitos na Red.es já tinham começado a utilizar a rede e continuavam em atividade. Outros conheceram a ferramenta justamente pela iniciativa de Sebas. E a última fase foi o nascimento de uma comunidade de trabalho que usava o Twitter internamente (Yammer), para manter proximidade e informações sobre a atividade do organismo público.

Ter um grande número de seguidores no Twitter lhe permitia desencadear conversas sobre projetos que, se fossem produtivas, eram incorporadas ao desenvolvimento. Com um benefício extra: ter mais pessoas interessadas e favoráveis à atividade da Red.es.

A marca pessoal de Sebastián Muriel é forte e, evidentemente, ele continuou com ela quando decidiu migrar da Red.es para a Tuenti, a conhecida rede social, como responsável pelo desenvolvimento corporativo. Após a mudança, seus conhecidos e seguidores expressaram sua opinião em público e o parabenizaram, pois valorizaram seu trabalho à frente da entidade. Essas opiniões abertas produzem inquietude nas empresas. Algo que será cada vez mais habitual. No fim das contas, a marca pessoal fica reforçada nas mídias sociais, mas justamente essa atividade tornou conhecida a marca da Red.es entre milhares de pessoas que descobriram uma empresa pública ativa e próxima. Durante sua etapa como diretor-geral, ambas as marcas foram reforçadas. O melhor dos dois mundos.

Rumo à empresa conectada

Incorporar-se a uma empresa nunca é fácil: conhecer sua cultura, seus costumes, os novos companheiros, os métodos de trabalho... E menos fácil ainda é incorporar-se a uma empresa que cresce muito rapidamente: os que já estão nela estão imersos em seu dia a dia, e quem se incorpora tenta ansiosamente encontrar seu lugar. Não é tarefa fácil casar os tempos e interesses de ambas as partes.

María Pérez de Santaella desembarcou na Territorio creativo em março de 2011, em um momento de forte crescimento e com muita gente tocando em frente uma grande quantidade de trabalho comprometido com a clientela. Para María, era muito difícil pedir ajuda. Tinha apenas se relacionado com seus novos colegas, que desfilavam diante de seu nariz, ocupados no ritmo diário, embora todos mostrassem uma boa predisposição para colaborar.

Mas, na Territorio creativo, existe um oásis chamado SocialCast – plataforma interna similar a um fórum ou ao Twitter –, que serve como elo de comunicação entre todos os membros da equipe, fora e dentro do escritório, pelo computador, celular ou iPad. Nele as pessoas escrevem e comentam opiniões ou inquietações variadas: novidades do setor, de clientes, pedidos de ajuda pontual em um projeto, convites para tomar um drink ou mensagens da área de formação. Desde seu primeiro dia, María lia os temas que surgiam no SocialCast sem se atrever a escrever.

Mas, uma manhã, decidiu que tinha chegado o momento de fazer sua primeira investida. E a faria para pedir ajuda a seus companheiros. Assim, esta foi sua primeira mensagem:

> Tenho um monte de ideias que tento ordenar..., enquanto isso, estou desde sexta-feira querendo escrever no SocialCast. Fico muito tensa ao escrever e não gosto [...]. Aprendo algo novo a cada dia na Tc, não só profissional, mas pessoalmente, e não falta quem me ajude, escute e aconselhe. A máxima de superar as expectativas do cliente, de meus colegas e sobretudo de mim mesma é um bom desafio! [...]. Para terminar, e em resposta a uma pergunta feita no TcSchool da última semana... Não, não tenho um tutor, mas gostaria. Assim, deixo aqui meu anúncio: "Novata com vontade de aprender procura Analyst que queira ser seu tutor. Imprescindível ter paciência, garante-se força de vontade". Beijinhos tecerianos, María (Nana).

As respostas não demoraram a chegar:

> Eleazar Santos: Ofereço-me formalmente, pequena Padawan. Faremos treinamento ao estilo Hillary Swank em *Karate Kid*. Creio que é preciso um mapa que deixe claro quem está trabalhado com quem neste tema.
> Iván Fanego: Querida, serei seu tutor, se você quiser. Eleazar também quer, e acredito que ele é melhor do que eu.
> Tamara Lucas: Eu não posso ser sua tutora, mas se puder ajudá-la em alguma coisa, estou aqui. =)
> María Pérez: Obrigada, milhões de vezes obrigada!! Resistindo muito aos encantos de @IvánFanego, aceitei a instrução Padawan do Mestre Jedi @EleazarSantos !! Feliz da vida de ter tutor.

A história de María poderia ter sido como a de qualquer pessoa que chega a uma empresa: apresentam-na a seu chefe, à equipe da qual faz parte, a seus colegas, atribuem-lhe uma carga de trabalho, as ferramentas para o dia a dia e o que é esperado dela. Na melhor das hipóteses, a empresa terá desenvolvido um protocolo de boas-vindas, ou *welcome pack*.

Mas os melhores tutores para os recém-chegados estão dentro da própria organização. O problema é que pode ser que não exista uma ferramenta para conectá-los. A web 2.0 e a chegada das ferramentas colaborativas semigratuitas on-line de ajuda interna, como o SocialCast ou o Yammer, têm permitido algo fundamental: economizar esforços de implantação e colocá-los onde são necessários, motivar as pessoas a usá-las ou, melhor ainda, eliminar as barreiras culturais para o uso aberto e sem preocupação com as possíveis represálias.

Nós, da equipe de gestão da Territorio creativo, encontramos a mensagem de María ao mesmo tempo que o resto da equipe (certamente chegamos tarde) e nos surpreendeu de maneira gratificante ver que tudo tinha sido resolvido sem necessidade de intervenção de nossa parte. A história se tornou uma anedota de *empowerment* que repetimos frequentemente e, desde então, a figura do tutor foi implementada para os recém-chegados. Como veremos mais à frente, o uso das ferramentas colaborativas está eliminando a intermediação na gestão empresarial.

As ferramentas facilitam o intercâmbio de conhecimento, mas estão vazias. São preenchidas pelas pessoas, e é importante que estejamos conscientes de que, ao implementar uma solução desse tipo, o verdadeiro motor está na cultura que facilite, promova e premie (não castigue) a participação, para que as pessoas se sintam de fato engajadas e comprometidas. Ganha a empresa que usa as ferramentas a seu alcance, não a que concentra seu esforço em desenvolver, programar e implementar um software finamente elaborado.

Não, incorporar-se a uma empresa não tem por que ser tão complicado. De fato, trata-se de uma oportunidade de ouro para engajar o resto da equipe no cuidado com a pessoa recém-chegada.

Rentabilidade e cota de mercado na empresa 2.0

O termo "empresa 2.0" refere-se ao uso que fazem as empresas das tecnologias sociais (*social software* ou *social computing*) com o objetivo de incrementar a colaboração e de tornar mais produtivos os processos e fluxos de trabalho. Costuma-se fazer diferença entre o uso interno, o uso com fornecedores, distribuidores e outros sócios de negócio e o uso com clientes.

Esse terceiro tipo de uso coincide quase 100% com o objetivo principal deste livro: o impacto das mídias sociais no Marketing (com M maiúsculo).

Para o uso interno ou ampliado a sócios externos do negócio, destacam-se os wikis (páginas web editáveis de forma colaborativa), blogs, fóruns, gestores de ideias (para solicitar e gerenciar ideias de melhoria ou desenvolvimento de produtos e serviços) e redes sociais internas, como as mencionadas antes, Yammer e SocialCast. Grandes fornecedores de software, como Lotus Connections, da IBM, Jive e Lithium, oferecem todas as funcionalidades e estão preparados para um uso interno e externo combinado.

Embora esse tipo de software exista há muitos anos e as intranets tenham incorporado funcionalidades similares, ele tem sido o auge da web 2.0 fora do âmbito corporativo, o que propiciou a cultura e os hábitos propícios para que essas ferramentas decolem dentro do firewall. Funcionários que começam a se expressar abertamente em ambientes corporativos on-line sem temor às represálias de líderes, que se acostumaram à crítica aberta e que a aceitam como uma oportunidade real de melhora. Membros de equipes de trabalho que percebem o fator comunidade e o valor de investir tempo em compartilhar, além da simplificação tecnológica da experiência de usuário por meio da usabilidade, multicanalidade (celular, tablet) e integração multiplataforma.

Em dezembro de 2010, a McKinsey publicou os resultados de um estudo que demonstra estatisticamente que as empresas que fazem um uso mais pronunciado das tecnologias 2.0, tanto interna como externamente, são as mais rentáveis. Das empresas participantes do estudo, 27% declararam obter maiores margens de lucro e cota de mercado do que a concorrência. Uma empresa conectada, segundo a definição da McKinsey, tem 50% a mais de probabilidade de pertencer a esse grupo.[1]

Isso se consegue construindo relações mais próximas com os clientes, que chegam a envolvê-los no desenvolvimento de novos produtos e serviços. Igualmente, as empresas mais conectadas internamente permitem a tomada de decisões em níveis mais baixos da hierarquia e maior facilidade para constituir equipes de forma autônoma, internas ou com participantes

---

[1] Disponível em https://www.mckinseyquarterly.com/The_rise_of_the_networked_enterprise_Web_20_finds_its_payday_2716.

que estão fora da empresa. Tudo isso repercute em maior produtividade e, portanto, nas margens de rentabilidade. Além disso, as empresas com maiores níveis de conectividade aprendem mais rapidamente e introduzem essa aprendizagem no ciclo de produtividade. Esse efeito de rede acelera os ganhos dessas empresas.

Em junho de 2011, a McKinsey voltou a realizar esse estudo com 4.700 participantes de todo o mundo e concluiu que 72% das empresas usam algum tipo de tecnologia 2.0. As mais usadas são as redes sociais e os blogs, para escanear o ambiente e encontrar novas ideias.

Vejamos como trabalha uma empresa da magnitude da IBM para tornar-se uma empresa 2.0.

Caso IBM: BlueIQ, como evangelizar o Gran Azul

Luis Suárez não podia crer no que estava ouvindo. Gina Poole, vice-presidente de Marketing 2.0 na IBM, estava pedindo-lhe que deixasse seu cargo de consultor de Knowledge Management na área de serviços da IBM (GBS) para fazer parte de uma equipe que teria como objetivo convencer os 400 mil funcionários da IBM de que o uso das ferramentas sociais faria com que eles fossem mais produtivos. Algo que Luis fizera durante algum tempo por pura paixão em seu tempo livre, agora passaria a ser seu compromisso em tempo integral, a tarefa pela qual seria remunerado. Nascia assim o BlueIQ, um programa de mudança cultural dirigido por uma pequena equipe de oito pessoas e apoiado por mais de 2 mil embaixadores internos.

O início do idílio da IBM e da web 2.0 remonta a 2001, quando a empresa desenvolveu um aplicativo para incorporar informação pessoal (um perfil "social") em diferentes aplicativos. Naquela época, foi lançado um programa de adoção tecnológica para fomentar a inovação, que permitia aos funcionários da IBM impulsionar desenvolvimentos que seriam provados de maneira interna antes do seu posterior lançamento, se fosse considerado de interesse. O Lotus Connections, software de colaboração social da IBM, nasceu desse programa.

Em 2005, quando milhares de funcionários da IBM mantinham seus próprios blogs e a blogosfera estava fervendo, a IBM assumiu esse movimento incontrolável e se converteu em uma das primeiras empresas a criar e tornar públicas as normas de *blogging* para funcionários. Enquanto outras empresas tentavam (e continuam tentando) cortar o acesso via web às mídias sociais, a IBM dá a bandeira da largada para impulsionar sua adoção por parte de seus trabalhadores, fomentando a colaboração com colegas e clientes por meio de ferramentas abertas.

Em 2007, foi lançado o Connections, que integrava funcionalidades sociais de diferentes produtos. E o BlueIQ nasceu aí, quando Steve Mills, vice-presidente de software do grupo, ainda patrocinador do programa, compreendeu que sua força de vendas não seria capaz de convencer seus clientes a usar uma tecnologia da qual eles mesmos não eram usuários. O BlueIQ nasceu para fazer frente a dois problemas: 1) muitas das pessoas que dependiam de Mills não estavam colaborando com eficiência, de acordo com a antiga crença de que acumular conhecimento e não compartilhá-lo é poder; 2) o discurso dos comerciais de software não era crível, porque eles não tinham nem ideia do que estava acontecendo.

Para provocar a transformação social dentro da equipe de vendas, focando as ferramentas sociais a partir de uma perspectiva de negócio, a equipe de Luis começou a criar compulsivamente blogs, wikis, fóruns e outras ferramentas para compartilhar tudo o que faziam. O efeito viral de suas ações transformou o alvo da equipe de vendas (uns 16 mil funcionários) em 400 mil funcionários da IBM, tornando-se assim um programa de evangelização para toda a empresa.

Entre outras cruzadas, Luis embarcou em uma greve de e-mail para fazer entender que o uso "exclusivo" dessa ferramenta não promove a colaboração interna. Essa batalha custou-lhe algumas inimizades internas. Não se pode esquecer que o Lotus Notes ainda gera uma grande fonte de renda para o gigante azul.

Uma das atividades mais visíveis do BlueIQ é um programa de formação que integra cursos para usar as ferramentas da própria IBM ou usar o LinkedIn e as redes sociais generalistas para realizar atividades de prospecção comercial. Além de materiais on-line, texto, vídeo e áudio, às quartas-feiras são realizados cursos on-line ao vivo. O comparecimento a esses cursos de formação às quartas-feiras passou de 30 ou 40 pessoas conectadas nas origens do programa a 600 ou 800 na atualidade. Luis reconhece que inicialmente se programaram cursos focados demais na tecnologia, o que foi um fracasso. Para reconduzi-los, fizeram-se estudos e enquetes a fim de entender quais eram as 10 ou 20 tarefas cotidianas mais frequentes. Com essa informação, desenvolveram um programa específico para realizar essas atividades com a ajuda de ferramentas sociais. Desde como trocar arquivos até como fazer uma chamada telefônica de vendas. São 33 módulos que contêm vinte minutos de teoria, dez minutos de prática e a exposição de um caso de sucesso da própria IBM. Como aquele da pessoa que chegou a fechar um contrato de 1,8 milhão de euros administrando a relação unicamente pelo LinkedIn.

O sucesso do BlueIQ é evidente pelas medições da utilização das ferramentas sociais internas e por meio de um blog, no qual os usuários da IBM contam casos pessoais de uso do software social. O Connections registra na atualidade 635 mil perfis (incluindo-se membros da IBM), e são feitos 4 milhões de buscas ao mês. Há 61.147 comunidades on-line (mais de 24 mil delas privadas), 36.500 blogs, 246 mil posts e 445.598 páginas em formato wiki. Um estudo interno, ainda não divulgado, recolhe os resultados de melhorias de produtividade on-line como o que publicou McKinsey em dezembro de 2010.

Agora o BlueIQ está "localizando" e dando franquias a equipes de trabalho. Luis dedica uma parte de seu tempo a recrutar e formar embaixadores. Esse trabalho voluntário está na base da cultura 2.0 da empresa. O resultado é muito visível, por exemplo, se repararmos que a IBM é a empresa com mais funcionários no LinkedIn e também no Google+ (depois do Google).

Em virtude do centenário da empresa, a IBM está promovendo uma iniciativa de cocriação com clientes, desenvolvedores e pessoas experientes. Por meio dela, pretende-se personalizar também todas as páginas na web da empresa para que os funcionários se tornem protagonistas delas.

O objetivo é que a maior parte do trabalho de colaboração seja realizado abertamente fora do *firewall* corporativo.

Sensibilizar para o uso do software social em uma empresa como a IBM não é mais fácil do que fazê-lo em outro tipo de empresa. Como explica Luis, embora pareça uma empresa tecnológica, dos 400 mil funcionários, "50% deles não usam um computador todos os dias, outros 50% 'teletrabalham' e 50% deles têm menos de cinco anos na empresa". Seu trabalho é monumental e a mudança não é esperada em um ano ou em dois. Um programa que se iniciou para durar alguns meses vai completar cinco anos e está previsto, no mínimo, para mais dois anos de atividade.

Se acreditarmos na mudança, devemos impulsioná-la com recursos e com compromisso pessoal. E procurar empreendedores internos capazes de incentivar, aos poucos, as mudanças necessárias em suas áreas de atuação.

"Intraempreendedores" na Movistar

"O homem é o único animal disposto a tropeçar duas vezes na mesma pedra." Esse ditado persegue a todos nós desde pequenos, pois nossa sociedade insiste em nos alertar sobre os perigos de não levar em consideração os erros passados e, assim, correr o risco de voltar a repeti-los no futuro.

Ángel Luis Rivera, de quem já falamos no primeiro capítulo, é uma pessoa com energia suficiente para mover uma organização e conseguir incorporar a Movistar na web 2.0. Apesar de tê-lo tentado há algum tempo com a Keteké, a rede social criada naquela época pela Telefônica, havia chegado o momento de tentar novamente, ficando de olho na pedra para não voltar a tropeçar nela. Junto com Vicente de los Ríos, diretor do canal on-line da Movistar Residencial, e Dante Calciatore, diretor de publicidade, convenceram o resto das áreas a fazê-lo ao mesmo tempo em que se unificava o negócio de telefonia fixa e móvel sob a marca Movistar. Quando receberam a luz verde, a equipe de mídia social se viu reforçada pela incorporação de Elena Rodríguez, que trabalhava com Vicente no atendimento dos fóruns da Imagenio, com magníficos resultados até hoje.

Todo "intraempreendedor" (um empreendedor que se move dentro do guarda-chuva corporativo) possui características bem definidas. A primeira é não ventilar muito os projetos em fase incipiente para evitar reticências e controles excessivos. A segunda, uma vez que se ande com firmeza, é não deixar passar uma oportunidade para ganhar notoriedade. Essa visibilidade, especialmente se estiver ligada às medições do sucesso do projeto, pode desbloquear freios internos para continuar o avanço. A apresentação da nova marca, Movistar, serviu de pretexto para realizar um vídeo em que as complexidades da mudança da marca eram relatadas e que, ao mesmo tempo, servia de apoio ao post no #TcBlog para anunciar a colaboração no projeto da Territorio creativo. Tanto o post quanto o vídeo ganharam força na blogosfera, embora as circunstâncias sugerissem a retirada do vídeo para que não se sobrepusesse ao resto das ações de comunicação da mudança da marca. O incidente foi um avanço da capacidade de iniciativa dos "intraempreendedores" que formavam a equipe de mídia social da Movistar.

A criação dos pontos nodais sociais implica um plano editorial com os temas a tratar, um guia que permite preencher a página em branco enfrentada pela equipe. O plano editorial da Movistar para o Twitter, com exemplos concretos, foi recebido com surpresa pelo restante da organização pela "irreverência" do tom. O sentido do humor, algo difícil de usar sabiamente, tinha de ser um ingrediente obrigatório. Quando Ángel Luis ligou para nos avisar de que publicaria o tuíte já citado no primeiro capítulo sobre o ADSL, nossa primeira reação, irônica, foi responder: "Foi um prazer trabalhar essas poucas semanas com vocês". A publicação do tuíte marcou um antes e um depois, pois estava claro que existia uma equipe sênior capacitada para tomar decisões, o que proporcionou autenticidade ao projeto.

A obsessão para adiantar a conexão com os usuários continuou presente quando, em julho de 2010, foi publicada no Twitter a data prevista da disponibilidade do iPhone 4 na Espanha. O anúncio foi feito com base nas primeiras indicações que chegaram na Telefônica e, depois que a consulta foi feita abertamente, o lançamento foi comunicado para o dia 28 de julho:

> Por votação popular, se não houver atraso nas entregas, quebra de estoque ou similar, em 28 de julho. O PVP não sabe, nem Jobs :-) (@movistar_es)

Como não existia confirmação oficial por parte da empresa fornecedora do terminal, o tuíte gerou uma autêntica agitação quando, por meio de vários meios de informação que seguiam a conta @movistar_es, foram feitas tentativas de se confirmar a autenticidade do anúncio. Como os procedimentos ainda não estavam bem estabelecidos, o anúncio foi desmentido. Elmundo.es refletiu o fato da seguinte maneira no Twitter:

> O Departamento de Comunicação da Telefônica nos garante que o iPhone 4 NÃO chegará à Espanha em 28 de julho, como diz a @movistar_es. (@elmundo_es)

Em alguns fóruns on-line, não acreditavam no que estava acontecendo e alguns usuários chegaram a dizer que a conta da Movistar no Twitter não parecia real "porque não apresentava a formalidade própria da Telefônica". O esforço por mudar o tom e intervir na conversa com a maior naturalidade possível começava a dar seus frutos. De outro lado, os blogs comerciais muito populares faziam eco da "bagunça" informativa entre o anúncio e a negação dele. Uma e outra vez ficava claro que faltam "intraempreendedores" dispostos a arriscar seus cargos para que as coisas mudem dentro de uma organização.

Um valor fundamental da marca Movistar é a proximidade. Amalia Blanco (@amalisima no Twitter) jamais pensaria que seu anúncio de premiar o seguidor número 100 no Twitter com um churrasco no seu terraço do centro de Madri seria difundido por uma grande marca de telecomunicações. Isso foi o que aconteceu quando, no dia seguinte, a equipe da Movistar enviou um tuíte dizendo que a Movistar patrocinaria o churrasco na casa da @amalisima, algo que dificilmente se apagará de sua memória.

Quando a Movistar enviou por engano um sms aos clientes do iPhone dizendo[2] que haveria uma queda na velocidade de download não contemplada no contrato, dispararam-se as críticas e os comentários negativos no Twitter, o que fez soarem os alarmes da equipe de mídia social, que

---

[2] Disponível em http://www.applesfera.com/curiosidades/movistar-anuncia-una-bajada--de-velocidad-despues- de-200mb-consumidos-y-en-su-twitter-lo-desmienten.

conseguiu, ainda com um fim de semana pela frente, coordenar os esforços internos para corrigir a mensagem e enviar um segundo sms a esses clientes. Canalizar o *feedback* para dentro da organização é sempre um trabalho complexo, especialmente quando um projeto se encontra em suas fases iniciais.

Episódios como esses e muitos outros não deixam de acontecer em toda organização que se empenha com determinação em melhorar sua situação. É importante tirar pedras do caminho para que os membros da organização se sintam motivados e trabalhem sem obstáculos adicionais. No final, a chegada da Movistar no Twitter era o dedo que apontava para a lua. Mais cedo ou mais tarde, haveria acontecido. Desde o início, enfrenta-se uma mudança interna, uma luta por melhorar processos de atendimento, por mudar a forma como se escuta o cliente. Esse é o verdadeiro sucesso de uma iniciativa similar. Na atualidade, estar nas mídias sociais de forma decidida é questão de tempo para qualquer empresa. O sucesso chega quando se entende que é uma oportunidade para a transformação. Ángel Luis Rivera e sua equipe tiveram essa ideia clara desde o começo e, com esse objetivo em mente, arriscam para seguir melhorando. "Intraempreendendo" na medida do possível.

Os funcionários na equação do novo marketing

Projeto D, dia H. Madri. Escritórios corporativos de uma empresa multinacional do setor de consumo. Transcorreram dez minutos desde o início da primeira reunião de um projeto de marketing em mídias sociais. A Territorio creativo foi selecionada para dar suporte e são feitos debates sobre possíveis reuniões de análises com diferentes departamentos da organização:

– Precisamos envolver a área de recursos humanos – afirmamos.
– Tem certeza? É preciso? É que não nos damos bem com o diretor – eles apontam. – Além disso, ele não entende direito esse assunto.
– Entendi – tentamos ganhar tempo e esconder nossa emoção. – É que para o sucesso do projeto é vital envolver pessoas de diferentes áreas e dar formação no uso das mídias sociais. E conscientizar as pessoas de que fazê-lo direito é uma questão para todos.

– Mas isso é um projeto de marketing! Para que precisamos envolver o resto da organização? – indagam, perplexos.

– Podemos garantir que pensamos no sucesso do projeto com uma perspectiva de marketing. Não pretendemos fazer o trabalho da área de recursos humanos com o orçamento de vocês. Mas os funcionários da empresa são um dos fatores-chave. Para que isso tenha sucesso lá fora, temos que começar aqui dentro.

– Não conseguimos entender você – o tom poderia parecer conciliador, vendo em retrospectiva e com o carinho que temos por eles agora. – Fazemos muitos projetos e campanhas com outras agências e nossos colegas de outras áreas nem sabem.

– Já entendemos. Mas não estamos aqui para fazer campanhas de comunicação. Falamos de relação com o cliente. E de mídias sociais, em que a ênfase deve estar na palavra "sociais", não em "mídias". Os funcionários terão que enfrentar isso mais cedo ou mais tarde. Imaginem que propomos montar um blog no qual as pessoas da casa escrevam. Seria adequado ir introduzindo essas pessoas na cultura do *blogging* e ensiná-las a fazer uso adequado dos códigos de mídia, não é?

– Bom, sim, claro.

– Imaginem que aceitamos que nossas mídias sociais "corporativas" têm um impacto relativo. Pensem se pudéssemos convencer os funcionários a ecoar as iniciativas da casa em suas mídias sociais pessoais, que retuitassem conteúdos de nosso Twitter oficial. Se pudéssemos convencer dez mil funcionários a apoiar uma campanha, o que seriam mil seguidores nossos no Twitter comparados com dezenas de milhares de pessoas cujas contas pessoais aderissem a ela?

– Mmm, acho que estamos entendendo – os rostos pareciam sinceros.

– Ou, por exemplo, imaginem que quiséssemos organizar uma rede social interna com parceiros e fornecedores de nosso produto na qual se compartilhassem experiências, documentação, notícias... Uma comunidade baseada na prática. Não seria benéfico que vocês liderassem a relação? Vocês não concordam que se tornaria uma vantagem competitiva evidente?

– Sim, de fato. Hoje em dia, essa relação é um inferno centralizado em e-mails, com poucas possibilidades de formalizar a interação.
Detalharam como a relação com fornecedores começava a sofrer o cansaço do e-mail e se estenderam nas vantagens que teriam em uma "comunidade" de relação com parceiros.
– Por último, vamos fazer a pergunta inevitável: quantos de vocês são *heavy users* das redes sociais?
– Bom, eu tenho Facebook. Mas não entendo como as pessoas passam o dia vendo o que os outros fazem – dizia o diretor de marketing. Os outros não quiseram falar.
Só a garota estagiária da área de marketing on-line declarou ter uma conta no Twitter e que a mantinha de forma ativa. "Eu sigo vocês faz tempo", ela declarou.

Como se pode penetrar a barreira imposta por algumas pessoas aos novos hábitos de consumo e de comunicação pessoal? Já falamos da importância que as marcas pessoais desempenham na construção da identidade digital 2.0 das organizações. Digamos que esse é o resultado direto da aquisição de hábitos e da cultura 2.0 por parte dos funcionários. O indireto será precisamente que a "cultura sociotecnológica" fornecerá, por um lado, uma melhor compreensão dos hábitos do socialholic e, por outro, uma maior capacidade para o aprendizado pessoal (lembremos o esquema SER+).

Vejamos um caso, que conhecemos de perto, sobre como envolver os funcionários produz um resultado direto em um projeto de comunicação.

Caso Telefônica: os grandes clientes também são sociais

"Tem sentido usar ferramentas 2.0 em um ambiente B2B?" A pergunta foi formulada por Elena Ormaechea (@elenaormaechea no Twitter) para José María Palomares (@chemapalomares) no transcorrer de um ato sobre comunicação 2.0, quando existiam casos na Espanha focados apenas na comunicação e no marketing para empresas, não no cliente final. A pergunta é ainda mais significativa, porque Chema, gerente de comunicação da Telefônica Espanha, era nesse momento responsável apenas pelo segmento "grandes clientes": cerca de 2 mil empresas entre as maiores do país, com quatro interlocutores em média do mais alto nível hierárquico em cada uma. O único segmento em que a Telefônica não usa a marca Movistar e que desenvolve grandes projetos de implantação de soluções de telecomunicações de hardware, software e sistemas de informação.

Desde o início, tentou-se envolver os funcionários da Telefônica para criar conteúdos e liderança de opinião. Tanto Chema como Elena tinham claro que não se tratava só de abrir uma conta no Twitter. Sabiam que a relação com o cliente se dava no terreno comercial, e que a comunicação mais representativa no novo ambiente estaria nas mãos dos quase 3 mil funcionários que fazem parte desse segmento. Portanto, o primeiro passo consistiria em planejar uma estratégia de conteúdos, em formato de blog, que demonstraria conhecimento e visão em um ambiente tecnologicamente sofisticado: *cloud computing* (computação na nuvem), *machine to machine*, *eHealth*, segurança lógica, são algumas das categorias temáticas. Para isso, seria necessário convencer um grupo de pessoas suficientemente amplo para que se comprometessem a escrever de forma regular no blog. E, sem pensar muito, foram recrutados voluntários pelos corredores, literalmente. Gente próxima, afim, com suficiente conhecimento técnico. O compromisso? Formação e visibilidade. O blog foi batizado de A un Clic de las Tic[3] e foi desenvolvido na forma de um grande cabeçalho no qual as fotos dos vinte primeiros blogueiros (sessão fotográfica profissional para a ocasião) giravam em forma de carrossel.

A cada quinze dias, uma comissão editorial debatia temáticas e atribuía artigos. No final do primeiro mês, organizaram um workshop de formação fora dos escritórios, em um hotel fazenda, com charme e degustação de gim inclusa. Os resultados dos primeiros seis meses não podiam ser mais promissores. O tráfego crescia de maneira contínua, as referências ao blog de outras

---

[3] Disponível em http://www.aunclicdelastic.com/.

webs e do Twitter aumentavam e, sobretudo, os blogueiros da casa estavam cada vez mais à vontade. E, então, mais pessoas ofereceram-se para participar.

Mas a estratégia da Telefônica não se limitou ao blog. Tratava-se de organizar várias linhas de trabalho, algumas das quais passaram a incorporar mais meios corporativos, como uma conta do Twitter, e também um respaldo para os eventos corporativos e para a comunicação do Centro de Inovação Corporativa (com duas sedes, uma no Distrito C, em Madri, e outra em Barcelona). E, além de tudo isso, o objetivo estratégico de ajudar na incorporação 2.0 dos altos executivos e dos alvos potenciais a esse ambiente. Para isso, foi planejada uma estratégia de formação e conteúdos em eventos e meios de comunicação próprios, como o "48 horas com a Telefônica" ou a revista *Pulso*.

Desde seu início, a conta corporativa do Twitter (@aunclicdelastic) vem crescendo a um ritmo de 20% ao mês em seguidores, e o número de retuítes e comentários vai aumentando em proporções similares. Desde o princípio, parecia evidente que, se algumas centenas de funcionários da divisão de grandes clientes abrissem uma conta no Twitter e a usassem de vez em quando com fins corporativos, o impacto poderia ser muito maior. Por isso, procurou-se o envolvimento dos funcionários de diferentes formas. Procuram-se perfis de funcionários no Twitter e estes são adicionados a listas para facilitar a interação e fomentá-la na conta corporativa. Eles também foram incentivados a manter atualizados seus perfis no LinkedIn. E, além de sessões presenciais de formação, foram organizados *webinars* sobre o uso de mídias sociais. No primeiro, sobre como melhorar a presença no Twitter, a audiência média dos anteriores quintuplicou.

Nos primeiros meses de uso da conta corporativa do Twitter, planejou-se um pequeno concurso. Se os funcionários colaborassem criando conteúdos no Twitter, poderiam ter acesso ao sorteio de um iPad. A elevada participação e uma taxa de abertura da newsletter interna bastante superior à habitual tiveram consequências inesperadas. Procurava-se aumentar a vinculação da conta corporativa com os funcionários no Twitter, mas a ação também serviu para incentivar muitos funcionários a testar o Twitter pela primeira vez. E outros muitos identificaram contas já existentes, o que serviu também para aumentar notavelmente as listas de funcionários com conta pessoal. E, por sua vez, detectar possíveis redatores para o blog A un Clic de las Tic.

Outra grande área de trabalho é a socialização de eventos profissionais, que supõe uma parte importante do orçamento de comunicação. A participação dos funcionários da Telefônica nesses acontecimentos é fundamental. Não só para ampliar a repercussão de um funcionário que dá uma palestra, mas para distribuir o conteúdo e o debate nesses fóruns. Chegou a ser definido um pequeno procedimento para padronizar a forma como as ações seriam apresentadas ou para decidir que acontecimento teria mais cobertura do que outro, e o que significava cada nível de cobertura: desde a criação de tags no Twitter e a cobertura no blog até a vídeos ou entrevistas e outros materiais para tornar os conteúdos "atemporais".

O limite entre a comunicação interna e a externa é poroso, como ocorre com as barreiras corporativas. No caso da Telefônica, é evidente que uma iniciativa liderada a partir do âmbito da comunicação estará colocando as primeiras pedras de algo que antes ou depois mudará muitos dos hábitos existentes. Não estão sozinhos, é claro. Na Telefônica existe também um plano formal de sensibilização interna denominado Movistar 2.0, que trabalha para acabar com as distâncias entre os clientes e quem toma e executa decisões dentro da organização. A partir da reorganização da Telefônica Espanha na primavera de 2011, Chema e Elena passaram a ser responsáveis também pela comunicação com pequenas e médias empresas. O plano para relacionar-se com uma coletividade tão ampla passará por dar acesso às empresas a conteúdos e formação de alto nível, apostando na socialização on-line e off-line (por meio de eventos) como instrumento de vinculação.

Management 2.0

Liderança aberta, autogestão, management 2.0. Apelos que tentam representar a mudança que as teorias clássicas de gestão empresarial devem enfrentar diante do novo milênio. Nesse ponto, quase todos sabemos, por exemplo, que o Google libera 20% do tempo para os funcionários desenvolverem projetos próprios que, posteriormente, passados pelos filtros necessários, podem ser selecionados e impulsionados pela empresa. Assim nasceu o Gmail e algum outro serviço popular da empresa de Mountain View.

Não é tão conhecido o caso de uma "pequena" cadeia de lojas de alimentação ecológica norte-americana. Em 1996, podia-se ler na *Fast Company* sobre a liderança aberta da Whole Foods:

> A cultura da Whole Foods está baseada no trabalho em equipe descentralizado. A equipe, na hierarquia, é a unidade de atividade que define o trabalho. Cada uma das 43 lojas é um centro de benefício autônomo composto por uma média de dez equipes com autogestão que designam seus líderes e respondem a diferentes objetivos de rendimento. Os líderes de equipe são, por sua vez, uma outra equipe; os líderes de loja em cada região são também uma equipe; os seis presidentes regionais da empresa são ainda outra equipe.
> A Whole Foods acompanha a organização com um sistema financeiro aberto. Recolhe e distribui a informação até extremos dificilmente imagináveis em outro lugar. Números delicados sobre vendas das lojas, das equipes, as margens, inclusive os salários das pessoas, estão à disposição de todos os funcionários. De fato, quando a SEC pediu sua lista de *insiders* para controle de compra e venda de ações, a empresa a delegou a seus 6.500 funcionários.[4]

Hoje, a cadeia, com ações negociadas na Nasdaq, conta com 54 mil funcionários e trezentas lojas nos Estados Unidos e no Reino Unido. Mas, acima de tudo, podemos encontrar a Whole Foods na lista das 100 melhores empresas para se trabalhar da revista *Fortune*.[5] E ela aparece ali, todos os anos, desde 1998.

Onde está a alta gerência?

A Espanha está escassa (muito escassa) da presença 2.0 de seus altos executivos. Cada vez que se tenta fazer uma lista com executivos espanhóis

---

[4] Disponível em http://www.fastcompany.com/online/02/team1.html.
[5] Disponível em http://www.wholefoodsmarket.com/careers/fortune100.php.

com blogs próprios ou no Twitter, a ausência de nomes importantes é o único fato relevante da lista. Os anglo-saxões têm muito mais experiência, embora também se queixem. Em março de 2011, só 15 dos 143 diretores de marketing e/ou comunicação da *Fortune 100* eram ativos no Twitter.[6]

A primeira publicação que o diretor de marketing da Best Buy escreveu, por volta de 2008, em seu blog pessoal, dizia algo assim: "Aqui está a primeira publicação. Pelo menos já terminei de escrever".[7] Como é possível comprovar também nas publicações posteriores, era evidente que Barry Judge não se sentia à vontade nesse ambiente. Mas percorreu o caminho e seu blog evoluiu, assim como sua compreensão do ambiente 2.0. Hoje, Barry aparece no topo da lista dos vinte CEOs mais ativos nas mídias sociais, e sua empresa, a Best Buy, rede de lojas de produtos eletrônicos, é uma referência mundial no social media marketing.

Seu envolvimento pessoal não só gera repercussão indireta na empresa, graças a um melhor conhecimento do novo ambiente, mas também repercute diretamente: um blog ou uma conta no Twitter de um alto executivo é uma magnífica arma para a "desintermediação" da comunicação externa, corroendo o poder das mídias na hora de enfrentar uma crise ou de comunicar novidades. Além disso, é um excelente instrumento para a comunicação interna, com mensagens diretas sobre a cultura, a organização ou a estratégia dirigida aos funcionários. Como exemplo, Barry Judge ousou responder a um artigo incisivo que a Gizmodo – popular blog de tecnologia – publicou sobre os sete tipos de dependentes da Best Buy. Esta pediu a Barry que respondesse e, embora no início ele tivesse resistido, alegando que não era seu estilo, finalmente cedeu ao pedido por compromisso com a equipe. O nome do post era "O único tipo de blogueiro da Gizmodo",[8] que mostrava um *geek* reclamando do mundo plugado a seu notebook, jogado em um sofá, e alimentou uma simpática crise que gerou muito *buzz* positivo para a empresa.

---

[6] Disponível em http://www.businessinsider.com/the-fortune-100-league-of-extraordinarily--social-cmos-infographic-2011-3.
[7] Disponível em http://barryjudge.com/hello-world.
[8] Disponível em http://barryjudge.com/the-one-type-of-gizmodo-blogger.

Se acreditarmos em diferentes estudos que destacam a relação entre inovação, rentabilidade e participação de mercado com uma cultura de colaboração interna e externa, devemos pensar em nossa máxima responsabilidade como líderes da transformação. Mesmo que seja para começar só escutando. O resto virá por si.

Vinte ideias para uma gestão empresarial 2.0

Em 2008, Gary Hamel escreveu *O futuro da administração* inspirado em conceitos próximos à cultura 2.0, que foi configurada em torno da internet participativa. Ler esse livro nos inspirou para escrever o post reproduzido a seguir, publicado em junho de 2008. As teses sintetizam as lições extraídas da observação de fenômenos produzidos em serviços comumente designados pelo conceito da web 2.0, confrontadas com teorias clássicas e pós-modernas de gestão empresarial e com a própria experiência pessoal.

Management 2.0: vinte teses

1. **Algo está se formando na internet**, e essa maré transbordará os diques das organizações – o que já está acontecendo –, com ou sem intenção de lucro.
2. A produtividade do "trabalhador do conhecimento" não está relacionada a atividades físicas, mas sim mentais. Sistemas "tayloristas" de gestão já não são adequados, **a paixão e o compromisso são a cocaína e o cronômetro da nova produtividade**.
3. As pessoas gostam de conversar, e, frequentemente, a conversa é usada de forma produtiva. Habilitar meios conversacionais nas empresas repercutirá em melhora contínua, criatividade e inovação, todas elas impulsionadas por maiores e melhores possibilidades de comunicação horizontal e vertical.

4. A atenção dispersa, ao contrário do que possa parecer, traz novas formas de produtividade: as diretamente associadas à inovação e à criatividade. **A sensação de onipresença que a web 2.0 proporciona é uma dessas novas formas de produtividade.**
5. **A tecnologia e as mídias afetam o processo.** Se as pessoas dispõem de ferramentas de fácil uso, têm mais possibilidades de demonstrar sua criatividade, sem as barreiras psicológicas associadas ao aprendizado.
6. O problema não é que as pessoas não tenham talento, é que, se não são reconhecidas, reservam-no para seu uso pessoal. **O problema do talento não é atraí-lo nem retê-lo. O problema é que falta talento para reconhecer o talento.**
7. **O talento contagia.** Pessoas que há uns poucos meses só escreviam por obrigação, agora leem e escrevem blogs com fluidez. Ou aprendem fotografia, ou melhoram seus dons como designers gráficos. O talento é menos escasso do que parece. E é mais fácil despertá-lo do que nunca.
8. A dualidade da transmissão do poder "de cima para baixo" (ditadura) ou "de baixo para cima" (democracia) pode resultar simplista: esquece outros poderes fundamentais como o horizontal, o que se produz "entre pares".
9. Assim como cresce a influência que os "iguais" exercem entre si (as recomendações de amigos, colegas, etc.), **o "que dirão" os iguais ganha peso como elemento de autoridade e responsabilidade dentro da empresa.**
10. Na internet (e na sociedade) existem milhares de pessoas que fazem coisas sem esperar dinheiro em troca. Cada vez mais, **um bom salário será condição necessária, mas não suficiente.**
11. Muitos participam da internet pelo mero fato de fazê-lo. **O ego é uma motivação crucial**, e pode chegar a ser muito mais importante do que uma remuneração econômica.

12. Outros contribuem desinteressadamente na internet pelo desafio de poder resolver um problema. **As organizações devem proporcionar a seus membros oportunidades para resolver problemas.**
13. Por fim, há pessoas que contribuem para o desenvolvimento de uma boa causa, e que fazem o bem por simples fazer. Nenhuma empresa deveria perder a oportunidade de criar seu imperativo categórico e fazer seus funcionários participarem dele. **Fazer o bem se torna uma fonte de riqueza para os amigos e os desconhecidos.**
14. **A informação quer ser livre, onipresente e acessível.** Também dentro das organizações. Nosso empenho em mantê-la trancada a sete chaves sempre acabará sendo um esforço inútil a médio prazo.
15. Com formação bem entendida e honesta, e as informações necessárias, **qualquer pessoa é capaz de tomar decisões simples**, que correspondem a 99% das decisões de qualquer empresa, em qualquer momento.
16. **Em muitas ocasiões**, dispondo das informações necessárias, e com tempo suficiente ou ferramentas adequadas, **o conhecimento gerado por muitos é mais preciso do que o conhecimento gerado por poucos.**
17. Em uma porcentagem maior do que imaginamos, **as pessoas não gostam que digam o que elas têm que fazer.** Quase todos nós preferimos poder decidir sobre nossas responsabilidades e nossas tarefas.
18. "O procedimento perfeito" não é perfeito se não é cumprido. É cem vezes preferível **um procedimento imperfeito que foi definido e é consensual entre os agentes envolvidos, os quais estão comprometidos com sua execução.**
19. **As pessoas estão mais sensíveis do que pensamos aos custos empresariais.** Com a informação necessária, todos nós somos capazes de tomar decisões adequadas e até mesmo de melhorar esses custos.

> 20. **Os líderes 2.0 são professores insistentes, não capatazes intransigentes.** Formadores que despertam inquietude (motivam), insistem com empenho nos valores culturais da empresa e se fazem adeptos incondicionais da regra, medindo até a exaustão, a fim de oferecer a seus pupilos a informação de que precisam para a tomada de decisão.

Redes pessoais de aprendizagem

Em 2005, Rafael Gil perdeu seu tesouro, que era uma grande base de dados no Lotus Notes, com acesso centralizado ao conhecimento universal corporativo do qual dispõem os consultores na Accenture. Rafa (@rgil no Twitter) tinha sido consultor até esse ano, quando decidiu aceitar uma oferta de trabalho como diretor de sistemas da Boyacá, uma empresa espanhola de logística "daquelas para a vida inteira". Ele reconhece que se sentiu um pouco sozinho e até com certo pânico quando, depois de ter implementado na Boyacá tudo o que já sabia, se perguntou: "E agora, por onde continuo?". Nesse mesmo ano ele decidiu lançar um blog, Diario de un Director de Sistemas, ainda vivo e ativo, para compartilhar sua experiência como responsável por sistemas de informação de uma empresa tradicional e conectar-se com profissionais afins.

Criar um hub de conhecimento: "Eu tinha perdido o acervo centralizado, de modo que agora era a minha vez de gerar uma rede pessoal de aprendizagem. Soa pretensioso, mas pensei nisso quando iniciei o blog", reconhece Rafa. Gente que comentaria suas experiências e que, chegado o momento, iria ajudá-lo a pesquisar sobre como desenvolver novos projetos. Desde o início, entrou em contato com pessoas muito interessantes, com quem compartilhou problemas profissionais, o que também representou um investimento considerável de tempo, o que ele questionava[9] a partir da perspectiva de produtividade:

---

[9] Disponível em http://rgil.lacoctelera.net/post/2011/06/21/la-delgada-linea-lo-privado-y--profesional.

Uma das dúvidas que eu tinha era se esse tempo dedicado, digamos, a "cultivar" minha própria imagem, ou a ampliar conhecimentos, era benéfico ou não para a empresa. De certa forma, roubava meu tempo. Não me refiro ao simples fato de aproveitar o aprendizado, o que evidentemente sempre é benéfico para o empregador, mas esse tempo comentando ou escrevendo em um blog ou um tuíte era algo mais do que tempo roubado.

Agora acredito (ou engano a mim mesmo, pode ser) que a resposta é sim, claro. Com a extensão da comunicação pela internet, todos nós estamos mais perto e vale mais do que nunca a ideia de que "o importante não é saber, mas ter o telefone de quem sabe".

Um dia, com a crise econômica afetando os orçamentos de novos investimentos tecnológicos, Rafa questionou o alto preço que a empresa pagava pelas licenças do Microsoft Exchange como plataforma de e-mail corporativo. Uma opção válida parecia ser o Google Apps, mas a experiência comercial prévia foi ruim: não tinham sido capazes de obter um contato comercial válido. Ele decidiu perguntar no Twitter, e alguém lhe enviou a conta pessoal de um engenheiro de software do Google, que finalmente concordou em fazer um demo. Aquela reunião resultou na implementação do Google Apps para quatocentas contas de e-mail corporativas.

Há pouco tempo, validei alternativas de videoconferência ou de software financeiro em decorrência de perguntas e respostas no Twitter ou modelos de distribuição por causa de algumas perguntas no Quora. Também pude comentar uma ideia de negócio, que em breve vou poder contar aqui, com especialistas do mundo de mídias sociais e e-commerce a quem não teria tido acesso de forma tão simples se não fosse por uma amizade cultivada entre tuítes e blogs.

Recentemente, ele teve que levantar informações sobre a instalação de um sistema de eLearning para dar formação a 1.500 profissionais distribuídos por toda a Espanha. Algum contato no Twitter indicou o Moodle, uma plataforma de software livre específica para formação a distância. Perguntando no departamento de recursos humanos por um fornecedor que pudesse cuidar da instalação da plataforma, ele recebeu uma oferta de uma reconhecida empresa por um valor próximo a 20 mil euros, que excedia o orçamento inicial. Ele reconhece que, se tivesse dedicado certo tempo a procurar outras ofertas, talvez tivesse obtido algum desconto significativo. Mas, em vez disso, recorreu uma vez mais ao LinkedIn e ao Twitter, e conseguiu diversos contatos em cascata, e, depois de algumas idas e vindas, pôde contatar um jovem profissional autônomo que colaborava com diferentes universidades e tinha feito várias implantações do Moodle. Em uma semana, e com um orçamento não muito superior a 2 mil euros, a plataforma estava em andamento.

Evidentemente, Rafa reconhece que também há um cenário de marca pessoal em tudo isso. Seu blog proporcionou-lhe visibilidade como profissional do ramo. Foi convidado a participar de livros como *Blogbook* e *INprendedores* e, agora, trouxe-o para o livro que você tem em mãos. Ele acredita que isso é bom, e que seja bom para as organizações. De fato, permite-lhe evangelizar internamente. Quando, por exemplo, durante um almoço com seu diretor-geral, ele se queixou do fato de os Correios terem feito um convite para que ele participasse com um artigo no blog deles sobre comércio eletrônico, enquanto eles não tinham implementado sua estratégia de comunicação 2.0 para sua nova plataforma de distribuição logística, que estava prestes a ser lançada. Ou evangelizar lateralmente e para baixo, dotando seus colegas de uma "cultura tecnológica" em uma empresa não tecnológica. Rafa explicou que muitos já têm conta no Twitter e, embora nem todos eles a usem para falar, muitos estão escutando e aprendendo. Uma conquista recente, descobrir o grande acervo de conhecimentos que é hoje o Slideshare.

O acesso ao conhecimento foi descentralizado. O equilíbrio entre acervos abertos e bases de dados fechadas vem mudando radicalmente. As pessoas criam e compartilham, pegam o compartilhado novamente, voltam a criar e compartilham mais uma vez. O acesso e a busca desses fragmentos de conhecimento são mais eficazes do que nunca. As pessoas se tornam "centros de aprendizado pessoais" interconectados com outros CAP. A inovação é social.

Se quem tem um amigo tem um tesouro, Rafa perdeu o seu, mas encontrou várias dezenas graças a isso. Agora já não se sente só. E seu blog continua no ar.

Só nos resta refletir sobre como fazer a participação pessoal em mídias sociais somar-se aos interesses corporativos, sem colidir com eles. Falemos dos famosos guias de uso de mídias sociais para funcionários. Uma ferramenta de transição para as empresas que buscam o graal.

Pautas 2.0 para funcionários que buscam o graal

Quando você estiver com este livro nas mãos, é provável que muitos dos funcionários de sua empresa estejam usando as mídias sociais a título pessoal. Como já falamos, é interessante fomentar esse uso e aproveitar o conhecimento que já temos. Chegar ao consenso sobre algumas pautas "oficiais" é uma prática benéfica para eliminar a incerteza e conseguir que mais pessoas publiquem sem medo em seus perfis on-line.

Em maio de 2010, Roberto Carreras publicava no #TcBlog[10] um extenso artigo sobre guias 2.0 para funcionários. Nele, Roberto falava sobre como as normas da Kodak[11] fomentam a transparência, o guia da Intel[12] apela para a moderação no uso da dialética e o da IBM[13] recomenda que seus funcionários gerem "valor", ajudando a comunidade.

Um bom guia de uso de mídias sociais não se limita a fixar normas. Deve explicar também o que é a web 2.0, por que é bom o uso profissional

---

[10] Disponível em http://www.territoriocreativo.es/etc/2010/05/ideas-para-elaborar-una-%E2%80%9Cguia-de-buenas-practicas-en-social-media%E2%80%9D.html.
[11] Disponível em http://www.kodak.com/US/images/en/corp/aboutKodak/onlineToday/Kodak_SocialMediaTips_Aug14.pdf.
[12] Disponível em http://www.intel.com/content/www/us/en/legal/intel-social-media-guidelines.html.
[13] Disponível em http://www.ibm.com/blogs/zz/en/guidelines.html.

a título individual dela, além de incluir uma seleção de ferramentas disponíveis que não se limitam somente ao Twitter ou o Facebook, e uma seleção cuidadosa de links interessantes. Poderia ser acrescentada uma lista de blogs úteis ou de comunidades específicas e ferramentas de colaboração, destacando-se os benefícios de sua aplicação no dia a dia. Um bom guia deve ter consciência da amplitude da mudança de cenário, mais do que coletar uma mera lista de pautas e ferramentas disponíveis.

O guia de netiqueta da Territorio creativo

Em setembro de 2011, diante do crescente número de incorporações, decidimos publicar nosso próprio guia de uso na Territorio creativo. Evidentemente, temos pouco a ver com outras empresas, já que toda nossa atividade gira em torno desse mundo. Porém, acreditamos que o guia reflete o espírito que deveria estar impregnado nesse tipo de atividade. Na hora de elaborar seu próprio guia, é recomendável que você não deixe de dar uma olhada em algumas das normas das grandes empresas anteriormente mencionadas. Não devemos nos inspirar em um guia só, porque eles emanam diretamente da cultura única de cada empresa.

Decálogo 2.0 para o bom "teceriano"

Na Territorio creativo, acreditamos que a participação na internet enriquece as pessoas e seus projetos profissionais. Também acreditamos que o que é chamado de "marca pessoal" complementa a corporativa, e vice-versa. As barreiras entre a vida profissional e a pessoal estão se diluindo. Para melhorar. Os tecerianos (membros da equipe de projeto da Territorio creativo) entendem o valor de participar da ágora 2.0. E, ao fazê-lo, devem sentir-se livres para seguir sua intuição e seu bom senso. Para deixar claro a que nos referimos aqui por bom senso, quisemos reproduzir algumas pautas que nos servem de guia no uso profissional que fazemos das nossas mídias sociais pessoais.

1. *Participar nos faz melhores.* Debater, conversar, refletir em público. Manter uma rede aberta e participativa a título individual nos faz crescer como profissionais e, em geral, como pessoas. Participar agrega valor a nossos clientes e a nossos colegas. Não deixemos de fazê-lo.

2. *Todos somos Tc.* A Territorio creativo é um projeto que pertence aos membros da equipe. Não existem interlocutores oficiais. Todo teceriano pode falar em nome da empresa. Se achar melhor, pode-se explicitar que se trata de uma opinião pessoal e que não se fala em nome da empresa. Mas, quando um teceriano fala, a marca Tc flui em suas palavras.

3. *Manter o espírito do serviço.* No centro de nossos valores, encontra-se o serviço à equipe e a fé na comunidade. Dar e receber. Ajudando, mudamos nosso mundo para melhor.

4. *Sentido comum teceriano.* Olhando para nosso interior, temos "quase" todas as respostas a respeito do que é adequado ou não falar sobre nossa faceta profissional nas mídias sociais próprias (blogs, contas pessoais no Twitter ou no Facebook, etc.) ou sobre terceiros (sem a administração da mídia). Para perguntas sem resposta, faça uso do item 10.5 do presente decálogo.

5. *Os limites da confidencialidade.* A Territorio creativo acredita na transparência radical, mas avança passo a passo ;-). Existem limites à "liberdade de expressão" regimentados por cláusulas de confidencialidade que em certas ocasiões são assinadas em contrato com um cliente. Isso não significa que você não possa falar com nome e sobrenome dos projetos em andamento. Ao contrário. Mas, se existir dúvida, melhor voltar ao item 4.

6. *Transparência pessoal.* Quando um teceriano escreve sobre sua atividade profissional, é conveniente redigir de forma que

não deixe dúvidas a respeito de seu vínculo profissional com a Tc (ou acrescentar um *disclaimer*). No Twitter, isso não é possível por causa do limite de caracteres. Por isso, recomenda-se deixar claro na "bio" que se trabalha na Tc. Ninguém nos acusará de engrandecimento "encoberto" na hora de citar, falar ou retuitar sobre um projeto com um cliente. Por sua vez, os projetos em andamento ficarão guardados na web da Tc, salvo pedido expresso de um cliente. Nesse caso, todos os tecerianos ficarão cientes.

7. *Humildes, com prioridade para nosso cliente.* Há sempre alguém que sabe mais do que nós. Por isso é conveniente ser humilde nas intervenções públicas. E um teceriano sempre dá preferência ao cliente. A Tc não "define" a estratégia, mas "ajuda a" defini-la. Não cria uma campanha, mas trabalha com o cliente para criá-la. Nunca será demais lembrar e agradecer o fato de um cliente ter confiado na Tc.

8. *Somos fãs do estilo do livro El manifiesto Cluetrain.* A Tc evita o estilo pomposo e vazio habitual da comunicação corporativa do século XX. Recomenda-se uma escritura objetiva, descritiva, amena e direta.

9. *Fiéis à netiqueta.* Escrevamos como se estivéssemos na presença da pessoa a quem nos dirigimos ou do coletivo que mencionamos. A netiqueta está no DNA da Tc: citar fontes, ser humilde, respeitar o próximo, usar o humor, ser verdadeiro, corresponder às demonstrações de carinho.

10. *Evitar espirais de violência.* É aconselhável não ajudar a criar espirais de violência verbal. E respeitar quem não respeita, afastando-se na hora certa.

10.5. *Ajuda on-line em tempo real.* Se houver dúvida sobre como proceder na ágora pública, um teceriano usará o celular (voz, sms, whatsapp) para perguntar em tempo real a outro teceriano (com maior idade digital, com mais meses na Tc ou um reconhecido tutor espiritual). Se a consulta não é feita de imediato, existem dois riscos: inibir-se ou errar por desconhecimento. Ambos são igualmente indesejáveis.

Os tecerianos são ativos e desinibidos. Temos isso em nosso DNA. Temos o direito – que é, por sua vez, uma obrigação – de melhorar nosso mundo. Participemos.

EcoTc: um enfoque estratégico de marketing

Em fevereiro de 2010, María Gil de Antuñano, naquela época diretora de comunicação da Cemex, entrou em contato conosco para falar de um projeto que nos levaria à análise de reputação mais complexa que tínhamos realizado até então. Mergulhar fundo em fóruns e blogs, procurando entender o que se falava da Cemex, em quais termos era atacada e como era defendida. Qual era a dinâmica de conversa local (falando em termos de Espanha), na qual se travava uma batalha ecologista entre as pedreiras e as empresas de cimento. Foram identificados os atores e os meios afins e contrários, e foi feita uma localização completa das comunidades relevantes, que serviriam como base de trabalho para o futuro. Foram investidas centenas de horas em interpretar e classificar milhares de mensagens com a ajuda de ferramentas automáticas, mas com um forte componente de análise manual. Temas recorrentes foram catalogados, blogs foram detectados, a Cemex e sua concorrência foram posicionadas no quadro. Terminada a análise, foram formuladas recomendações estratégicas simples.

Revisando o documento de análise com Joaquín Estrada, naquela época diretor-geral da Cemex Espanha, decidiu-se colocar em andamento o projeto de implantação. As simples recomendações estratégicas formuladas eram insuficientes para constituir um plano de ação, e então se decidiu investir outro mês para desenvolver um plano estratégico e um plano de ação que pusesse na mesa metas, tarefas e responsáveis.

Foi quando decidimos lançar um projeto interno para formalizar uma metodologia de enfoque estratégico inspirada nos planos realizados até hoje e que serviria para focar projetos futuros. Desde o início, entendemos que a ênfase devia estar nos objetivos, na cultura, na organização e nos procedimentos. Queríamos deixar claro que o mais visível – Facebook, blogs, Twitter – só chegava ao final após ter respondido aos porquês e como. E, sobretudo, que o importante são as pessoas e os usuários, não a tecnologia.

Desde então, não começamos nenhum outro projeto sem dedicar um mínimo de duas semanas à análise e seis à formulação estratégica. Uma equipe mista formada por nosso cliente e nossa equipe interna procura respostas: para quê? Com que pessoas? Como mediremos o sucesso operacional e o sucesso estratégico? De que e com que frequência falaremos em nossas mídias? Qual será o desenvolvimento de tudo isso nos próximos dois anos?

Temos revisado planos estratégicos 2.0 que começavam enumerando as plataformas nas quais a empresa deveria estar presente com um perfil próprio. Outras vezes definiam objetivos não ligados ao negócio: "Alcançar 10 mil fãs no Facebook". A maior parte mostra carências evidentes: não há análise, faltam objetivos mensuráveis, não se detalha a organização e nem a gestão de riscos.

Metodologia de enfoque estratégico: EcoTc

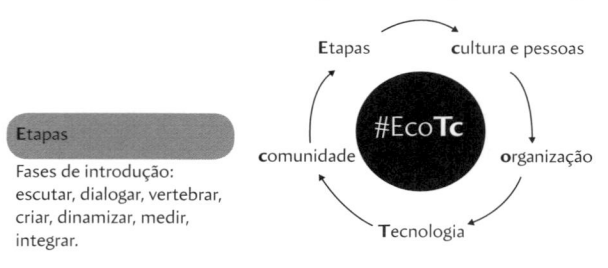

#EcoTc

Etapas — cultura e pessoas — organização — Tecnologia — comunidade

Etapas
Fases de introdução: escutar, dialogar, vertebrar, criar, dinamizar, medir, integrar.

comunidade
Princípios de trabalho com comunidades, grupos de interesse com os quais estabelecer relação, criar pontos nodais sociais e comunidades próprias

cultura e pessoas
Implantação de uma cultura corporativa que fomente a participação e a colaboração, impulsionada por valores 2.0 e códigos de conduta tradicionais da internet.

organização
Processo de *social customer engagement*, envolvimento departamental, hierarquia e equipes de pessoas, fluxos de comunicação, relações "não formais".

tecnologia
Impacto do *social software* no enfoque corporativo da área de sistemas de informação.

EcoTc é um acrônimo que agrupa os seguintes conceitos:

- *Etapas*. Objetivos estratégicos e processos de negócio afetados. Por um lado, procura fixar objetivos e os valores para medir a consecução deles. Para ajudar nessa definição, a metodologia estabelece um roteiro, uma série de etapas previsíveis de introdução no ambiente das mídias sociais.
- *Cultura e pessoas*. Fixa uma série de valores 2.0 e estabelece indicações para implantar uma cultura 2.0 na organização.
- *Organização*. Como afetam os objetivos definidos para as diferentes áreas de negócio? Denominamos nossa visão de processos *social customer engagement:* vinculação (comunicação, publicidade e community management), vendas, atendimento ao cliente e cocriação. Definem-se novas funções e como se organizam as equipes, áreas de trabalho e os fluxos de trabalho (*workflows*) necessários.
- *Tecnologia*. Uma visão da taxonomia geral de softwares sociais pode nos ajudar a enxergar as necessidades de hoje e do futuro. Decisões estratégicas sobre temas relacionados ao software livre, *cloud computing*, também são abordadas nessa etapa do plano estratégico.
- *Comunidades*. A evolução do alvo para a comunidade, a necessidade de se construir comunidades, verificar como elas se organizam e como se inserem em uma rede mais ampla de pontos nodais.

Etapas: os "para quê" do social media marketing

Todo plano estratégico requer uma fase de análise. É preciso detectar as tendências básicas que influenciarão o desenvolvimento do projeto daqui a dois anos. Também se deve realizar um *benchmarking* mínimo do setor, tanto em escala nacional como internacional, e de iniciativas relacionadas, embora sua origem não seja corporativa ou não sejam empresas concorrentes, mas cujo impacto seja relevante para nós. Identificar as melhores práticas mundiais também não será demais, porque nunca se sabe nas mãos de quem acabará um plano estratégico, nem se deve imaginar que todos sabem o que pensamos que todo mundo sabe: voltar a falar da Starbucks, mesmo que pareça *déjà vu*, pode ser de utilidade para as pessoas não familiarizadas com esses temas. Por outro lado, na análise interna, é útil compreender o grau de avanço 2.0 da organização, revisar que esforços estratégicos ou táticos foram realizados até hoje. Qual é o grau de inclusão da cultura 2.0, da qual já falamos, na organização? No capítulo 14, encontra-se um anexo que descreve detalhadamente as subfases e tarefas da análise que nos ajudarão a fixar os objetivos estratégicos.

Na hora de pensar nos objetivos, lembremos que devem ser concretos e mensuráveis. "Queremos estabelecer relações de qualidade com nossos fãs." Relações de qualidade? Referimo-nos ao tradicional – e intraduzível – engagement? Como essas relações são medidas? O que é uma relação de qualidade? Também devemos relacionar esses objetivos aos objetivos do negócio. "Queremos ganhar 50 mil fãs em dez meses." Vale qualquer tipo de fã? É importante que ele interaja ou não? Damos algo de presente? Viram fãs e nunca mais voltam a dizer "olá"? Ou estamos procurando conseguir que nossas mensagens tenham impacto no maior número possível de pessoas? Talvez nós estejamos pensando em investir dinheiro em uma nova mídia como o Facebook e reduzir o investimento em outras mídias tradicionais. Esse objetivo, ainda que nos remeta ao século XX e à publicidade tradicional, ao menos já é mais quantificável e justificável, se os mais velhos só entendem de impactos e GRP.

Quando nos deparamos com objetivos estratégicos bem expressados, reconhecemos em seguida o "intraempreendedor" que sabe o que procura e conhece a área em que navega. Revisemos alguns "para quê", que podem nos ajudar a pensar em nossos próprios objetivos:

- *Para chegar a segmentos aos quais a publicidade tradicional já não chega.* Trata-se de um objetivo publicitário muito concreto. Alguns segmentos, especialmente o dos jovens, que são mais imunes à publicidade tradicional, estão usando de forma intensiva as redes sociais (e seus celulares). Estabelecer um objetivo semelhante significaria prolongar um objetivo estratégico de mercado, que nos define um alvo concreto. Uma variedade desse objetivo poderia ser chegar de forma eficiente a nichos de mercado aos quais é caro chegar com mídias tradicionais. As mídias sociais "autossegmentam" por interesses as pessoas muito difíceis de reunir com outras mídias. Para alcançar esse objetivo, teremos que trabalhar a "sociabilidade" do conteúdo.

- *Para inovar.* Somos ferrenhos defensores das tecnologias 2.0 como veículos de inovação. O problema desse objetivo é como medi-lo. Existem parâmetros prévios na organização? Falamos do número de melhorias introduzidas?
- *Para escutar nossos clientes e aprender com eles.* Escutar não é a disciplina mais bem executada nas grandes organizações. Teremos que definir onde vamos escutar: em ambientes sociais? abertos? fechados? Clientes e não clientes? Também será preciso estabelecer como saberemos que estamos "aprendendo com eles". Melhorias introduzidas por causa do *feedback* recebido?
- *Para aumentar a notoriedade de nossa marca.* Isso poderia ser medido de forma quase imediata, contabilizando nas diferentes redes ou ambientes (fóruns, blogs) as referências a nossa marca e às da nossa concorrência. Queremos também medir se as referências são positivas?
- *Para fidelizar nossos clientes com novas ferramentas.* Uma variedade do objetivo das "relações de qualidade", embora mais concreto: fidelizar os clientes existentes. Pode se tratar do prolongamento 2.0 de programas de fidelização existentes ou, simplesmente, de novas ferramentas para nos comunicarmos com um cliente cada vez mais "social". Será preciso medir a satisfação dos clientes e, caso necessário, a ARPU (renda média por usuário).
- *Para melhorar nossa reputação corporativa.* Quando a reputação on--line melhora, a reputação corporativa "geral" melhora. E as mídias sociais ajudam nisso. Como temos comentado antes, pode-se inovar e forçar para que essa inovação seja percebida.
- *Para criar uma comunidade de evangelistas.* Que: a) nos orientem; b) nos defendam; c) nos escutem; d) nos façam melhorar. Fixemos algum número para essa comunidade. Focar esforços em umas poucas

dezenas, centenas ou milhares de pessoas pode ter sentido se entendemos que a propagação boca a boca se produzirá na rede.
- *Para promover em nossos funcionários um orgulho de pertencer à equipe.* Muitas vezes estabelecemos um objetivo de engagement da empresa e dos funcionários. A camaradagem social entre funcionários e a conexão com as mídias "oficiais" da empresa aumentam a sensação de pertencimento. Às vezes, medi-lo é tão simples quanto avaliar a progressão com que os funcionários decidem pôr em seus perfis sociais que trabalham na empresa.
- *Para vender mais.* Dedicamos um capítulo inteiro às vendas e ao social commerce. As redes sociais deixaram de ser um ambiente de relacionamento para tornar-se um ambiente de prescrição e de venda por meio do relacionamento. Se puséssemos a venda em primeiro lugar, poderíamos afugentar a comunidade. Se colocarmos o bem da comunidade como o principal, chegaremos à venda.
- *Para promover trânsito em minha rede ou melhorar meu posicionamento.* Às vezes, um objetivo estratégico simples como este é muito eficaz. Por um lado, as mídias sociais promovem trânsito para as redes corporativas. Por outro, a gerência de qualquer empresa demora dez ou quinze anos para entender o que é uma rede corporativa e agora começa a entender também que é importante se sair bem no Google.

A título de roteiro, definimos etapas para esquematizar a introdução de uma empresa no ambiente das mídias sociais que pode nos ajudar na hora de fixar objetivos.

Etapas: a imersão passo a passo

A análise sugerida no item anterior nos proporcionará uma ideia de onde nos encontramos e das etapas que temos que percorrer no caminho até o graal da rede social. É provável que quando você leia este livro sua empresa já esteja percorrendo as últimas etapas (ou, pelo menos, gostaríamos de pensar assim). Mas não devemos nos esquecer de onde viemos nem de garantir que não se queimem certas etapas. Um trecho não percorrido nos afasta do graal da conversão real. A ordem em que se expõe costuma ser a indicada na hora de abordar cada estágio, mas, evidentemente, não há por que ser cronológica, nem sequencial.

Escutar: como o fazia a Sanitas em 2004?

Alberto Gómez Aparicio é um desses famosos "intraempreendedores". Em 2004 era diretor de internet na Sanitas (hoje é sócio-diretor da Territorio creativo). Na época, monitorava tudo o que se falava da Sanitas na internet. Não usava ferramentas caras nem sofisticadas. Utilizava atualizações configuradas com palavras-chave como "Sanitas", "convênios médicos", os principais hospitais e algumas outras, como nomes de médicos relevantes. Usava para isso ferramentas gratuitas como a Technorati (technorati.com) ou o Google. Cada vez que se publicava um comentário ou artigo a respeito, Alberto recebia o alerta pelo seu leitor RSS, que também servia de "armazém". Algumas vezes eram clientes da Sanitas que se queixavam do tratamento recebido ou, ao contrário, recomendavam um médico ou um hospital específico. Às vezes falavam e comparavam diferentes convênios. Em qualquer caso, Alberto costumava organizar a informação, classificá-la, e depois a fazia circular internamente para os departamentos envolvidos, para ver se podia servir para melhorar serviços já existentes ou desenvolver novos serviços.

Selecionar fontes de interesse, entender os códigos de comunicação e a cultura dos usuários criadores e consumidores de conteúdos. Monitorar, com aplicativos gratuitos ou pagos, as menções à nossa organização, às marcas do setor e aos temas importantes do setor em que nos movimentamos. Escutar é a primeira tarefa que toda organização deve abordar para começar a mover-se nos terrenos 2.0. Evidentemente, em função do setor ou do tamanho da empresa, a quantidade de termos monitorados e de alertas vai variar de maneira considerável. Em todo caso, sempre é surpreendente ver a reação de alguém que escuta a rede pela primeira vez.

Conversar: criar diálogos reais e humanos

É evidente que para muitas organizações é difícil morder a língua. Mas nem por isso deixa de ser conveniente estabelecer um período no qual escutamos e entendemos os códigos das diferentes mídias sociais, quem é quem e como se relacionam os diferentes pontos nodais. A verdade é que em 2005 não deixava de surpreender que algum representante de uma marca entrasse para comentar em um blog, para refutar argumentos de um post ou, simplesmente, para esclarecer os termos com os quais se tinha falado de um produto ou de uma empresa. Hoje em dia, isso é muito mais comum. Quando Alberto G. Aparicio começou a responder pessoalmente, assinando como "diretor de internet", os comentários feitos sobre a Sanitas, a surpresa de muitos clientes e de alguns médicos "associados" foi maiúscula. Alguns agradeciam, outros se retratavam por suas acusações, frequentemente escassas de gentileza e tato. Na maior parte das vezes, simplesmente seguiam a conversa, e muitas queixas ou comentários que poderiam ter sido piores eram resolvidos mediante o diálogo, como acontece em tantas ocasiões.

Construir: Banco Sabadell nas redes sociais

Chega um momento em que a empresa toma a decisão de "oficializar" sua presença nas diferentes mídias sociais, como complemento de sua presença on-line, por meio da rede corporativa. Nesses casos, é normal que se reservem os nomes em diferentes plataformas habituais, como no Twitter, no YouTube, no Facebook, no LinkedIn, no Slideshare, etc., e que se comece com uma criação de conteúdos simples, geralmente corporativos. Às vezes, decide-se até mesmo contratar alguém que alimente os diferentes canais em algum lugar da rede corporativa, que serve ao mesmo tempo como acervo comum e para dotar esses canais de "oficialidade".

Esse é o caso do Banco Sabadell, uma instituição bancária com longa tradição no uso de canais sociais, que mantém um subdomínio, http://socialmedia.bancsabadell.com, para acrescentar notícias de seu blog, seus tuítes, seu canal no Facebook, vídeos, fotografias, etc.

Criar: a Iberia gosta de voar

A Iberia criou um blog chamado Me Gusta Volar, que se destaca pela qualidade e amenidade de seus artigos. Assim o descreveu Pablo Herreros, já mencionado antes, em seu blog:

> Eles têm dois tipos de estratégias de conteúdos: posts sobre destinos turísticos (interessantes e cheios de cor) e posts que encomendam a blogueiros conhecidos, para aproveitar, assim, sua fama – gente muito seguida nas mídias sociais –, o que ajuda a Iberia a fazer com que seus posts cheguem a mais gente. Mas o que mais distingue o blog da Iberia do blog da Renfe é que a companhia aérea compartilha conteúdos que são únicos e diferenciados. Posts que ensinam curiosidades sobre como são traçadas as rotas dos aviões, por exemplo. Conteúdos relacionados ao mundo dos aviões, mas com pouquíssima presença da Iberia e de seus produtos.[1]

Criar conteúdos de qualidade em três eixos: identidade, utilidade e entretenimento. Já explicamos como os Correios utilizam diferentes mídias para posicionar-se no ambiente do comércio eletrônico. Os conteúdos configuram nossa identidade digital. Se criarmos também um conteúdo de utilidade para uma audiência determinada, poderemos nos destacar em um ambiente cada vez mais saturado.

Dinamizar: o e-book da Puleva

Na primeira metade de 2009, a Puleva inaugurou sua presença oficial no Facebook[2] e no Twitter (@pulevasalud). Desde então, ela usa esses canais principalmente para difundir os conteúdos de seu portal. No decorrer de 2011, ela se propôs a conseguir mais fãs no Facebook, para proporcionar

---

[1] Disponível em http://comunicacionsellamaeljuego.com/empresas-espanolas-en-los-medios-sociales-ni-tanto-ni-tan-calvo/.
[2] Disponível em http://www.facebook.com/pulevasaludoficial.

mais difusão aos conteúdos. Para isso, ela decidiu dar de presente um e-book intitulado *El estilo de vida cardiosaludable*, do doutor José Luis Martí, o que em pouco tempo trouxe 10 mil novos fãs.[3]

A Puleva perdeu posteriormente muitos dos seguidores que se inscreveram para conseguir o e-book. Comentamos essa ação para demonstrar que as ações para dinamizar uma comunidade já existente não têm por que serem muito criativas nem cheias de fogos de artifício. Mais adiante falaremos sobre como configurar e definir planos para dinamizar as mídias sociais. Reuniões com blogueiros, testes de produto, concursos, aplicativos (nos celulares ou no Facebook) – podemos chegar até onde a criatividade nos levar. O comum é que funcionem melhor as ações simples e que proporcionam valor real para o usuário.

Medir: o painel de comandos da Movistar

Medir nossa atividade nas mídias sociais é relativamente fácil. Fixar um painel estratégico de comandos para mostrar aos executivos da empresa o desenvolvimento de um projeto não é tão simples. Vincular esses resultados ao retorno do investimento, que se traduz em menores custos e maiores rendimentos, é missão quase impossível. No capítulo 13, daremos mais dicas sobre análise e medição. A maioria das empresas está medindo índices operacionais, que colaboram pouco para dar significado ao negócio. Como esse tipo de projeto costuma fazer parte das atividades de inovação das empresas, tampouco pode ser adequado ficar obcecado com o retorno sobre o investimento, pois ele nem sempre existirá. No entanto, isso não deve paralisar o investimento em inovação.

Um ano após o início oficial nas mídias sociais da Movistar, o painel de comandos definido por Ángel Luis Rivera está consolidado.

Nele, com frequência mensal, são coletadas as atividades no Facebook, no Tuenti, no Twitter e em fóruns próprios; o aumento de usuários em cada

---

[3] Disponível em http://www.marketingnews.es/gran-consumo/noticia/1056707028005/puleva-10.000-usuarios-facebook-regalando-libro.1.html.

plataforma; a cota de usuários com relação à concorrência direta; e alguns dados relevantes e particulares de cada plataforma, como os usuários ativos no Facebook ou o tempo de resposta nos fóruns. Medem-se ainda a popularidade em termos de *share of voice* (cota de menções em relação ao total de menções de todas as operadoras) e o sentimento, com a porcentagem das menções positivas, negativas ou neutras. Para ambas, utiliza-se o Artemis, uma ferramenta de monitoramento do Grupo Havas.

Integrar: a comunidade dentro dos processos

Quando o cliente ou a comunidade participam de algum dos processos de negócio, falamos da integração social, algo que vai muito além da comunicação 2.0. Aproximamo-nos do graal e referimo-nos em termos de *crowdsourcing*, cocriação ou inovação social. Todo o capítulo 10 é dedicado a essa fase, que dentro de nossa área de *social customer engagement* batizamos de cocriação ou inovação social. No mencionado capítulo, descreveremos como o Bankinter desenvolve um laboratório de testes de produtos com seus clientes ou como foi concebido o Fiat Mio, um protótipo desenvolvido de forma colaborativa no Brasil sob a licença da Creative Commons.

Cultura e valores 2.0

A web social está consolidando valores tradicionais sobre os quais foram construídas as sociedades civilizadas e que, em certas ocasiões, têm sido traídos pelo uso corporativo das mídias tradicionais. Recuperar esses princípios é parte do trabalho que deve ser realizado em um projeto de marketing em mídias sociais.

Com o auge dos blogs, criou-se uma blogocultura[4] que, por sua vez, bebia da ética hacker.[5] Formalizaram-se diferentes normas de netiqueta – citar a fonte, incluir links, aceitar comentários, participar das conversas.

---

[4] Disponível em http://antoniofumero.blogspot.com/2005/05/existe-una-blogocultura.html.
[5] Disponível em http://es.wikipedia.org/wiki/%C3%89tica_hacker.

O *boom* das redes sociais deu lugar a novas normas não escritas que, uma vez mais, ficam encobertas pela massificação de seu uso.

Qualquer projeto de futuro deverá atender a uma série de princípios que a transparência implícita do ambiente 2.0 praticamente impõe a seus usuários:

- *Honestidade.* Em um ambiente transparente, a mentira, além de ser malvista, é descoberta com certa facilidade. Se queremos ocultar problemas sérios com nossos serviços ou produtos, é melhor ficarmos longe das redes sociais. Os problemas estarão na boca de todos, de qualquer forma, mas pelo menos não seremos obrigados a mentir.
- *Respeito.* Tratar os demais como gostaríamos de ser tratados, participar com educação e com a mente aberta. Estar conscientes da diversidade cultural e de opiniões. Assim como o serviço militar nos ensinava que o mundo era composto de mentalidades muito diferentes da nossa, as mídias sociais podem ser um banho de multiplicidades. Tudo começa pelo respeito mútuo.
- *Humildade.* Os primeiros blogueiros descobriram rapidamente que sempre havia leitores que sabiam mais do que eles e que demonstravam isso na hora, comentando o artigo recém-publicado. Devemos conhecer nossas limitações e estar dispostos a aprender com os demais. Contribuir com conhecimento e ter uma opinião clara e concreta é algo bem visto, mas a prepotência e a inflexibilidade costumam terminar em fracasso social.
- *Generosidade.* Compartilhar informações e recursos digitais de valor com a sociedade é um ato de generosidade que constrói nossa identidade. Ser útil ao próximo, investir nosso tempo sem esperar que ele seja devolvido de alguma forma, ajudar na medida do possível. Apostemos em fazer o bem sem esperar nada em troca, como dizia Dale Carnegie, e chegarão os amigos e a influência. Se procurarmos apenas nosso próprio bem, sem nos importarmos com o alheio, todos perceberão a quilômetros de distância que estamos usando de artifícios suspeitos.

- *Reciprocidade*. É cortês sermos justos e corresponder a um elogio, a um favor. Outorgar visibilidade ao trabalho dos outros não é mais do que um ato de boa educação e de agradecimento. Em muitas ocasiões, o limite entre o elogio e a adulação é difuso. Não pequemos por excesso e nem por falta.
- *Colaboração*. A cultura *peer-to-peer* (entre pares) e a colaboração, pessoas trabalhando de forma coordenada, ajudadas por tecnologias que facilitam a cocriação de obras cooperativas.
- *Abertura*. O software livre nos ensinou que os ambientes colaborativos abertos criam maior valor do que os fechados.

Sensibilização 2.0

Em que consiste o teorema "link enviado = link recebido"? Quando um blogueiro coloca um link para outro blog, o proprietário do blog indicado percebe, seja mediante um sistema de busca que avisa sobre novos links recebidos (como o blogsearch.google.es), seja porque o sistema de estatísticas mostra o trânsito de recebimento desse link. É quase certo que o blogueiro se sentirá lisonjeado: "essa pessoa deve de ser inteligente, me linkou", pensará. Talvez se inscreva no blog e o leia de vez em quando. Talvez um dia, mais tarde, coloque em seu próprio blog um link do blogueiro principiante na hora de abordar uma temática sobre a qual ele tenha falado inicialmente. Essa prática habitual, divulgar um blog, é agora muito utilizada no processo do tuíte e retuíte. Eu te retuíto e assim pode ser que você me conheça, me siga e que um dia você também me retuíte.

Temos dado centenas de seminários e horas de formação, e não deixamos de nos surpreender. Explicamos essa regra simples, unida ao princípio de "reciprocidade" que temos exposto, para se fazer notar, assim, o valor de dar e receber. Por um lado, o link gera visibilidade. Por outro, postar o link das fontes originais, ou de inspiração, proporciona aos nossos leitores um segundo nível de leitura e contextualiza o artigo. Como quase sempre, o interesse alheio e o próprio são duas faces da mesma moeda. Porém, nem sempre o valor oculto de uma ação é evidente. Nossa experiência demonstra que, em muitas ocasiões, a falta de cortesia ou de bom comportamento na internet não ocorre tanto por maldade, mas por falta de conhecimento e de reflexão.

Programa de sensibilização 2.0

FORMAÇÃO		planos de formação
COMUNICAÇÃO	Stakeholders: Marketing e comunicação, Recursos humanos, Departamentos corporativos, Empresas externas: fornecedores, distribuidores	guias, canais de informação corporativos
DINAMIZAÇÃO		eventos, concursos, mídias sociais internas

Honestidade, Humildade, Generosidade, Respeito, Abertura, Reciprocidade, Colaboração

Educar a empresa nos valores expostos é um trabalho árduo. Parece o trabalho de um catequista que quer evangelizar um grupo rebelde de convertidos. Todas as áreas e funcionários da organização devem conhecer e entender o que a cultura 2.0 significa para a entidade, com ênfase nas áreas de atendimento ao público, mas não só nelas.

De tal forma que, se forem estimulados tanto o setor de recursos humanos quanto se forem criados grupos de trabalho como o BlueIQ da IBM, é conveniente criar um programa de sensibilização 2.0, no qual destacaríamos três áreas de trabalho:

- *Formação.* Planos formais, apoiados na documentação e outros materiais multimídia, com possibilidade de estabelecer sessões on-line de formação.

- *Informação.* Utilizar os canais já estabelecidos e também desenvolver novos canais de informação para sensibilizar a equipe sobre a utilidade das ferramentas sociais e sobre seu uso por parte dos funcionários. Pode ser interessante estabelecer fóruns de debate sobre boas práticas e links de interesse sobre o uso das mídias sociais que ajudem a gerar participação.
- *Dinamização.* Aplicando as regras de criatividade que explicaremos posteriormente, devem ser estabelecidos planos de dinamização internos para gerar notoriedade e vinculação com os programas de sensibilização 2.0.

Organização: processos, equipes e procedimentos

Como já foi dito, o marketing nas mídias sociais impacta em todas as áreas da organização, além do departamento de marketing. Teremos que revisar estrategicamente as funções corporativas afetadas, redefinir processos existentes e incorporar novos processos. Após isso, deveremos definir a organização das equipes de trabalho, revisar o organograma e estabelecer as responsabilidades das áreas existentes ou das novas áreas surgidas na raiz dos novos processos. Por último, teremos que esboçar os fluxos de trabalho com nível de detalhes suficientes para podermos executar os novos processos sem sobressaltos.

Social customer engagement: processos de relação com o cliente

A taxonomia de serviços da Territorio creativo abrange as áreas de trabalho ou processos de primeiro nível envolvidos em projetos de social media marketing. As áreas horizontais (claras) agrupam tarefas de suporte em todos os projetos. As áreas verticais centrais (escuras) são os quatro processos principais que podem caracterizar um projeto: vincular-se ao cliente, processo de vendas, de suporte ao cliente ou de inovação. Essas quatro áreas resumem nossa visão do *social customer engagement* (SCE), uma evolução do social CRM que rebatizamos para não confundir com a categoria de *social software* orientada à gestão de relacionamento com o cliente social. Por sua relevância, os quatro capítulos que formam a terceira parte deste livro são dedicados a essas quatro áreas.

Processo de *social customer engagement*

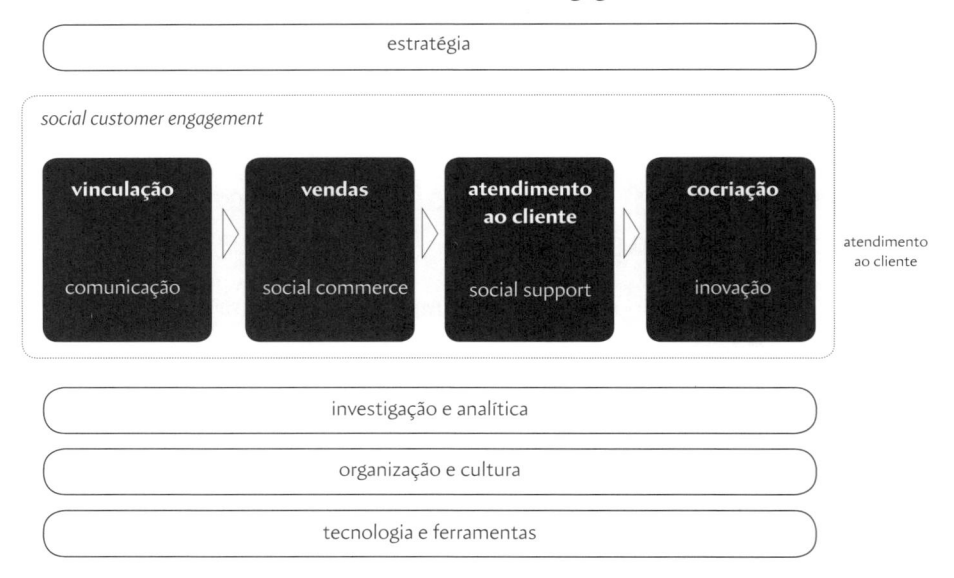

social customer engagement

vinculação	vendas	atendimento ao cliente	cocriação
comunicação	social commerce	social support	inovação

atendimento ao cliente

estratégia

investigação e analítica

organização e cultura

tecnologia e ferramentas

Os processos de gestão do relacionamento com o cliente social

Em novembro de 2010, expúnhamos no #TcBlog nossa visão sobre o *social customer engagement*, que ainda chamávamos de social CRM. Afasta-se da visão mais clássica, porque abrange conceitos de marketing além dos denominados softwares CRM. Reproduzimos aqui o post ligeiramente adaptado para que não se confunda o conceito com a antiga terminologia.

Social customer engagement: o futuro do marketing nas mídias sociais?

Esta é a definição que Paul Greenberg fez do CRM 2.0:
"CRM 2.0 é uma filosofia e uma estratégia de negócio apoiada em uma plataforma tecnológica, junto com parâmetros empresariais, processos e funcionalidades ou características 'sociais', desenvolvida para vincular o cliente em um diálogo colaborativo que busque trazer benefício mútuo em um ambiente transparente e de confiança. É a resposta 'corporativa' à propriedade do diálogo por parte do cliente."

Algumas considerações prévias sobre nossa visão do *social customer engagement*:

- *O SCE não é um software.* É um conjunto de processos, técnicas, metodologias orientadas para integrar as mídias sociais na relação com o cliente, que será "logicamente" amparado pela tecnologia.
- *O SCE é a camada de contato com o cliente, do marketing em mídias sociais.* Nem tudo é SCE no marketing 2.0: há componentes de organização, culturais e de branding ou identidade digital 2.0.
- *Monitorar as mídias sociais é uma parte pequena do SCE*, e monitorar por monitorar serve para pouca coisa.
- *O tão falado* community management *é uma pequena parte do* social customer engagement (dentro do que nós denominamos "vinculação", um dos quatro pilares do SCE).
- *SCE é um conceito empresarial "de negócio"*, não uma paranoia de alguém bom de lábia ou de gurus *flower power* que um dia chegarão a proclamar que a social media acabará com o capitalismo.

A seguir, as quatro áreas em que dividimos nossa visão do *social customer engagement*:

- *Engagement (vinculação).* Relacionamento com clientes em potencial ou atuais por meio das mídias sociais, mediante community management, mas também com ações de *awareness* (PR 2.0, viralidade, etc.). E, claro, ações de fidelização de clientes baseadas em mídias sociais. Estreitar laços com "a comunidade", no sentido "abstrato", por meio das mídias sociais.

- *Social commerce* (vendas). Desde aproximar-se do *social shopping* até coisas tão simples como a utilização do LinkedIn pela nossa equipe de vendas para otimizar as relações pessoais com *prospects*. Também inclui a "escuta comercial ativa" e o desenvolvimento da funcionalidade social orientada para gerar movimento em lojas on-line. Ou de recomendações de usuários on-line (desde conceitos como o *social sign-on* até um blog muito simples).
- *Social support* (*atendimento ao cliente*). Recolhe os esforços por integrar os contatos com clientes nas mídias sociais com os sistemas de CRM e atendimento a clientes corporativos. Falamos de definição de processos de trabalho (*workflows*), de integração de canais e de gestão/resolução de incidências (não de community management).
- *Cocriação* (*inovação*). *Open innovation*, talento interno e externo colaborando para criar e melhorar produtos e serviços. Pesquisa on-line e monitoramento orientado à inovação. *Idea storms*. Esta última área é questionada às vezes como parte do CRM, mas acreditamos que seria um erro deixar o cliente de fora da inovação empresarial.

Evidentemente, trata-se só de uma visão. Não há dogmas, e as fronteiras entre as áreas definidas são difusas e permeáveis.

Identificar *stakeholders*

Como explicamos, as mídias sociais podem perturbar a organização corporativa habitualmente baseada em departamentos como o marketing, a comunicação, o atendimento ao cliente ou a pesquisa de mercado. Existem novas funções que deverão ser desempenhadas por novas figuras em tempo integral ou parcial.

- *Social media manager.* Responsável pela definição estratégica e pela coordenação das principais atuações no âmbito SMM dentro da empresa.
- *Community manager.* Principal responsável pela execução da comunicação bidirecional da empresa nas mídias sociais. O cargo requer empatia social, conhecimento da cultura 2.0, habilidades comunicativas faladas e escritas, estar há bastante tempo dentro da organização e capacidade de interlocução com clientes e representantes das mídias sociais profissionais.
- *Centro de excelência SM.* Quando a organização é grande, pode ser conveniente criar um órgão interno multidisciplinar para compartilhar experiências e aprendizado, que sirva também de órgão promotor do uso das mídias sociais dentro dela.
- *Funcionários evangelistas.* A sensibilização 2.0 deve ter como foco todos os funcionários. Em alguns casos, essa relação será formal, pela participação definida nas mídias sociais corporativas da empresa, como os blogueiros da Telefônica Grandes Clientes.
- *Evangelistas externos.* Procurar a aproximação de evangelistas externos que tenham se identificado de forma natural, dando-lhes um tratamento privilegiado e fazendo com que se sintam envolvidos em certas atividades da empresa. Em certas ocasiões, essa relação chega a estar formalizada na gestão de comunidades próprias, como no caso dos superusuários da comunidade da Giffgaff, narrado no capítulo 9.
- *Stakeholders corporativos e externos.* Devemos identificar os diferentes grupos relacionados com a organização (internos e externos) que serão afetados pelas mudanças organizacionais e propor uma comunicação eficaz para esses grupos.

A quem presta contas um CM ou um SM manager? Essa pergunta foi a estrela do ano 2010. O fato é que pode haver um relatório para vários departamentos, como é o caso dos dois community managers dos Correios, Pedro Marqueño (tecnologia) e Eduardo Cicuéndez (comunicação). O importante é que a função se encontre em uma área capaz de liderar a mudança dentro da empresa; em alguns casos (ou inclusive setores) é mais habitual que essa área seja a de marketing, em outros, a de comunicação. Também poderia tratar-se da área de atendimento ao cliente ou de desenvolvimento de produto. Em geral, dependerá de cada empresa.

Novas funções, novas responsabilidades

Para abordar o processo de transformação interna, é recomendável criar uma área de *social customer engagement* que coordene os esforços interdepartamentais para colocar o cliente social no centro da organização. Essa "função", que poderia ser temporal, pode se estabelecer como uma área formal, uma subárea dentro de um departamento existente ou em uma função distribuída. Independentemente de sua localização na organização, eis algumas responsabilidades da área:

- *Coordenar as iniciativas de social media.* Estabelecer "práticas melhores" em mídias sociais, um guia de estilo e de uso, sistemas de medição, coordenar iniciativas convergentes.
- *Práticas e metodologia de mídias sociais melhores.* Servir de referência na hora de abordar iniciativas, mantendo uma lista exaustiva das iniciativas em mídias sociais, práticas melhores, guias de estilo e de uso, metodologias.
- *Consultoria interna.* Nas ocasiões em que for necessária uma coordenação organizativa descentralizada (sucursais, *business units* ou outros *clusters* geográficos).
- *Desenvolver relações com os principais atuantes nas mídias.* Manter relações com os *players* da social media e obter vantagens ao canalizar essas relações.
- *Liderar a inovação.* O ambiente 2.0 está em contínuo movimento. A área manterá um observatório tecnológico formal ou informal

(compartilhado em qualquer caso) e estabelecerá um *benchmarking* permanente de iniciativas 2.0 nacionais e internacionais, o que lhe permitirá ter os argumentos para reagir e defender novas iniciativas.
- *Executar a gestão da comunidade.* Nem sempre a gestão da comunidade tem que ser executada por integrantes dessa área, mas normalmente os gestores da comunidade estarão próximos a ela.
- *Dar suporte à dinamização interna.* Ajudar nas iniciativas internas de sensibilização 2.0. e oferecer formação.

Pelo caráter interdepartamental da função, é recomendável estabelecer um grupo de trabalho horizontal para coordenar a paulatina implementação da funcionalidade social na empresa 2.0. Nesse comitê, coordenam-se ações ou calendários, estruturam-se os fluxos de trabalho interdepartamentais e participa-se de decisões estratégicas ou táticas de especial relevância.

Coordenação corporativa e local

Quando se trata de uma organização multinacional ou territorial dispersa (com áreas geográficas comerciais, sucursais, estabelecimentos comerciais ou outras localizações geográficas), é recomendável homogeneizar a presença da marca nas mídias sociais e estabelecer certos critérios e guias corporativos. Isso não implica imposição de normas estritas, mas sim estabelecer um mínimo de identidade digital corporativa.

- *Identificar interlocutores dentro de cada unidade de negócio local.* Em uma empresa grande, cada unidade de negócio tem seus próprios planos estratégicos, mercados e segmentos. É conveniente que exista um responsável local para garantir a coordenação a partir da área de social media corporativa.
- *Definir um livro branco de melhores práticas.* Os guias de identidade corporativa devem estar registrados por escrito. Orientação editorial,

de netiqueta corporativa, tecnologias, algumas das quais deveriam ser centralizadas, como as ferramentas de monitoramento, etc.
- *Dar suporte a partir da unidade corporativa.* O social media manager corporativo deve coordenar a atividade, homogeneizando relatórios de atividade e garantindo os esforços para cumprir com os princípios de identidade digital. Assessorar e garantir a formação necessária e a utilização dos manuais de uso e ferramentas 2.0
- *Detectar melhores práticas e difundi-las dentro da organização.* As unidades nacionais podem precisar trabalhar com agências locais. Ajudar a difundir iniciativas locais de sucesso será a chave de produtividade para a marca global.

Fluxos de trabalho

As relações entre os agentes e as funções definidas devem estar registradas por escrito como um manual de procedimentos. Principalmente para aquelas tarefas que não existiam previamente e que necessitam de certo consenso na organização. Como exemplo, alguns procedimentos que devem ser definidos:

- *Criação de mídias sociais corporativas.* Como se define uma nova mídia social corporativa, nas redes existentes ou em novas plataformas, quais áreas são afetadas, como se relaciona com as demais mídias.
- *Produção de conteúdos.* Quais conteúdos são publicados, com que frequência e como as diferentes áreas podem participar dessa publicação ou sugerir novos temas.
- *Atendimento ao cliente.* Como são atendidas as incidências e reclamações realizadas por meio das mídias sociais.
- *Gestão de crise.* Como se detecta, como se deve reagir a ela e quais mecanismos existem para atendê-la no mínimo tempo possível.
- *Monitoramento e retroalimentação.* Como se monitoram as menções e se distribui internamente a retroalimentação de interesse aos departamentos envolvidos.

Caso NH Hotéis: enfrentar o desafio multinacional

Quando amanhece na Europa, ainda é noite em Buenos Aires. Em Madri, milhares de pessoas pegam o transporte público enquanto seus homólogos dormem do outro lado do Atlântico. Como aproveitar as possibilidades das mídias sociais quando sua comunidade e sua mensagem é global?

A NH Hotéis é uma empresa hoteleira de origem espanhola com forte implantação na Europa e na América Latina, que conta com quatrocentos hotéis em 25 países. O negócio hoteleiro é muito intensivo, com uma relação direta com o cliente (*facetime*) durante o tempo de sua estadia. E isso sem contar a fase prévia e posterior à permanência do cliente. É, portanto, um negócio com um componente emocional, acentuado na entrega do serviço. A vinculação surge da empatia. Só poderemos trabalhar nessa empatia se nos relacionarmos com nossa comunidade de uma forma adaptada à sua realidade cotidiana, e essa adaptação pode ser focada no ponto de vista linguístico e local. Como focamos, ainda, a presença nas mídias sociais próprias levando em conta a complexidade organizacional inerente a toda grande empresa?

A NH Hotéis decidiu implementar um modelo de relação centrado no usuário, tratando de que fosse ele mesmo quem decidisse de que maneira queria se relacionar com a empresa. Dado que a importância dos próprios hotéis na entrega do serviço é grande, criou-se um duplo esquema de implantação a longo prazo. Os hotéis disporiam, em geral, de presença própria nas plataformas sociais (tanto mais importante nas plataformas de geolocalização) com um enfoque principal na relação com o cliente durante sua estadia, tornando a relação mais geral, prévia e posterior à estadia, para as plataformas sociais operadas em cada país. Construiu-se, por último, uma presença global corporativa focada na construção da marca.

Para implementar esse enfoque, definiu-se uma área de social media corporativa com responsabilidade direta sobre a presença da marca e as mídias sociais corporativas (em inglês), que serve também de guia e apoio às unidades de negócio locais. No dia a dia, o trabalho se organiza para a coordenação de uma equipe de community managers que trabalha em diferentes idiomas e com diferentes fusos horários, administrando mais de 25 plataformas sociais, que, contudo, compartilham a linha editorial e os padrões de relacionamento com as diferentes comunidades locais, e que são adaptadas em conteúdo e tom às realidades de cada uma. Dessa forma, a NH constrói uma presença homogênea enquanto se adapta aos usuários.

Com o objetivo de alinhar as melhores práticas, a área corporativa elaborou um livro branco sobre as mídias sociais dentro da empresa. Nele se explica a estratégia geral e se adotam políticas, recomendações e processos para a gestão de comunidades. O que fazer no caso de possíveis crises? Como se alinha uma campanha em uma plataforma social local com uma que tem lugar em escala global? Quais são as perguntas-chave para decidir se tem sentido criar uma nova plataforma social? Como são formadas as novas incorporações às equipes?

O livro branco reúne guias editoriais por plataforma, que marcam porcentagens aproximadas de conteúdo próprio em relação a conteúdo de terceiros. Também orienta sobre como tratar conteúdos promocionais ou de produtos frente a conteúdos mais relacionados a valores da marca. E, ao mesmo tempo, apresenta recomendações operacionais básicas com ferramentas de produtividade recomendadas para equipes com menos conhecimento do ambiente 2.0.

Para avaliar como evolui a comunidade nas diferentes plataformas, planejou-se uma série de indicadores de rendimento comuns, que as diferentes áreas controlam e a área corporativa consolida. Tanto os indicadores como o livro branco estão submetidos a processos de revisão para assegurar a evolução no ritmo em que muda esse dinâmico ambiente.

O desafio organizativo de NH mantinha uma presença de marca homogênea dando liberdade a cada unidade para trabalhar o detalhe local. Do global ao local e do local ao cliente.

Comunidades

No final dos anos 1990, o plano de compra de mídias publicitárias se complicou excessivamente. A facilidade para criar uma mídia na internet fez crescer a fragmentação da compra de espaços publicitários. Daí surgiram novos modelos de negócio, como a filiação ao Google AdSense. Mesmo assim, estávamos apenas conscientes do que se aproximava. A publicidade on-line enfrenta hoje um cenário diferente, no qual distinguimos três tipos de mídias:

- *Mídias compradas.* Compra de espaços publicitários nas propriedades cujo objeto é a venda deles. Banners (displays), SEM (anúncios no Google), bases de dados para e-mails de marketing, redes de filiação, etc.
- *Mídias próprias.* Mídias que controlam a própria empresa. As mídias são diferenciadas entre as em propriedade, como uma rede corporativa, um blog ou um microsite, em que o proprietário tem absoluto controle sobre a estética, o conteúdo e sua organização, e as mídias "de aluguel", nas quais são terceiros que estipulam certas regras, como é o caso de uma página do Facebook ou um canal no YouTube.
- *Mídias ganhas.* Denominamos assim a aparição não "comprada" da marca e seus produtos nas mídias, sejam profissionais, novatos ou mídias sociais pessoais. Coloquialmente falando, de boca a boca. Uma menção à nossa marca no Twitter, um post no blog de um terceiro sobre o lançamento de um novo serviço ou um artigo em uma mídia on-line.

Nenhum plano de comunicação on-line deveria deixar de lado nenhum dos três grupos de mídias, o que complica muito a gestão. Seria mais simples contratar uma agência para que nos fizesse um plano de compra de mídias que garantiria o impacto e permitiria calcular de forma bastante aproximada a rentabilidade do investimento. Criar e administrar mídias próprias é outra história. Nem falemos em conseguir que outros falem de nós. O que antes era possível conseguir mediante a chantagem publicitária – anúncios em troca de propaganda – hoje se torna mais complicado, porque pretendemos ter o carinho de quem não está em busca de nosso dinheiro.

Para terminar de complicar ainda mais, o santo graal do engagement produz-se precisamente na interseção entre as mídias próprias e as ganhas. Assim, temos que trabalhar com um novo esquema que dá lugar a duas novas funções ou disciplinas. A primeira é o marketing de conteúdos, que abordamos neste livro como uma das peças-chave do social media marketing. As empresas são meios de comunicação; o capítulo 11 aborda isso em profundidade.

A segunda função é a gestão de comunidades (community management). Essa disciplina nasceu em empresas de software e videogames, ao redor das quais foram criados fóruns on-line, nos quais as pessoas resolviam suas dúvidas e trocavam truques ou emoções. Como já vimos, hoje é normal que empresas de toda condição tenham community managers para atender à comunidade. Mas o que queremos dizer com "comunidade"?

Comunidades reais e comunidades difusas

Uma comunidade é um grupo de pessoas que compartilham interesses comuns e talvez outros elementos que lhes proporcione coesão. A definição é ambígua, mas existem exemplos centrais, como clubes sociais, sociedades gastronômicas ou grupos esportivos com nome e sobrenome. Na internet, há milhares de fóruns, blogs ou outros formatos com membros registrados que mantêm conversas on-line, compartilham conteúdos, organizam atos e desenvolvem atividades e projetos em comum. Denominamos aqui essas comunidades como reais para distingui-las das difusas.

A comunidade difusa (de uma perspectiva empresarial) é um conceito que emana da passagem de uma comunicação corporativa centralizada a uma comunicação em rede, como explicado no capítulo 1. Essa mudança obriga as empresas a desenvolverem pontos nodais fortes e fracos dentro de uma rede e a construir conexões (fracas e fortes) dentro da própria rede.

Desde o início da década passada, as empresas viram a potencialidade de vinculação das comunidades on-line e apostaram na criação de comunidades reais proprietárias. Assim se criou, por exemplo, o movimento Coca-Cola na Espanha, em parceria com a agência BetyByte, que em 2004 já superava[6] um milhão de usuários que brincavam e se comunicavam on-line e faziam uso, também, de códigos promocionais incluídos nos refrigerantes.

---

[6] Disponível em http://www.elmundo.es/navegante/2004/06/07/empresas/1086597842.html.

Mas a dificuldade para criar comunidades próprias e o auge das redes sociais fez com que muitas empresas renunciassem a seu empenho. A mesma Coca-Cola (e outras empresas como a Unilever) anunciava,[7] no começo de 2010, que abandonava suas campanhas mais tradicionais (uma velada referência a microsites e comunidades próprias) para centrar seus esforços em plataformas sociais como o Facebook ou o YouTube.

O fato é que o pêndulo segue se movimentando e a recomendação estratégica hoje se encontra no meio: apostar com força na presença nas redes sociais e desenvolver comunidades reais próprias em torno de um produto, se for um produto empolgante, ou em torno de temáticas contextuais, no caso contrário (um blog e uma comunidade sobre a condução, se falarmos de um seguro de carros). Integrando essas comunidades mediante a conectividade que permitem as redes generalistas como o Twitter e o Facebook por meio de suas API, aproveitando, assim, a quantidade de usuários dessas redes.

Da galáxia em rede à comunidade real

Passar da gestão de uma comunidade difusa, com uma galáxia própria de pontos nodais, à ampliação do alcance às mídias sociais externas (fóruns e blogs existentes) e terminar criando uma comunidade própria, supõe um aumento exponencial em esforço e em conhecimento. A maior parte das empresas não se encontra preparada para isso e é um processo que pode levar anos:

1. *Galáxia em rede.* Estabelecer pontos nodais fortes de identidade e pontos nodais fracos orientados à conectividade. Desenvolver táticas básicas de community management: *estruturação* (esforço diário) e *dinamização* (ações com prazo e alcance determinado).
2. *Community management amplo.* Abandonamos os terrenos próprios para começar a implementar uma atividade em fóruns e blogs de terceiros. Essa atividade é intensiva em horas de community

---

[7] Disponível em http://blog.hubspot.com/blog/tabid/6307/bid/5487/Coke-Abandons-Plans-for-Campaign-Web%20sites-to-Invest-in-Social-Media.aspx.

management e não é fácil obter investimento, já que o ROI (retorno sobre investimento) é difícil de se estimar. Não se trata de modo algum de chegar a esses ambientes e deixar links para nossos sites, mas de desenvolver um trabalho para servir de ajuda real à comunidade. Na Espanha, algumas empresas de telefonia celular têm community managers oficiais em fóruns como ADSLZone, e há hotéis que participam ativamente de fóruns de resenhas escritas pelos próprios clientes, como o TripAdvisor, que proporciona até mesmo formação para esse propósito. Para desenvolver a gestão ampla de comunidades, é necessário priorizar em quais estabeleceremos uma presença ativa.

3. *Comunidade real*. Trata-se de uma comunidade definida ao redor de um produto, de uma temática ou com um objetivo de cocriação, por exemplo. Costumamos falar em três níveis de vinculação. *Core*: pode se tratar de um grupo pequeno, com cem pessoas, por exemplo, que interagem de perto e que têm forte conexão umas com as outras. Em alguns casos, podem dispor de funcionalidades das quais outros membros da comunidade não usufruem. Pode ser assimilável ao conceito de superusuário em muitas comunidades on-line. *Registro*: o membro se identifica porque obtém algo em troca, mas seu grau de vinculação à comunidade costuma ser baixo. *Difuso*: não existe registro, mas sim interação.

Comunidade difusa e real

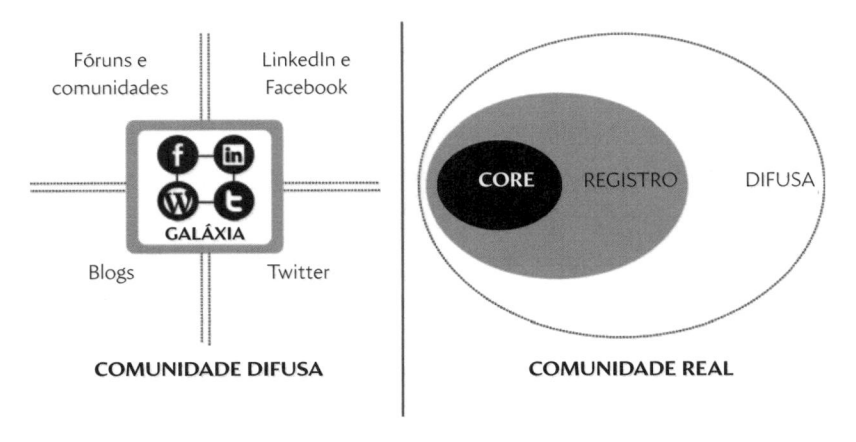

Fóruns e comunidades | LinkedIn e Facebook
GALÁXIA
Blogs | Twitter

COMUNIDADE DIFUSA

CORE | REGISTRO | DIFUSA

COMUNIDADE REAL

Pares comunidade/tecnologia

Na hora de estabelecer a galáxia social e conforme os objetivos definidos no plano estratégico, devemos determinar com quais comunidades existentes queremos nos "enraizar". O target desaparece, já que não compramos mídias nem fazemos broadcasting. Em função das comunidades, definiremos as plataformas tecnológicas (o Facebook, o blog, o YouTube, etc.) mais adequadas para construir os pontos nodais sociais.

Quanto mais real for o sentimento de comunidade, de pertencimento, mais simples será nos inserirmos nela. O conceito de comunidade é "abstrato", um conceito de interesses amplos. Ao definir esses interesses, será conveniente identificar as comunidades existentes com prioridades atribuídas a cada uma. No capítulo 13, mostramos um exemplo de metodologia para se realizar essa análise.

Quando uma empresa como o Inversis Banco coloca sua estratégia nas mídias sociais, detecta comunidades de interesse com as quais deseja se conectar. A primeira poderia ser a de investidores reais. Eles costumam fazer parte de comunidades on-line veteranas, como Rankia, ou de criação recente, como Unience. Também se pode planejar a publicação de um blog próprio como ponto nodal forte dentro dessa galáxia. Um subgrupo de interesse dentro do mundo do investimento poderia ser o dos investidores potenciais: não investem, mas podem chegar a fazê-lo. Pode ser que façam parte de maneira vinculada ou ocasional das comunidades citadas ou que busquem, pela rede, conteúdos informativos sobre investimento. Poderia decidir-se criar um ponto nodal, como uma página no Facebook, para formar esses possíveis investidores ou investidores inexperientes. Além deles, também poderia ser interessante para o Inversis se juntar à comunidade *geek*. O interesse desse grupo, também difuso, é a conexão e a visibilidade que a comunidade pode proporcionar, além do fato de que alguns serão investidores reais ou em potencial. Para desenvolver relações reais com essa comunidade, o Inversis deveria planejar utilizar uma conta corporativa no Twitter e fazer com que seus analistas fizessem o mesmo. No capítulo seguinte, contamos com detalhes como o banco Inversis desenvolve e implementa sua estratégia 2.0 e, também, como conseguiu que muita gente desse um beijo na tela de seu iPhone.

Tecnologia: os cimentos da web 2.0

A tecnologia brilha muito, mas ainda impacta pouco nos projetos corporativos 2.0. Na última década, o panorama tecnológico mudou e os grandes fornecedores lutam para competir com o software livre e os serviços gratuitos que dominam a web 2.0. Embora as grandes empresas requeiram fornecedores consolidados e estejam dispostas a pagar bastante dinheiro para garantir uma estabilidade de produto e um serviço determinado, os projetos 2.0 ainda não têm força suficiente dentro da estratégia corporativa para justificar grandes investimentos.

O Gartner prevê que em 2012 os investimentos na categoria de software que denomina Social CRM alcancem um bilhão de dólares,[8] mas o investimento atual não supera 5% de todo o mercado de CRM. Em qualquer caso, os investimentos em software corporativo que supuseram os ERP (Enterprise Resource Planning) do final dos anos 1990 ou os complexos sistemas CRM (Customer Relationship Management) não se repetiram, porque a tecnologia se "comoditizou" e o *cloud computing* e a "consumerização" (neologismo que descreve a adoção de serviços e funcionalidades no mercado de software de consumo pelos aplicativos corporativos) farão com que os investimentos sejam bastante mais racionais.

De toda forma, conforme o 2.0 vem ganhando cota mental nos conselhos de administração, cada vez mais investimentos tecnológicos estarão do lado do software social. Isso, junto com temas como a privacidade dos dados, o acesso único (*single sign on*) dos usuários e a estabilidade do serviço, fará com que, aos poucos, os departamentos de sistemas passem a tomar as rédeas que ainda não detêm na maior parte dos projetos.

---

[8] Disponível em http://techcrunch.com/2011/08/30/gartner-social-crm-market-will--reach-1b-in-revenue-by-2012/.

É praticamente impossível categorizar todos os serviços e tipologias de software existentes, mas queremos fazer um pequeno esforço para mostrar um panorama amplo que continuará a evoluir.

Business Intelligence 2.0

Ferramentas orientadas a monitorar conversas, a analisar a quantidade enorme de dados gerados pelo software social e até mesmo detectar e predizer tendências ou comportamentos. Essa é a categoria com mais percurso na mente dos diretores de marketing. E é mais do que possível que os softwares de monitoramento e social media analytics convirjam para um único software.

- *Monitoramento*. Escutar e monitorar a conversa orientada à reputação on-line. De ferramentas gratuitas, como a Social Mention, até ferramentas mais complexas, como a Meltwater Buzz, o Smmart (da Cierzo Development), o Radian6 (da Salesforce), a Scoutlabs (da Lithium) ou o Artemis, da Havas Media.
- *Social media analytics*. Ferramentas para centralizar medições operacionais procedentes de diferentes serviços 2.0 e gerar índices para orientar o trabalho das equipes de projeto de social media. Dentro desta categoria, encontramos centenas de softwares fragmentados gratuitos ou pagos, especializados em uma plataforma ou em várias. Para fazer frente a uma necessidade não atendida, nasceu o TcMetrics, desenvolvido internamente pela Territorio creativo diante do vazio existente em 2009 nessa categoria. Ferramentas como a Omniture ou a Oracle estão evoluindo para oferecer esse tipo de estudo dentro de suas suítes de web analítica. O data mining dos dados "sociais" de clientes, orientados à segmentação, à publicidade comportamental (*behavioral advertising*) e à previsão de tendências ou comportamentos desempenhará um papel muito relevante nos próximos anos.
- *Metadados*. Ferramentas que acrescentarão informações e se tornarão padrões, como o Klout, que mede a influência dos perfis sociais.

Software orientado à vinculação

Existem milhares de serviços diferentes para trabalhar a relação com o cliente e a comunidade. A vinculação está estreitamente unida à geração de conteúdos, mas consideramos conveniente separar a categoria de publicação para acentuar o foco estratégico entre diferentes soluções.

- *Redes sociais.* As mais famosas de todo o software social. Plataformas sociais generalistas como o Facebook, o Tuenti, o Google+, o LinkedIn e o Twitter. Ou redes sociais verticais (setoriais), muito importantes para as iniciativas concretas em cada setor. Como exemplos na Espanha, poderíamos citar a Minube ou o Unience.
- *Comunidades próprias.* As possibilidades atuais de integração com redes sociais generalistas (como o Facebook Connect) e a necessidade estratégica de controlar recursos digitais próprios estimularão as empresas a criar comunidades reais de produto ou temáticas. Existem ferramentas de software livre, como Wordpress com BuddyPress, Elgg ou Drupal Commons. Também existem em modo SaaS, como Ning, e suítes sofisticadas, como Telligent, Jive ou Lithium, mais orientadas à cocriação, como veremos mas tarde.
- *Social CRM operativo.* A combinação dos dados que toda empresa possui de seus clientes com os que estes compartilham em público – e são acessíveis via plataformas sociais – significará um desenvolvimento nas ferramentas CRM tradicionais. O objetivo será gerenciar o trabalho dos agentes de atendimento ao cliente, incluindo canais sociais. Em 2011, a Salesforce (software *cloud* líder no segmento de CRM) comprou o Radian6, um software de monitoramento. A GSS SMI, empresa criada pelo grupo espanhol de *contact centers* GSS e Territorio creativo, trabalha na integração do Altitude, um software de gestão de centros de chamada, com o Smmart, software espanhol de monitoramento já mencionado. No capítulo 9, detalhamos um pouco mais os módulos que podem estar presentes em uma ferramenta desse tipo.

Publicação e distribuição de conteúdos

A empresa é um meio de comunicação. Se as ferramentas CMS (*content management systems*), como a Vignette ou a Interwoven, foram as protagonistas da internet dos anos 1990 para criar sites corporativos de caráter mais estático, agora nos deparamos com soluções focalizadas na geração de informação de atualidade e para conseguir que esses conteúdos "viajem" por meio das mídias sociais, independentemente do dispositivo de acesso.

- *Plataformas de blogging*. Peça-chave da comunicação nas mídias sociais e uma das pioneiras. O software livre para instalar em servidores próprios, como WordPress, que ganham em funcionalidade, graças à gigantesca base de desenvolvedores ou sistemas na nuvem como o Blogger, do Google. Todas as grandes suítes de *social software* incluem funcionalidade de blogs.
- *Social commerce*. Soluções que permitem socializar os portais do comércio eletrônico, como a 8thBridge (antes Alvenda) ou o Magento (do eBay). Incluem gestão de catálogos com funcionalidade social (*ratings*, comentários, etc.) e sua integração em lojas do Facebook ou do eBay, ou em plataformas de *social shopping* e seus aplicativos móveis.
- *Aplicativos móveis, standalone ou em plataformas de terceiros*. O *boom* de aplicativos para iPhone ou Android permite às empresas publicar conteúdos ou colocar seus conteúdos web nos bolsos dos usuários. Também se produziu uma avalanche de aplicativos integrados às plataformas de terceiros, como o Facebook, e que aproveitam sua funcionalidade social e sua popularidade. Microsites de jogos na rede ou widgets para a personalização de ambientes de trabalho.
- *Sharing 2.0*. Serviços centrados em elementos multimídia: fotos, vídeos, podcasts, etc., com capa de funcionalidade social. Como exemplo, o YouTube, para vídeos, o Flickr, para fotos, ou o Slideshare e o Scribd, para compartilhar apresentações e documentos em PDF.
- *Produtividade de publicação*. Ferramentas para a otimização das publicações de forma centralizada e com gestão de equipes, como o Hootsuite, o CoTweet, o Tweetdeck e o Seeismic.

- *Social media optimization.* Serviços para compartilhar conteúdos, como o Share This, e aplicativos (widgets) para a otimização da integração de conteúdos entre diferentes plataformas, geralmente desenvolvidas pelas mesmas plataformas.

Software de cocriação

Suítes completas de software social orientadas para a colaboração e a gestão de fluxos de trabalho, de uso interno (entre funcionários) e externo (com fornecedores, aliados estratégicos ou clientes).

- *Comunidades de cocriação.* Fornecedores como Jive, Lithium ou a IBM Connections aglutinam grande variedade de ferramentas: blogs, wikis, *microblogging*, arquivos compartilhados, fóruns, gestão de ideias de forma interna ou combinada interna/externa. Embora não concorram em funcionalidade, incluímos nessa categoria serviços de *microblogging* corporativo como o Yammer e o SocialCast.
- *Gestão de ideias.* Plataformas como o BrightIdea, o OpenIdeo ou o UserVoice centradas em disponibilizar às empresas um ambiente de criação e gestão de ideais para inovação ou criação de produtos com comunidades externas.

Decisões que afetam o software social

Na seleção de uma solução tecnológica, devemos separar os critérios que são *must have* dos *nice to have*. O aplicativo deve estar acessível por meio de um navegador? Requererá um aplicativo móvel? São dados sensíveis que devem ficar por trás de nosso firewall? Quantos usuários de administração? Qual é o *uptime* (tempo de serviço frente a quedas do sistema) aceito? Deve ter escalas, pode migrar? Temos pouco orçamento? Preferimos uma suíte completa ou um enfoque *best of breed*?

Uma matriz de ponderação de critérios nos ajudará a tomar decisões sobre alguns *tradeoffs* clássicos:

- *SaaS ou hospedagem própria.* Um software prestado como serviço (SaaS) tem manutenção centralizada e, portanto, otimizada. Existem poucas probabilidades de queda do serviço e os *upgrades* de software são executados automaticamente pelo fornecedor. Essa dependência do fornecedor pode ser inconveniente, porque ficamos presos à sua funcionalidade e uma possível migração de sistema poderia ser mais custosa. Por outro lado, a segurança responde aos padrões do fornecedor. A decisão será influenciada por critérios como a segurança, o tamanho e a visão de futuro do fornecedor.
- *Software livre ou proprietário.* O software livre oferece maior flexibilidade funcional e a possibilidade (dependendo da ferramenta) de acesso a uma grande comunidade de desenvolvedores, como no caso do WordPress ou do Drupal, por exemplo. O software proprietário, por sua vez, costuma oferecer maior facilidade de instalação e nos conecta ao desenvolvimento empresarial do desenvolvedor.
- *Mídias próprias ou espaços alugados.* Cada vez é mais habitual combinar o uso de mídias próprias em espaços de terceiros, como uma página do Facebook, com o desenvolvimento de recursos próprios. Em muitas ocasiões, essas mídias próprias poderiam supor ampliações de funcionalidade da página web corporativa, que deveria ter uma atividade residual perante um blog ou uma comunidade própria.

A tecnologia é um elemento a mais na estratégia de marketing em mídias sociais. Hoje em dia, não é a mais relevante. Lembremos que avaliar a etapa que a empresa atravessa, fixar objetivos concretos e de negócio, focar em como abordar a mudança cultural que enfrentamos e delinear a organização necessária para abordar essas mudanças são elementos prioritários em todo o plano estratégico.

Muitos "intraempreendedores" surpreendem-se com o fato de que, sem um enfoque estratégico poderoso, não podem conseguir apoio para seus projetos. Quando vendemos uma ideia, temos que evitar vender fumaça. Ou, se aceitamos que toda ideia é fumaça antes que ela seja levada à prática, mostremos pelo menos a máquina para fabricá-la.

Passamos pela identidade 2.0, pela empresa conectada e agora dispomos de uma metodologia para enfocar nosso projeto. Estamos prontos para começar a ver como processo as possibilidades que se apresentam na área da comunicação, da publicidade, das vendas, do suporte ao cliente e da inovação. Os quatro próximos capítulos colocam-nos totalmente na implantação de processos de *social customer engagement*. Avançando por eles, teremos uma ideia do trabalho que nos aguarda nos próximos anos, conforme o engagement ganhe a relevância que a publicidade adquiriu em seu momento.

III. *SOCIAL CUSTOMER ENGAGEMENT*

A vinculação é a nova publicidade

7

"O segredo do sucesso é ser proativo. Ter o cérebro sempre ligado. Você nunca sabe quando nem como vai chegar uma boa ideia; o importante é estar atento para que ela não fuja." Pedro Jareño, responsável pela comunicação da Minube, uma rede social para viajantes, nunca esquecerá essas palavras que Pepe Domingo Castaño lhe disse pessoalmente, enquanto o estava entrevistando nos estúdios de *El Carrusel Deportivo*. Pedro é uma das pessoas mais observadoras e ativas que alguém pode conhecer. Talvez por isso tenha sido capaz de dar a volta ao mundo durante dois meses e fazer com que uma *startup* incipiente como a Minube ganhasse uma notoriedade invejável.

Pedro estudou jornalismo por vocação, convencido de que é uma profissão com a qual se pode mudar o mundo. Talvez uma parte do mundo. Atraído pelas grandes figuras da comunicação, sempre tinha sonhado em ser uma delas. Mas seu primo Raúl Jiménez cruzou com o seu caminho profissional em 2007 e sugeriu-lhe fazer algo radicalmente diferente: participar do lançamento de uma rede social de viagens, a Minube.com.

Raúl, um empreendedor por vocação, tem duas máximas que se tornaram mantras pessoais de Pedro: "ser empreendedor é tentar mudar o mundo, mesmo que seja um pouco" e "as boas ideias não servem para nada, o importante é realizá-las". Começavam meses de trabalho extenuante para impulsionar uma comunidade de viajantes incipiente, desconhecida, com recursos próximos a zero, mas com uma equipe cheia de energia e vontade de lutar.

Quando, no final de uma noite da primavera de 2009, Pedro repassava os primeiros seis meses de existência da Minube, estava consciente das conquistas, mas também da dificuldade que era se destacar perante outras iniciativas. Naquela noite, lembrou-se de algo que sempre tinha chamado atenção: existia uma passagem de avião que permitia dar a volta ao mundo com pouco dinheiro. A ideia pulou como uma mola: daria a volta ao mundo. Apresentar a Minube por meio da viagem pelo mundo de um de seus integrantes, narrando sua viagem, conectando-se com outros blogueiros e espanhóis espalhados pelo planeta, para gerar uma torrente diária de atividade que pudesse ser seguida pelos membros da comunidade e outros viajantes 2.0. Combinava uma ação com a produção de um conteúdo chamativo, com as relações físicas pessoais e a conexão com a comunidade. Uma combinação que dificilmente poderia falhar.

No dia seguinte, Pedro percorreu o caminho que o separava de seu escritório sabendo que tinha que convencer o resto de sua equipe da ideia. Embora ele não tivesse que insistir muito para empolgá-los com seu plano, faltava ainda conseguir patrocinadores. Felizmente, as primeiras chamadas foram um sim contundente para o projeto. Nascia a primeira volta ao mundo 2.0. O passo seguinte foi elaborar o itinerário para que a aventura atingisse o maior número de países e se estendesse o máximo possível no tempo. Junto com a logística, começava um trabalho de comunicação com blogueiros e a mídia. No blog da Minube, criado para a ocasião,[1] foi feito um apelo a todos aqueles que pudessem localizar empreendedores ou blogueiros hispânicos nas cidades que ele previa visitar. A caixa de correio encheu-se de mensagens de gente dando referências. Tudo estava pronto e a viagem teve início em 5 de maio, com a primeira parada em Zurique, e ela o levaria a outras quinze cidades em sessenta dias. Uma aventura única.

E os resultados? O blog passou de zero a seis em sua primeira revisão de um *pagerank* (a classificação de relevância do buscador do Google chega até dez). Os blogs mais importantes da Espanha ecoaram a aventura e, ainda mais emocionante, também os blogs de muitos viajantes. A imprensa queria saber mais sobre a iniciativa. A TVE cedeu-lhes um espaço durante

---

[1] Disponível em http://vueltaalmundo.minube.com/.

dois meses no programa *Cámara Abierta* para transmitir a viagem. Durante o tempo que durou a aventura, o seguimento foi massivo, graças em parte ao fato de que os próprios blogueiros e amigos que visitavam Pedro se encarregavam de propagar o eco em seus blogs.

A viagem fez com que a vida de Pedro mudasse. Ele confirmou que viajar é aprender; pôde conhecer gente que só ao dar-lhe bom dia já estava dando uma lição. O mais importante é aquilo que você não pode levar na mala. E, além disso, confirmou que "as ideias ganhadoras são as que se tornam realidade". Embora nasçam de uma noite de insônia.

Vinculação além do produto

A volta ao mundo 2.0 também ensinou outra coisa para Pedro: que, se não se dispõe de orçamento muito grande, a perspicácia é aguçada para idealizar algo do que vale a pena falar, e que é possível envolver o produto com ações que gerem uma vinculação com ele, além do impacto publicitário que o dá a conhecer. Quando não se pode comprar espaços publicitários, a propagação das ideias é produzida porque as pessoas desenvolvem vínculos, percebem emoções e falam a respeito.

A publicidade está voltando progressivamente a seu ser e voltará a contar com orçamentos mais reduzidos e mais de acordo com sua alocação ao *mix* do engagement. Paralelamente ao desenvolvimento de um produto de qualidade, teremos que trabalhar precisamente este conceito amplo de vinculação emocional entre o produto e seu usuário. E trabalhar a "vinculação" (engagement) significa trabalhar, de forma coordenada, áreas como as relações públicas, os conteúdos, a gestão da comunidade, o atendimento ao cliente, a sua fidelização e, claro, a publicidade.

A volta ao mundo 2.0 foi uma ação de dinamização que partia de uma ideia fresca da qual se desejava falar, mostrava o produto (a rede social da Minube), gerava conteúdo (os vídeos e os artigos de Pedro), aprofundava a relação com uma comunidade crescente (que via em Pedro alguém próximo e de confiança) e usava as relações públicas como coluna vertebral da ação (visitas a blogueiros e empreendedores espanhóis pelo mundo), reforçando também a notoriedade ganha em mídias tradicionais.

Batizamos a primeira área de trabalho do *social customer engagement* (SCE) como "vinculação". Nela agrupamos funções tradicionais do marketing com outras mais recentes, como a gestão da comunidade e a criação de conteúdos.

- *Community management.* Sejam difusas ou reais, a gestão de comunidades está centrada na escuta e em estabelecer conversas e relações proativas. Comunicar para fora e canalizar *feedback* para a organização. Conforme a cultura 2.0 se propaga dentro das empresas, a função torna-se mais operacional e enfoca a gestão das mídias sociais corporativas.
- *Dinamização.* Ações publicitárias de alcance concreto que buscam tornar nossos produtos conhecidos (*awareness*) e ganhar preferência de marca ou produto (*share of heart*). A fidelização da comunidade, o incremento do tamanho dela ou a notoriedade são exemplos de objetivos desse tipo de ações.
- *Relações públicas.* Definimos as relações públicas 2.0 como uma combinação de relações institucionais, atos físicos com amplificação on-line, ou "socializados", e de relações com *influentials*.
- *Conteúdo.* A criação de conteúdos como ferramenta de vinculação com a comunidade, abordado em profundidade no capítulo 11.
- *Fidelização.* Extensão 2.0 de programas de fidelização existentes ou ações concretas orientadas a fidelizar a base de clientes.

O canal tradicional de compras rompeu-se. O modelo AIDA (*awareness, interest, desire, action*) ou os similares, que apresentavam de forma linear e cronológica as fases desde o desconhecimento de um produto até o momento de sua compra, ficaram desatualizados. Os múltiplos pontos de contato que uma pessoa tem durante o período de decisão, tanto oficiais (uma web corporativa, por exemplo) como não oficiais (um comentário on-line), e o processo de consideração uma vez adquirido o produto até a fidelização real, se parecem mais com uma espiral do que com uma linha do tempo, como refletiu McKinsey em 2009.[2]

---

[2] Disponível em https://www.mckinseyquarterly.com/Marketing/Strategy/The_consumer_decision_journey_2373.

O trabalho na área de vinculação procura fazer as pessoas avançarem do desconhecimento do produto até uma fidelização real da marca. Para fazer uso de termos já comuns, falamos de conhecimento (*awareness*), cota de mente (*share of mind*), cota de carteira (*share of wallet*) e cota de coração (*share of heart*).

A relação com o "consumidor" social afeta drasticamente a construção da marca. No seu livro *Postpublicidad*, Daniel Solana apresenta duas tipologias encontradas: a publicidade yang, intrusiva e opressiva, é representada pela publicidade tradicional, pesada e carente de jogo. A publicidade yin é envolvente, menos agressiva, atraente. Na busca do engagement: as marcas devem deixar de procurar a onipresença artificial (bombardeio publicitário) para alcançar a onipresença real (um meio para um fim). Devem criar o que nós denominamos marcas líquidas. Definamos o conceito, antes de entrar em cada uma das áreas de trabalho da vinculação.

"Be water, my friend"

Conforme o mundo muda e se acelera, o conceito de modernidade líquida de Zygmunt Bauman e seu discurso sobre as identidades nessa modernidade têm ganhado força. Bauman argumenta que, na modernidade líquida, as identidades serão como uma "crosta vulcânica" que se esfria e aquece, mudando de forma continuamente. As identidades parecem estáveis vistas de fora, mas cada um percebe a sua como frágil e sua incumbência na vida seria adotar uma identidade flexível para fazer frente às mutações que nos esperam. À luz dessas reflexões, quisemos publicar um post sobre as marcas líquidas na modernidade 2.0, que deveriam existir sem serem percebidas, cuja identidade muda de maneira constante e se adapta ao ambiente. Essa teoria, que ataca frontalmente os conceitos clássicos do branding, explica como evolui a marca da era da publicidade para a nova era do engagement.

As marcas líquidas

As marcas apaixonam-nos e entediam-nos. Às vezes são doces, mas frequentemente pecam por ser enjoativas. Uma marca deveria ser como a água para o peixe: está lá, mas não é notada. É imprescindível, mas não é a protagonista. *"Be water, my friend"* poderia tornar-se o novo mantra de qualquer departamento de marketing.

1) Se eu precisar de você, você estará aí.
2) Se eu não precisar de você, você estará aí, mas eu não perceberei.
3) Se eu ligar, você pegará o telefone e solucionará o meu problema.
4) Se eu quiser contatá-lo, você estará on-line ou no Google.
5) Se minhas ondas mentais estiverem em Sildávia, você não insistirá em mostrar-me Babia.
6) Você me fará feliz e não saberei dizer o porquê.
7) Se eu precisar de informação concreta, você irá fornecê-la, lembrando que o importante não é a fonte, mas sim o conteúdo.
8) Se eu não souber o que eu quero, você pensará por mim e me dirá. E me fará acreditar que fui eu que tive a ideia.
9) Antes que eu me preocupe, você ligará para deixar minha mente em repouso.
10) Você prevê as minhas necessidades e não me pergunto por que eu te escolho uma e outra vez.
11) Você desaparece do meu radar como a água. Mas você me sustenta e se materializa quando preciso de você.

Tornar-se uma marca líquida é contra o costume de tornar o nome da empresa onipresente: coloque a sua marca acima de todas as coisas. Mas tudo muda, e o consumidor prefere colocar a sua família, os seus amigos e os seus interesses acima de todas as marcas. Tornando-nos uma marca líquida, ganharemos a batalha da "não atenção".

Como as organizações estão transformando suas marcas sólidas em líquidas? Muitas têm detectado que a internet é uma aliada perfeita, porque o cliente social utiliza à vontade diferentes pontos de informação e comunicação e segue um caminho marcado por ele mesmo. Como um banco de investimento pode servir de sustento a esse cliente social e tornar-se uma marca líquida?

Caso Inversis Banco: o primeiro de sua classe

"Por que não fazemos com que devolvam o beijo na tela do iPhone?" A pergunta de Eva nos deixou pasmos, mas melhor nos anteciparmos à situação. Por que falamos de iPhones e de beijos? E quem é Eva?

Há tempos, o Inversis Banco cuida do seu posicionamento no Google porque está ciente da influência que os resultados podem ter nas decisões de compra. A empresa mantém uma presença on-line forte, já que se trata de um banco de investimento muito focado nesse canal e com poucas sucursais físicas. Era dezembro de 2009 e na análise da situação do setor bancário espanhol nas mídias sociais havia um panorama deserto. Poucos usavam o Twitter, menos ainda o Facebook, e quase ninguém tinha blog. No estreito grupo do banco de investimento, a presença 2.0 era zero ponto zero.

Parecia que uma aposta simples, desde os primeiros compassos, poderia dar destaque ao Inversis Banco, tal como ocorreu. Com um blog na mente que não decolou até alguns meses depois, foi relançado o canal oficial do Twitter, oficializou-se a página do Facebook e foi feito um desembarque suave no LinkedIn. Um dos primeiros objetivos foi retransmitir com *streaming* na web e no Twitter os encontros sobre perspectivas de investimento que o banco organizava em Barcelona e Madri. O resultado não poderia ter sido mais alentador: com apenas uma comunidade prévia, mas com um esforço de comunicação no ambiente mais próximo (e mobilizando as redes pessoais dos participantes no projeto), conseguiram cerca de oitocentos acessos via *streaming* e mais de duzentos tuítes relacionados ao acontecimento. Quase nenhum participante do evento físico utilizava o Twitter e, pela primeira vez, as conferências foram seguidas por pessoas fora do ambiente de clientes do Inversis e, principalmente, por muitos usuários "conectados" e influentes.

Nessas mesmas semanas, planejou-se a possibilidade de dar continuidade a uma campanha proveniente do mundo dos banners. Mil e quinhentos euros por uma transferência de carteira de investimento tornavam-se 1.500 beijos que iam e vinham voando pelos banners que povoavam os meios econômicos on-line. Decidiu-se testar o Facebook como plataforma generalista, e, inspirando-nos nos aplicativos que permitiam enviar bens virtuais, desenhamos um sofisticado jogo, *El Maestro Besador,* para investir beijos em nossos amigos, que, se fossem devolvidos, geravam mais beijos, até chegar à categoria de "mestre beijador". Estavam em jogo vinte iPods Touch e no aplicativo podia-se sugerir a amigos e familiares que transferissem suas carteiras ao Inversis.

Como o aplicativo no Facebook não era uma novidade tal que pudesse criar a vontade irreprimível de contar sobre ele, Eva Represa, criadora na Territorio creativo e responsável pela campanha, transformou a ideia. Por que não fazemos com que as pessoas devolvam o beijo dando um beijo real na tela de um iPhone? "Eva, você não tem noção de que o público-alvo do Inversis usa Blackberry?" A ideia foi aprovada em 24 horas. Seu desenvolvimento começou apenas quando foi comprovado que era tecnicamente viável para o iPhone e o Android. A isto foram acrescentados 5 mil euros de investimento no Facebook Ads para iniciar com força a participação. A campanha rendeu mais de 10 mil jogadores e, embora a Apple tenha demorado mais do que devia para aprovar o aplicativo, conseguiu-se um importante impacto midiático.

Deixando para trás o jogo *El Maetro Besador,* a rota seguida pelo Inversis Banco em mídias sociais é de livro. No Twitter, compartilham-se links de interesse geral sobre atualidade econômica e investimento. Estabelecem-se relações com clientes e com pessoas apaixonadas pelo mundo da bolsa de valores e da economia em geral. No Facebook, utiliza-se um tom mais didático sobre investimento e economia. Em ambas as plataformas cobrem-se eventos e compartilha-se o conteúdo de conferências e encontros do setor. Têm sido realizados jogos sobre o mundo do investimento no Facebook e em outras plataformas. Responde-se cada tuíte, cada comentário, o mais rapidamente possível, e os clientes podem ser atendidos por meio de diferentes canais interativos. O Inversis Banco foi um dos primeiros bancos na Espanha a integrar o atendimento virtual ao cliente no Facebook mediante videochat, chat ou ligação telefônica. E o blog Tu Evolución Financiera, que combina artigos de investimento redigidos por analistas do Inversis e gestores de fundos com artigos econômicos de conteúdo mais generalista, obtém muitos bons resultados quando se mede o trânsito e, sobretudo, as referências recebidas.

O Inversis Banco está à frente de todas as classificações 2.0 em comparação com a sua concorrência direta e acima de entidades financeiras generalistas muito maiores e poderosas. Em apenas seis meses, o Inversis Banco já era o terceiro banco espanhol em número de seguidores no Twitter. Mais importante ainda, era o número um em vinculação atendendo a critérios de conversação ou de "influência". Durante os primeiros seis meses de atividade de 2010, Llorente y Cuenca "certificou" uma melhora de quase 70%, tanto em presença on-line (notoriedade) como em notabilidade (a positividade de sentimento das menções on-line do Inversis).

O Inversis Banco é convidado habitual em fóruns de banca 2.0 e é referência frequente nas mídias. Seu próprio diretor-geral supervisiona periodicamente o desenvolvimento do projeto e está impulsionando iniciativas de colaboração 2.0 além da comunicação corporativa.

O fato de ter chegado antes proporcionou ao Inversis Banco uma vantagem sobre a concorrência. Ajudou-o a melhorar sua reputação on-line (também no *top ten* do Google) e gera maior vinculação com sua comunidade e com seus clientes, além de colocá-los no rumo para formas mais amplas de colaboração aberta. As etapas são percorridas uma a uma, mas conseguir uma marca líquida é um processo de transformação que pode durar anos.

Princípios de community management

Eixo vertical: dinamizar — PR 2.0
Eixo horizontal: vertebrar

Elementos ao longo da curva: criar perfis nas redes sociais; descontos; retuitar; conversar; concurso; *following* proativo; gerar conteúdo; linkar; desenvolver aplicativos; divulgar; responder; fomentar; anúncios no Facebook; marcar como favorito; *setup* de ferramentas; ler; campanha; escutar; presentes.

Gestão de comunidades

Um dos fatores essenciais do trabalho de vinculação que o Inversis Banco realiza é a gestão da sua comunidade difusa. Trata-se de uma função relativamente nova que já se encontra presente na maior parte das organizações.

Na hora de categorizar as atividades que afetam o crescimento e o fortalecimento da comunidade, distinguimos dois eixos principais: a sua gestão diária, que poderíamos considerar community management de base, e a dinamização ou ações de estímulo específicas. A primeira é uma vertebração que proporciona estrutura e constância. A segunda é uma agitação para fazer com que a comunidade vibre e se emocione, e para atrair novos membros para um ritmo superior ao que alcançaríamos com a "rotina" diária.

- *Vertebrar: dar carinho no dia a dia.* Monitorar, buscar interlocutores internos para resolver um problema de um membro da nossa comunidade, respostas rápidas, interpelar de forma não intrusiva, evitar a conversa fiada, gerar conteúdo simples em diferentes mídias sociais. O post de hoje, uma nova lista no Twitter para manter a proximidade com os usuários mais ativos, uma mensagem de boas-vindas, uma felicitação ao membro mais antigo da comunidade. A vertebração faz com que os indicadores aumentem com força e constância.

- *Dinamizar: ações com significado próprio.* Campanhas ou marcos que perseguem um objetivo concreto, como incrementar a base de fãs ou melhorar a vitalidade. Com alcance, planejamento e orçamentos definidos, essas ações geram saltos qualitativos e quantitativos nos indicadores. De um pequeno concurso ou uma ocasião simples de relações públicas com blogueiros até um aplicativo no Facebook.

A tática para partir do zero e construir uma pequena comunidade real tem pouco a ver com a estratégia de community management de uma grande marca que atende a uma comunidade difusa, muito diversificada nos interesses e na procedência dos seus membros. As pessoas de uma comunidade difusa não se sentem "membros" de uma comunidade como tal e seu vínculo com a marca pode variar de intensidade. O modo como trabalhar nesse ambiente apresenta semelhanças importantes, mas também grandes diferenças em relação à gestão de uma comunidade real e/ou comunidades de prática.

No capítulo 12, descrevemos com mais detalhes as tarefas e os procedimentos da função de community management. Vamos nos aprofundar agora em uma atividade cujas regras mudam no novo ambiente da web social: a criatividade publicitária.

Criatividade 2.0: falhe frequentemente, falhe rápido e falhe barato

A grande campanha como unidade criativa está obsoleta. No ambiente social não devemos trabalhar para grandes campanhas. As equipes conceitualizam e produzem ideias com objetivos estabelecidos de antemão e medições que mostram o progresso. Um trabalho ágil e contínuo, não em *big bang*. Que reaja aos *KPIs*, não contra o *Go Lives*.

Estamos firmemente convencidos de que a produção criativa teria muito que aprender com a metodologia Scrum, um marco de desenvolvimento de software que se popularizou também em outros contextos. As equipes trabalham em *sprints*, ou períodos fixos de trabalho quinzenais ou mensais, nos quais vão acrescentando melhorias. Em uma reunião de planejamento, são decididas as funcionalidades, que passam de desenvolvimento à produção, em função do impacto no negócio e do esforço requerido.

Devemos nos acostumar ao "fracasso" da criatividade. Não é possível comprar espaços publicitários. Dependemos das "mídias conquistadas". Não se pode "produzir virabilidade". A viralidade não é o êxito espontâneo das ideias. O melhor é sistematizar a criatividade, acelerando seu desenvolvimento e barateando os custos de produção. A qualidade é filha da quantidade. *Fail often, fail quick, fail cheap*. Falhe frequentemente, falhe rápido e falhe barato.

Os meios sociais são o laboratório perfeito para testar a força de uma ideia criativa. Para realizar um "pré-teste" publicitário sem esforço apenas. Lançamos ideias em *alpha*, sem terminá-las. Se funcionarem e ganharem força, podemos refiná-las e potencializá-las depois, o que é difícil para as grandes marcas, acostumadas à perfeição da produção audiovisual tradicional. Os guardiões da marca consideram inaceitável que o responsável pela produção de filmes edite e distribua um vídeo como se fosse um amador. Mas a mensagem é importante: devemos recuperar a produção artesanal.

As regras da nova criatividade

A IKEA começou a explicar o motivo dos "preços baixos" para elogiar a qualidade do produto.[3] Cartazes na entrada das lojas mostravam, por exemplo, que o transporte e a montagem realizados pelo cliente barateavam o preço final. No catálogo, uma página ilustrava como desenhistas enfrentavam restrições de custos na origem. Em uma reunião do comitê de novos produtos, um desenhista apresenta um lustre magnífico. "Como se

---

[3] Disponível em http://www.ikea.com/ms/es_ES/about_ikea/the_ikea_way/our_business_idea/our_low_prices.html.

dobra?", perguntam-lhe. "Dobrar? Não é dobrável." E o comitê o repreende: "E como vamos colocá-lo em uma embalagem plana?". Embalagem plana é sinônimo de logística otimizada, o que significa preço final mais baixo.

Depois de escutar nossas regras de criatividade nas mídias sociais, um diretor de marketing de uma conhecida marca de telefones móveis nos dispensou educadamente, argumentando que ele não contratava uma empresa para falhar. Mas falhar é um requisito indispensável para ter sucesso. Reagindo rapidamente e aprendendo, alcançaremos o nosso objetivo com maior segurança. *Fail often*, *fail quick*, *fail cheap*. A criatividade não tem regras. Ou tem? Aqui estão os nossos princípios da criatividade 2.0.

"Low Cost": a escassez de recursos potencializa o talento

Se vamos falhar, devemos fazê-lo de forma rápida e barata. As ações nos meios sociais têm que ser desenvolvidas com forte restrição de custos de produção. Não podemos investir 500 mil euros para produzir um anúncio magnífico se ele não for exibido em nenhuma rede. Fazemos por 5 mil, vemos se ganha força e, em caso afirmativo, o potencializamos. Além disso, as limitações de recursos introduzem um fator de esforço que amplifica a capacidade criativa das pessoas.

Na véspera da campanha eleitoral das eleições regionais de 2011, a agência de publicidade CP Proximity participou de uma concorrência para a campanha de um partido político. O preço inicial era de cem euros e incluía slogan, criatividade e arte final para diversos suportes. Os candidatos teriam que cumprir uma série de requisitos, já que entidades que violassem direitos constitucionais ou gerassem conflitos éticos ou morais não poderiam participar. A ideia original de baixo custo se transformou em uma grande ação publicitária, e uma busca no Google nos retorna mais de 2 mil resultados sobre ela.

A volta ao mundo 2.0 de Pedro Jareño é uma ação de baixo custo e alto impacto. A ação de sweet #followfriday da NH é uma ação de custo zero.

E quase todas as que veremos a seguir são de baixo custo. Não se trata de ser mesquinho ou de economizar por economizar. Trata-se de adequar os custos à equação das equipes criativas quando não se pode garantir maior divulgação do que pelo boca a boca.

"Useful": dar e receber

Na sua cruzada contra o desmatamento mundial, a WWF desenvolveu o "Save as WWF", um aplicativo que exporta os documentos do escritório para um formato "verde", tipo PDF, que não pode ser impresso. A originalidade do aplicativo e sua utilidade real desencadearam milhares de comentários on-line e serviram para conscientizar muitas pessoas (na web há um total de 25 mil links identificados pelo Google). O aplicativo da Cepsa para celulares, que já comentamos, nos informa sobre a situação do trânsito, nos mostra a condição das estações de serviço Cepsa e nos avisa onde há radares.

Quando uma campanha é divertida e temos vontade de falar dela, ela está cumprindo com o princípio da utilidade que comentamos no capítulo 2. Quando a publicidade é informação ou proporciona uma utilidade concreta, ela deixa de ser yang para se converter em yin.

"First Move": por trás de todo o êxito há uma decisão corajosa

Em julho de 2009, a Moonfruit, uma empresa norte-americana que comercializava softwares para criar páginas da web, surpreendeu meio mundo ao criar uma campanha no Twitter que se espalhou como pólvora. Durante dez dias sorteavam um Macbook Pro diariamente, entre os quais puseram um tuite com a hashtag #moonfruit. Era a primeira vez que se fazia algo similar e desde o primeiro dia a hashtag foi um trending topic mundial. Como explicado no seu blog, o Twitter eliminou o trending topic e a companhia acelerou o final da campanha quando se começou a tratá-la como spam. O impacto da cobertura recebida na publicidade foi valorizado em mais de 250 mil euros em troca de apenas 15 mil euros dos computadores.

Quando a NH Hotéis se antecipou para lançar na Espanha o seu concurso #wakeuppics no Instagram, pouco tempo depois de o aplicativo contabilizar o seu primeiro milhão de usuários no mundo todo, Jacobo Pérez (@madeinjax no Twitter) escreveu no seu blog:

> [...] o pessoal da NH soube apostar em algo diferente, eles conseguiram ser os primeiros e, apesar de o real impacto da campanha não ter sido maciço, pois o Instagram e o iPhone continuam sendo ferramentas minoritárias [...], eles conseguiram dar um grande salto no que se refere a *publicity* e posicionamento tecnológico.[4]

Quando lançamos o #TcBlog em maio de 2005, existiam apenas três blogs de marketing em espanhol. Isso nos permitiu ser relevantes e nos mantermos no primeiro lugar da categoria desde então. Hoje, colocar um blog no topo do ranking de uma categoria generalista é uma missão quase impossível. A diferenciação, a inovação, a criatividade e a coragem são aspectos de uma mesma realidade. Ser os primeiros – ou chegar rápido – gera recompensa.

"Fan Centric": o carinho um a um

"Ao ver os passageiros aborrecidos, esperando nos aeroportos, nos perguntamos: como poderíamos usar as mídias sociais para mudar isso?" Em dezembro de 2010, espalhou-se a notícia de que a companhia aérea KLM estava surpreendendo os seus clientes de uma forma inovadora. Durante algumas semanas, funcionários da companhia entraram em contato, nos aeroportos, com pessoas que declaravam em público estar viajando com eles. O primeiro passo consistiu em encontrar usuários que haviam feito *check--in* no aeroporto de Schiphol por meio do Foursquare ou que o haviam dito no Twitter. O segundo passo foi investigar seus perfis públicos para

---

[4] Disponível em http://mentezurda.com/2011/01/18/wakeuppics-nh-y-territorio-creativo/.

"conhecê-los melhor". Depois, conseguir um presente personalizado com base no que haviam dito nos seus perfis públicos e procurá-los fisicamente com uma mensagem ou por meio das respectivas fotos no perfil social. Uma vez encontrados, informavam-nos de que haviam tomado conhecimento pelas "mídias sociais" de que estariam viajando com a companhia e agradeciam aquela decisão com um detalhe. Um rapaz que tuitou no iPad foi presenteado com um vale de 15 euros para baixar aplicativos para o iPad. Para outro, que se queixava de que perderia a partida de futebol do seu time devido a uma viagem para Nova York, presentearam-no com um guia que incluía bares onde se poderiam assistir partidas das ligas europeias.

O vídeo de seis minutos que explicava a "KLM Surprise" alcançou 150 mil visualizações em seis meses. O microssite da campanha (surprise.klm.com) acumulava 160 mil links de entrada e a busca no Google da "KLM Surprise" retornava 25 mil ocorrências. Muitos dos principais blogs do mundo e as versões on-line de importantes meios de comunicação ecoaram a ação.

Centrar uma ação em poucas pessoas é contrário ao enfoque de máximo impacto e alcance que a publicidade internacional procura. No entanto, nas mídias sociais faz sentido concentrar esforços em poucas pessoas: a fragmentação é alta, busca-se a propagação voluntária da história e as ações devem ser de baixo custo. A ação da KLM apelava ao fator surpresa e à oportunidade de construir uma história que merece ser contada.

"Social": bons propósitos, boas ideias

Em dezembro de 2010, Carlos Jimeno (@carlosjimeno no Twitter), diretor criativo da Territorio creativo, anunciava nossa campanha de Natal no #TcBlog:

> Se algo nos identifica e nos faz sentir orgulhosos é a comunidade que conseguimos reunir por meio deste blog e o fato de compartilhar conhecimento. Por isso, parece-nos certo que, se tivermos que ganhar na loteria (22 de dezembro), ganhemos todos juntos. [...] Por isso, queremos compartilhar o número da loteria de Natal que jogamos

na Territorio creativo e que todos aqueles que utilizem no Twitter a hashtag #Tc55050 automaticamente participem dos milhões que iremos ganhar. Sabemos que somos muitos e que ganharemos pouco, mas uma vez mais estaremos compartilhando esperança, e isso é bom. Acreditamos que esta seja uma boa maneira de a nossa comunidade continuar se enriquecendo. Obrigado e boas festas para todos!

Nota: [...] Compramos uma série inteira (dez bilhetes) e, portanto, serão 200 euros. Vamos dividir (daremos o número mais aproximado usando diferentes ferramentas) e esperar pelo melhor... Como contamos com bases pequenas, se forem menos de 5 euros por pessoa, iremos doá-los à Unicef.

A ideia era simples, de baixo custo e concebida com o DNA de uma rede de *microblogging* como o Twitter. A hashtag chegou a ser um trending topic no Twitter nos dias do sorteio. Foram contabilizados quase 2 mil tuítes que continham #Tc55050 e chegou-se a cerca de mil participantes. Quis o azar que o número 55050 ganhasse só um prêmio pequeno, o que foi equivalente a pouco mais de um euro por pessoa. Portanto, o prêmio foi entregue à Unicef.

Evidentemente, é preciso agir com cautela. Com os departamentos de responsabilidade social corporativa pressionando e a necessidade de que as pessoas falem de nós (mídia conquistada), esse tipo de campanha será cada vez mais habitual, e a linha que a separa do oportunismo é muito fina.

"Transmídia": viajar sem bagagem

Foram 116 vídeo-respostas dadas para as 116 perguntas que os usuários realizavam pelo Twitter. Em 24 horas, a Wieden + Kennedy conseguiu escrever, filmar, editar e publicar no Youtube todos esses vídeos com uma resposta para as perguntas e sugestões dos usuários enviadas pelo Twitter. Uma média de sete minutos por vídeo. E por quê? Porque tinham elaborado uma campanha para a Old Spice, uma marca de desodorante, para que, além do anúncio na televisão, a campanha percorresse um entorno "social": 236 milhões de visualizações do vídeo no YouTube, 80 mil novos seguidores no Twitter em dois dias, um aumento de 800% na interação no Facebook e um aumento de 107% nas vendas.

Como conseguiram sucesso a partir de um anúncio na televisão? É aqui que entra o conceito de transmídia:

- *Adaptar um conteúdo fácil de compartilhar.* Um anúncio não tem por que funcionar bem na internet. Uma resposta em vídeo a um tuíte conectada ao referido anúncio é um conteúdo nativo original para um site como o YouTube.
- *Aproveitar a multicanalidade.* Dinamizar o conteúdo por meio do trabalho nas principais redes sociais, atuando de forma proativa, detectando e cuidando dos usuários que demonstrem interesse.
- *Personalização em tempo real.* Manter a conversa viva, com respostas personalizadas em um curto espaço de tempo.

Postar no YouTube um anúncio veiculado na televisão não é adaptar uma campanha às mídias sociais. Também não o é desenhar um anúncio para a imprensa e transformá-lo em um banner plano. Quando o Inversis Banco imaginava como poderia adaptar uma campanha de banners com beijos movendo-se em tecnologia *flash*, chegou-se a um aplicativo "de Facebook da vida toda". Desses de enviar coisas aos amigos. E, a partir dali, saltou-se para um aplicativo de iPhone e Android que só tinha sentido com uma tela digital, para devolver o beijo para a foto de um amigo. Isso é transmídia, pensar como cada mídia afeta a mensagem para facilitar que as ações viagem de uma mídia para outra, com pouca bagagem.

"On/off/on": só um mundo é possível

O mundo não é nem "off" nem "on". Como demostrava Elena, nossa protagonista do nono ano do ensino fundamental, as barreiras artificiais foram criadas por departamentos de marketing, agências e consultorias para organizar o trabalho das equipes com especializações diferentes.

Em julho de 2011, a NH decidiu dar protagonismo real aos seus seguidores do Facebook desenvolvendo um aplicativo chamado "Name your room", no qual, como se fosse uma reserva de avião on-line, seria possível procurar um quarto entre os 50 mil disponíveis nos seus quatrocentos hotéis no mundo todo e batizá-lo com nosso nome. Em troca, a NH se comprometia a colocar o nome da pessoa na porta física do quarto durante certo período. Um sorteio ofereceria a um casal uma viagem de uma semana com as despesas pagas para conhecer o quarto escolhido. Foram batizados 20 mil quartos. O mesmo espírito de conectar o mundo on e off levou a NH a repetir a ação no Instagram, #wakeuppics, depois do êxito obtido com a primeira versão, lançando uma edição internacional que começava e terminava com duas exibições das fotos impressas na fachada de hotéis emblemáticos da rede. A primeira exposição em Madri, com as trinta fotos finalistas do primeiro concurso, e a segunda, em Berlim, com as fotos finalistas da segunda edição, que chegou a reunir 4 mil fotos. As duas exposições foram coordenadas com Instagramers (os grupos locais de fãs coordenados por Phil González).

Relações públicas 2.0: eventos com esteroides

Em 2007, ao final de uma conferência, nos perguntaram: "Vocês são uma pequena empresa bastante conhecida; o que pesou mais, o seu blog ou as conferências que vocês fazem?". Não conseguimos escolher: o blog havia sido e é vital para a construção da nossa marca fundamentada em conteúdos. Sem dúvida, temos consciência de que "socializar" os conteúdos participando de atividades era tão ou mais importante.

Dar continuidade aos encontros, antes, durante e depois deles, permitia que nos conectássemos com pessoas influentes. Trabalhando nessa relação, levávamos o conteúdo para um público maior do que o presencial. Em certo sentido, poderia ser definido como lobby 2.0. Aspectos que precisam ser observados:

- *Aquecimento antes do evento.* Uma parte do esforço deve ser realizada antes, criando expectativa para que o maior número de pessoas tenha em mente o que vai acontecer. Gerar expectativas prévias nos ajudará a alcançar melhores resultados quando chegar o momento da realização do acontecimento.
- *Cobertura do evento.* Utilizar as mídias sociais corporativas para "retransmitir" as conferências ou os eventos ao vivo. Facilitar e incentivar os funcionários da empresa para que façam o mesmo nas suas mídias pessoais ou para que captem um conteúdo que logo será compartilhado nas mídias corporativas. As ferramentas mais ágeis na difusão, como o Twitter, permitem contar em tempo real o que ocorre e gerar conversas com pessoas interessadas no tema.
- *Facilitar o seguimento.* O uso de uma etiqueta (#hashtag) agrupa conteúdos e facilita a leitura dos tuítes em tempo real por aqueles que estão seguindo o fato, e, posteriormente, a visualização das fotos compartilhadas no Flickr ou dos artigos em blogs. A etiqueta deve ser comunicada com antecedência suficiente e remarcada no início das apresentações para impedir que haja desacordo e que o impacto seja diluído. A repercussão pode ser multiplicada por dez se for habilitado um *streaming* em vídeo para que o evento possa ser visto em tempo real no computador, e se ele for editado e compartilhado posteriormente.
- *Relação com pessoas influentes.* Conseguir que as pessoas com maior autoridade (não necessariamente com maior número de seguidores) ecoem nossa atividade, mas sem tratá-las como jornalistas a quem se envia um comunicado à imprensa. Sua posição pode ser muito diferente e heterogênea entre elas. Sejamos transparentes, pensemos no benefício, dediquemos o esforço necessário. Melhor desenvolver relações somente com uma dessas pessoas do que tentar "massificar" a relação.

Algumas pessoas e empresas podem ser "traficantes de influência", como no caso da Territorio creativo, que possui uma comunidade ampla e com vinculação real, que pode ecoar a nossa atividade e os projetos em que participamos com nossos clientes. É importante trabalhar para construir uma equipe conectada, que será encarregada de trabalhar nas fases que apontamos. Os membros da empresa já estão utilizando as ferramentas sociais e podem ter uma base inicial de seguidores. Alguns deles já podem até ser uma dessas pessoas influentes. Enfim, trata-se de criar um recurso próprio, conectado e influente ao mesmo tempo.

A SAP, uma das empresas de referência no uso das mídias sociais, treinou uma equipe de "repórteres de social media" para cobrir seus acontecimentos, o Sapphire Now. Para isso, partiram de uma equipe interna com habilidades sociais prévias e facilitaram os trâmites para que os conferencistas dessem permissão na hora de difundir as gravações em vídeo e as entrevistas. Além disso, depois facilitavam os endereços de internet em que era possível encontrar o conteúdo que ia sendo publicado e os endereços e etiquetas para o debate em tempo real.

Quando, em 9 de maio de 2005, lançamos o #TcBlog aberto, nos apoiamos em um trabalho de relações públicas realizado há algum tempo. Uma rede de contatos que foi sendo construída a partir do reconhecimento do trabalho, do *status* de blogueiros consolidados e cada vez mais lidos. Contar com gente que nos valorizava permitiu-nos totalizar mais de 5 mil visitas no nosso primeiro dia. Aproximadamente trinta blogs repercutiram o nosso. A rede de contatos, criada por meio de um intenso trabalho de relações públicas 2.0, foi determinante para começarmos com força.

#TcTalks, as conferências que iniciaram a trajetória em dezembro de 2010 para oferecer casos de empresas que estavam realizando um bom trabalho nas mídias sociais, também se converteu em um pilar-chave da nossa estratégia social. A preparação de cada uma das convocações foi trabalhada conforme os pontos anteriores: a fase de aquecimento prévio e a retransmissão dos conteúdos diretamente da nossa conta no Twitter (@Tcreativo) e a partir das contas pessoais. E, obviamente, incluir pessoas com influência para conseguir respaldo na comunicação prévia e posterior. Realizamos #TcTalks a cada três meses, aproximadamente. Com *streaming*, chegamos a ter mais de 2.100 conexões durante a manhã. A hashtag conseguiu ser o trending topic nacional número 1 em quase todas as ocasiões.

Fidelização 2.0

As mídias sociais levam à evolução, de formas muito diversificadas, as possibilidades que as empresas têm de fidelizar os seus clientes. Já há algum tempo os créditos do Facebook, dinheiro virtual para ser utilizado em diversos aplicativos e jogos da rede social, estão ganhando força como ferramenta promocional. Com o começo das liquidações de verão, a La Redoute España oferecia cinquenta créditos no Facebook aos primeiros 2 mil pedidos que chegassem em um único dia na sua loja on-line. Mas não se trata apenas de oferecer bens virtuais ou créditos de Facebook. Cada vez mais, tendências como *gamification*, combinadas também com o uso de celulares, configurarão os programas de fidelização existentes.

O Starwood Preferred Guest (SPG), programa de fidelização da Starwood Hotels, destacou-se logo pelo uso das mídias sociais para se comunicar com os membros do programa. Em spgpromos.com/socialmedia, pode-se consultar e acessar diferentes pontos nodais nas plataformas sociais em que está disponível. Na sua página do Facebook (com mais fãs do que a maior parte das redes hoteleiras nas suas páginas principais), encontram-se informações atualizadas a cada minuto sobre as últimas promoções do programa. Ali os membros são atendidos e possíveis problemas são resolvidos, como se fosse outro canal de atendimento ao cliente. O mesmo acontece com o Twitter.

Desde maio de 2011, fazer *check-in* no Foursquare em hotéis Starwood oferece pontos extras aos seus hóspedes. Mas, além da recompensa em si, existe uma parte muito relevante nessa dinâmica. Quando o cliente dá autorização para vincular sua conta no Foursquare ao programa SPG, a rede hoteleira obtém[5] toda a sua atividade nessa plataforma: dados do usuário, medalhas (*badges*), os locais em que faz *check-in*, os locais dos quais é o "prefeito" e as cidades que frequenta, inclusive os hotéis da concorrência em que pernoita.

A exploração da conexão dos dados internos que a empresa possui e que são acessíveis via software CRM, como o faturamento ou o histórico de

---

[5] Disponível em http://bit.ly/pXY5FU.

contatos do cliente, com os dados externos que o cliente compartilha publicamente nas suas mídias sociais, será uma das áreas da tecnologia mais quentes no âmbito de Business Intelligence e do CRM social.

Avançando na vinculação, as ações 2.0 desse âmbito oferecerão motivos aos nossos clientes para permanecerem fiéis à marca. Mesmo que se perceba como uma recompensa (pontos e benefícios), o maior valor para o cliente será receber promoções personalizadas, fruto de uma segmentação mais eficaz.

Vejamos como um conhecido programa de televisão utiliza as mídias sociais para fidelizar e conseguir maior vinculação com a sua audiência.

El Hormiguero nas redes sociais

A equipe de produção de *El Hormiguero*, o programa de televisão dirigido por Pablo Motos, tinha de realizar com certa urgência um vídeo para ser apresentado no programa daquela mesma noite. O tema escolhido foi uma paródia sobre um anúncio da Teletienda, empresa de televendas, oferecendo relógios de um time de futebol. Para não ferir a sensibilidade dos seguidores espanhóis, escolheu-se o principado de Andorra, cujo clube de futebol seria um exemplo qualquer – pensaram eles – em um país majoritariamente dedicado ao esqui. Criaram o relógio do Andorra Fútbol Club com um logotipo encontrado no Google. A surpresa se deu quando, no dia seguinte, receberam a carta do presidente do Andorra Fútbol Club, queixando-se do tratamento dispensado. A equipe do programa ficou pasma: não imaginavam ter audiência em Andorra. Um jornalista telefonou para Dani Calamonte, responsável pelas mídias sociais do programa, para dizer que uma colega de trabalho, que era de Andorra, estava profundamente indignada com o tratamento recebido. De fato, 10 mil pessoas haviam se manifestado na praça da cidade. Verificando os comentários no Facebook e no Twitter, perceberam que a realidade supera a ficção: Andorra é uma cidade da comunidade de Aragão, na Espanha, com seu próprio time de futebol. Na montagem do vídeo, tinham escolhido, por engano, o logotipo do clube espanhol, não o do principado. Nos dias seguintes, todas as desculpas foram poucas. Desde o primeiro momento, a gestão da crise beneficiou-se da vinculação com a comunidade ligada ao programa, que avisou em tempo real sobre o erro cometido, quando a imprensa nacional começava a reverberar o assunto.

Como a equipe de *El Hormiguero* havia construído essa comunidade? Com o programa, já viam como a concorrência estava à frente em todos os números "sociais". Mas os dados da audiência demonstravam que eles ocupavam o melhor lugar. Pablo Motos consultou Daniel Calamonte sobre o atraso e ele explicou-lhe a sua estratégia para remediar a situação. Pablo ofereceu-se para integrar a equipe e começar a implantar a estratégia: era preciso estar onde estavam as pessoas, construindo conteúdos específicos para as redes sociais com o estilo do programa, "branco" quanto a humor e temática. Quais nomes deveriam estar presentes? Naquele momento, nenhum dos membros do programa tinha uma conta própria, de modo que houvesse uma presença única com o nome do programa, gerida por uma só pessoa.

O objetivo era dar voz ao programa nas mídias sociais, tentando falar com as pessoas. Muitas entradas no Facebook ou no Twitter conseguem até quatrocentos comentários, o que demonstra que há conexão com os seguidores e eles veem como o programa "fala com eles". Procurou-se também potencializar o que a comunidade presumisse ver no programa, pois muitos telespectadores não o reconheciam, e também o mencionavam em tom depreciativo quando sabiam, por meio das pesquisas de audiência, que se tratava do programa mais visto naquela faixa de horário. Assim, conquistaram uma sensação de pertencimento e cumplicidade por parte da comunidade.

Em pouco tempo, o Facebook passou de 45 mil a mais de 640 mil fãs. O Twitter cresceu de 2.500 seguidores para 130 mil e o Tuenti não ultrapassa os 300 mil. Os números indicam também um avanço na quantidade de usuários que conversam, e que eles gostam do tipo de conteúdo que o programa oferece. O trabalho realizado pela equipe de Daniel Calamonte permitiu equilibrar os dados de audiência e a presença nas mídias sociais. Agora, ser do *El Hormiguero* é que é bom.

Vender ao comprador social

Anos noventa. Terminávamos o curso. Nossos pais queriam nos premiar por isso e decidiram nos presentear com algo que eles sabiam que nos traria esperança: nossa primeira câmera fotográfica. Dias intermináveis de visitas a lojas com a esperança de encontrar a câmera dos nossos sonhos. Não tínhamos ninguém próximo e de confiança para compartilhar a aflição e perguntar. Assim, visitamos dezenas de lojas para conseguir catálogos de diferentes marcas, perguntamos a um vendedor em quem acreditávamos, compramos todas as revistas ao nosso alcance para investigar em profundidade sobre cada marca e os seus modelos. Naquele tempo, ser um comprador inteligente requeria um esforço hercúleo.

Agora, convidamos a dar um salto no tempo, voltar a 2011 e conhecer Rodrigo Mantillán, que certa vez apareceu na nossa *timeline* do Twitter para pedir a opinião de vários usuários, com a seguinte mensagem:

> Quero uma reflex! Nikon ou Canon? @recomendar @Fotomaf @Fotonazos @Juanluispolo O orçamento é baixo, somos principiantes

Respondemos (assim como fizeram os demais interpelados) apostando em um modelo da Nikon, nossa marca preferida. Rodrigo agradeceu as respostas e depois de uns dias escreveu:

@Fotonazos @Fotomaf @Juanluispolo obrigado pelos conselhos! Nikon D3100 comprada no Media Markt 599€

Ele havia comprado a câmera depois de alguns dias analisando as informações recebidas. Em quatro dias a decisão estava tomada. Ele havia retornado ao Twitter para nos contar o fato e informar até em que loja a tinha comprado.

O Twitter permite conectar pessoas e que elas compartilhem as informações em mensagens limitadas a 140 caracteres. 140 caracteres? Quem pode escrever algo interessante ou útil em 140 caracteres? Isso é o que pode pensar muita gente que desconhece a capacidade de síntese e concretude que podemos alcançar com tão poucos caracteres.

Rodrigo foi capaz de transmitir em um só tuíte tudo o que era necessário: tipo de câmera (uma reflex), marcas preferidas (Nikon ou Canon), limitação de orçamento e as pessoas a quem dirigia a pergunta. Poderia ter enviado um e-mail com mais detalhes ou telefonar. É bem provável que ele tivesse todos os endereços ou números de telefone. O e-mail poderia ter se perdido na caixa de mensagens ou o telefonema poderia não ter sido atendido. Na verdade, havia muito mais do que um pedido de informações no tuíte: tratava-se de uma chamada a pessoas que ele considerava "relevantes" ou "especialistas". As pessoas implicadas acabavam de receber uma pergunta e um reconhecimento pessoal, um reforço de seu ego, um mecanismo para garantir a resposta. E ainda existem outros aprendizados nesta história:

- *Confiança em semidesconhecidos.* Confiamos nas pessoas que seguimos de forma intermitente nas mídias sociais, mesmo sem conhecê-las pessoalmente. E ainda mais se elas demonstram ter conhecimento sobre o assunto em questão.
- *A fase de avaliação é mais curta.* O prazo para entender o contexto de uma compra se reduz: contando com fontes adequadas, podemos acertar no alvo e economizar tempo.
- *As origens das informações se multiplicam.* As fontes de referência tradicionais convivem agora com novos canais sociais. Os *inputs* da fase de avaliação se fragmentam.

Possivelmente já se notou a falta de dois protagonistas da história: a Canon e a Nikon. Por que não há interlocutores das marcas na conversa? Quando uma pessoa busca e pede informações, está interessada em recebê-las. Seria o momento ideal para uma marca falar sobre o seu produto e a publicidade se transformar em informação: publicidade contextual. Nenhuma marca participou dessa conversa; é possível que nenhuma delas considere o canal como uma fonte de geração de oportunidades de venda. A escuta comercial ativa (ECA), habitual em muitas marcas por meio da internet, permite escutar com o objetivo de detectar oportunidades comerciais e agir como consequência. Mais adiante falaremos de protocolos de atuação para a ECA, mas antes detalharemos como o uso combinado da internet, das mídias sociais e do celular afeta o processo de compra.

Rodrigo e seu tuíte demonstram a mudança brusca observada no processo de avaliação da compra. Os mercados são conversas e da conversa surge a recomendação. Ingressemos nos meandros do social commerce.

Comprar e vender, as duas caras de um ato social supremo

A Booz & Company calculou que, em 2015, o volume do negócio em todo o mundo gerado pela venda de produtos físicos por meio das redes sociais será de 30 mil bilhões de dólares (a cifra exclui serviços e conteúdos digitais e divide-se em partes iguais entre os Estados Unidos e o resto do mundo).[1] Não parece uma quantia desprezível, já que a Forrester prevê ainda que as vendas on-line nos Estados Unidos e na Europa chegarão a 279 bilhões de dólares e 134 bilhões de euros, respectivamente (excluídos os serviços financeiros e viagens).[2]

Durante muito tempo argumentou-se que as redes sociais eram um lugar para falar, não para vender ou comprar. Mas essa análise é *céteris*

---
[1] Disponível em http://www.booz.com/global/home/what_we_think/reports_and_white_papers/ic-display/49009342.
[2] Disponível em http://www.businesswire.com/news/home/20110228005297/en/Double--Digit-Growth- Online-Retail-Western-Europe.

páribus, o que significa que observamos o que existe imaginando que os demais fatores se manterão constantes. Mas os fatores que afetam o fenômeno investigado também mudam. Por isso é tão difícil fazer previsões, como explica Duncan Watts no seu livro *Everything is Obvious*. A onipresença proporcionada por um telefone móvel com acesso à internet permite a conexão da mesma loja física para comparar o preço do produto que se tem em mãos com o de uma loja on-line. Ou o que há em outra loja física a dois quarteirões de distância. E a onipresença móvel não para de crescer. Que as coisas se estejam conectando com a internet e que as pessoas também o façam mesclará a automatização do segmento de dados (como o que guardamos na geladeira com a tecnologia RFID) com os questionamentos instantâneos para os conhecidos ou desconhecidos para pedir uma recomendação de compra.

Os fatores mudam e convergem. Nós já perguntávamos aos nossos amigos sobre uma marca antes do advento das redes sociais. Como o gesto exigia certo esforço, o habitual era fazê-lo para os produtos caros. Mas já aprendemos que as mídias sociais colocam a barreira da inércia tão baixa que quase nem temos que saltar. Perguntar é quase grátis e instantâneo. Podemos fazê-lo inclusive para um produto de 5 euros se temos interesse especial em não nos equivocarmos.

Em julho de 2011, a JWT publicou que 50% das pessoas com menos de 34 anos sente falta de poder comprar suas marcas favoritas diretamente no Facebook.[3] Como sempre, ao falar de redes sociais esquecemos que a revolução 2.0 tem um alcance bem maior. Craigslist e eBay são meios de compra e venda P2P, ou seja, sociais. A obsessão em saber se o Facebook será o próximo gigante do comércio eletrônico pode nos fazer perder de vista a tendência latente: as capacidades de conexão social são imensas e continuam crescendo.

A experiência do comprador social passa do mundo on-line para o off-line e retorna em décimos de um segundo. É por isso que demoramos para fazer *check-in* no Foursquare, para ver se existe outra promoção por perto;

---

[3] Disponível em http://www.jwtintelligence.com/2011/07/social-commerce/.

ou para escanear o código bidi de um produto da prateleira para ver que comentários nossos amigos fizeram sobre ele no Facebook. Da mesma forma, recorro à *wishlist* de um amigo na Amazon para ver qual livro compro no El Corte Inglés, minutos antes de chegar à sua festa de aniversário, duas quadras adiante. Ou para pedir um conselho no Twitter sobre dois produtos que tenho na cesta de compras, momentos antes do *check-out*.

O complexo processo da decisão de compra

Já explicamos que o *funnel* de compra se parece com um cacho em espiral e não com um funil. De fato, é provável que o número de marcas que uma pessoa tem em mente no início do processo aumente na fase de avaliação. Essa fase é composta por uma série de atividades de busca ativa de informações que inclui meios tradicionais e on-line, leitura de recomendações e opiniões on-line e solicitação ativa de recomendações off-line ou on-line, como fez Rodrigo. Segundo a pesquisa da JWT antes citada, 50% dos participantes com menos de 34 anos declaram sentir-se propensos a publicar um *status* no Facebook quando veem um produto que os emociona (apenas um em cada cinco com mais de 46 anos de idade o faria).

Os pontos de contato que influenciam a compra podem ser criados diretamente por uma empresa, como no caso de uma web corporativa ou de um anúncio de televisão. Ou podem ser criados por pessoas não relacionadas de maneira formal com ela: uma opinião de um desconhecido publicada na internet ou um chamado a um amigo pedindo conselho. Com base na pesquisa já mencionada, a McKinsey concluiu que, ainda que no momento inicial de consideração os pontos de contato gerados pelas empresas (como a publicidade) tenham um alto impacto, já na fase de avaliação dois terços dos pontos de contato mais influentes na decisão são gerados pelos próprios consumidores.

Parece evidente que as empresas devem colocar muito mais esforço em influenciar as opiniões e os conteúdos gerados espontaneamente. Muitas das chaves para fazê-lo estão sendo esmiuçadas neste livro.

F-Commerce, comprar e vender no Facebook

De tempos em tempos, muitas declarações e estatísticas mostram o cansaço do Facebook. Ele já não cresce tanto e as estrelas do firmamento da internet garantem que abandonaram o Facebook e passaram para o Google+ porque o Facebook já não é o que era. Mas o Facebook é o que é: uma microinternet com dono e com centenas de milhares de usuários divertindo-se em seus pastos (muitos alimentam ovelhas virtuais, com certeza). Diante desse cenário, era questão de tempo que as empresas quisessem pagar licença para pescar nas suas águas e que o Facebook não escondesse seu interesse em vender essas licenças. Os Facebook Ads (anúncios no Facebook) estão em guerra declarada com os Adwords do Google. Estes últimos oferecem conversão direta para as pequenas e médias empresas menos propensas ao branding, enquanto que os do Facebook, durante muito tempo, só ajudaram a captar fãs, uma medida de branding que, no entanto, gera muitas dúvidas. Para converter-se em um gigante do comércio eletrônico, diante da Amazon ou do eBay, o Facebook procura repetir casos de sucesso como o seu falido sistema de *deals* (clone do Groupon) ligado a *places* para fazer *check-in* a partir de um celular (clone do Foursquare). Existe uma plataforma chamada Marketplace para compra e venda entre amigos que desenvolveu *credits*, uma moeda que começou sendo utilizada para comprar bens virtuais nos jogos mais populares como o Farmville e que pretende transformar em um sistema de pagamento no mundo real e assim competir com sistemas de *e-wallet* e até com o Pay Pal.

Dos usuários das redes sociais, 89% nunca compraram no Facebook e 44% não estão interessados em fazê-lo.[4]

Ainda não se sabe se o Facebook poderá chegar a concorrer seriamente com outras formas de e-commerce. 80% das pessoas demonstram ter dúvidas a respeito da segurança da transação de compra, mesmo que isso não pareça impedir que as vendas de bens virtuais em 2011 estejam perto de 12,5 bilhões de dólares.[5]

---

[4] Disponível em http://www.havasmediasocial.com/archives/171.
[5] Disponível em http://www.adweek.com/news/technology/not-so-funny-money-132076.

Como veremos mais adiante com a Tesco, ao falar de F-Commerce não nos referimos unicamente à venda direta. Em 2011, o número de compradores on-line que usaram as páginas de fãs do Facebook de varejistas on-line cresceu 3% em relação ao ano anterior, superando blogs e fóruns.[6] Mas fica claro que, como mostraremos a seguir, o social commerce vai muito além do Facebook.

Áreas de atuação em social commerce

Quando enfocamos projetos de social commerce, não deixamos de aplicar a metodologia descrita no capítulo 6: estratégia, cultura e organização, comunidades, vinculação, análise. As vendas constituem a segunda área de trabalho na nossa visão do *social customer engagement*. A vinculação com a comunidade e os clientes foi detalhada no capítulo anterior. Mas ainda nos faltam dois capítulos para falar de suporte e cocriação. Para ver como a web 2.0 é afetada em função das vendas, distinguiremos quatro áreas de atuação:

- *Geração de leads*. Segundo a pesquisa que elaboramos na Territorio creativo em 2010, 61% das empresas espanholas declarava utilizar as mídias sociais para gerar oportunidades de venda (*leads*).[7] Muitas das ações táticas nas mídias sociais podem (e devem) estar orientadas a gerar vendas diretas: conteúdos, gestão da comunidade ou ações criativas.
- *Otimização social dos canais de venda*. A socialização de canais de venda próprios na web ou no celular implica a combinação de funcionalidades sociais, como comentários ou avaliações, e a integração do esquema social por meio de ferramentas como o Twitter Oauth. Trata também da socialização da experiência de compra em lojas físicas e da criação de catálogos on-line no Facebook.

---

[6] Disponível em http://www.emarketer.com/Article.aspx?R=1008484.
[7] Disponível em http://www.territoriocreativo.es/etc/2010/04/estudio-social-media--espana.html.

- *Vendas em canais sociais (social shopping)*. O uso de canais de distribuição "sociais" como o Groupon, o LivingSocial ou outras plataformas de compra social.
- *Suporte e experiência do cliente*. Durante o processo, a percepção e a experiência de compra e a ajuda recebida por meio de canais sociais podem ser a chave da transação final. Falaremos com mais detalhes das atividades relativas à "atenção ao cliente social" (*social support*) no capítulo 9.

Antes de analisar cada ponto separadamente, pensemos em como o uso das ferramentas 2.0 afeta os processos de venda realizados com força física.

Social Salesforce: a empatia 2.0 no processo de venda

Durante os quatro meses transcorridos desde que Iciar Bellido, então diretora de comunicação dos Correios, enviara uma mensagem para nos convocar para uma reunião comercial até o dia em que a Territorio creativo foi selecionada como fornecedora para o projeto de comunicação on-line dos Correios, foram realizadas várias reuniões das quais também participaram vários membros das áreas envolvidas: tecnologia, marketing e comunicação, principalmente. No instante em que chegou a primeira mensagem, pesquisamos o perfil público de Iciar no LinkedIn e descobrimos que ela tinha uma conta no Twitter, que começamos a seguir imediatamente. Desde o primeiro contato pessoal, falamos com Iciar pelo Twitter em várias ocasiões e também com alguns dos participantes nas reuniões posteriores. A relação se tornava cada vez mais próxima. Na reunião de *kick-off*, depois do concurso público que nos levou a competir com outras 22 empresas, nos cumprimentamos como se nos conhecêssemos há anos.

No capítulo 5, Luis Suárez nos contava como uma gerente da IBM vendeu um projeto de 1,8 milhões de euros mantendo quase exclusivamente contato via LinkedIn. Uma situação muito similar à dos Correios ocorreu com outros projetos com os quais estamos envolvidos. É óbvio que não insinuamos que essas práticas desviem nem por um triz a avaliação objetiva de um processo de compra. Só criamos oportunidades com a gestão de vínculos débeis para que um possível responsável por uma decisão conheça melhor a nossa qualificação profissional.

A formação e a sensibilização no uso das ferramentas sociais deveria ser uma prioridade estratégica para todo o responsável comercial. Não devemos nos transformar em 2.0 fanáticos. Mas, em igualdade de condições, um concorrente poderia estar mantendo pelo Twitter uma conversa noturna interessante sobre um programa de televisão com o nosso *prospect*, enquanto nós imaginamos uma desculpa para chamá-lo no dia seguinte.

Gerar oportunidades de venda em mídias sociais

Uma das melhores ferramentas para gerar oportunidades de venda é o conteúdo. A criação de um blog pode ser uma ferramenta perfeita para uma empresa de serviços profissionais demonstrar que conhece um tema bem específico e assim conseguir recomendações off-line e links de outras webs. E, consequentemente, um posicionamento natural no Google. O esforço deve ser comedido porque o retorno sobre o investimento (ROI) não é imediato, nem evidente.

O #TcBlog foi criado em maio de 2005 sem buscar nenhum retorno direto. Graças ao blog, em 2006 fomos convidados a dar a primeira palestra. Em 2007, foram mais de dez palestras. Os participantes, por sua vez, registravam-se como leitores do blog. Em 2008, foi vendido o primeiro projeto relacionado aos blogs, atribuível diretamente ao esforço em conteúdo sobre marketing 2.0 e as respectivas palestras. Em dois anos, a Territorio multiplicou seu faturamento e seus funcionários por oito e seis, respectivamente. Em 2005, não imaginávamos o ROI que uma ferramenta transformadora como o #TcBlog poderia gerar em 2011.

Walmart Moms é um planeta de blogs hospedados na página de venda da Walmart em que mães verdadeiras dão conselhos e falam de diferentes temas relacionados a consumo, saúde, beleza. Um deles, "Spanglish Baby", dedica-se à educação bilíngue de crianças hispânicas nos Estados Unidos. Os community managers também vendem. Seu carinho e dedicação transformam a comunidade em fiel prescritora. A escuta ativa faz com que detectem e canalizem dezenas de oportunidades, tal como uma equipe de suporte pode transformar uma ligação recebida em uma venda. O importante, como se diz, é vender sem parecer que você precisa do dinheiro.

Depois do Natal, a Iberia lançou sua campanha Ofertas que Voam, com publicidade nos meios tradicionais. Por meio dos canais sociais, avisavam sobre uma nova oferta de voos com número de assentos limitado, que se esgotava em um período curto. Existem muitos casos conhecidos de venda direta pelas mídias sociais. Talvez o mais conhecido seja o da @DellOutlet – comentado no capítulo 1 – e seus milhões de dólares em vendas de equipamentos portáteis de liquidação. A Procter & Gamble lançou um novo modelo de Dodots, e antes de vendê-lo nas lojas colocou à disposição de seus fãs no Facebook mil unidades que foram vendidas em uma hora pelo preço de 9,99 dólares. Em 2011, a rede de lojas Fnac na Espanha propôs um acordo com seus clientes: à medida que mais compartilhassem uma oferta concreta no Facebook e no Twitter, a loja se comprometia a reduzir o preço progressivamente para um número limitado de unidades. Durante quatro semanas foi oferecido um micro portátil, um videoconsole, um iPod e um leitor de livros eletrônicos. Em poucos dias foram feitos 2.500 updates no Facebook e mil no Twitter. Mesmo que tenha ocorrido alguma queixa por spam, era uma ação *first move* na Espanha que resultou em notoriedade e, é claro, em vendas.

O Foursquare já é famoso por suas *specials*, ofertas que podem ser aproveitadas fazendo *check-in* a partir de um celular e que servem para obter desconto ou produtos grátis: uma sobremesa se for pedido um prato principal ou dois *toppings* grátis fazendo *check-in* em qualquer café Starbucks. Cada vez mais plataformas sociais se orientam para a geração de vendas diretas. A economia mundial não goza de boa saúde e a hora não é propícia para a vinculação de um ROI difuso.

Escuta comercial ativa (ECA)

Em julho de 2011, Kevin Sigliano, sócio-diretor da Territorio creativo e diretor-geral da GSS SMI, empresa subsidiada pelo grupo GSS e pela Territorio creativo, dirigiu uma pesquisa[8] ajudado por nossa ferramenta CERS de social CRM operacional, com monitoramento baseado no Smmart, da Cierzo Development. A plataforma orientada à gestão de centrais de atendimento "sociais" monitorava dez setores e cem empresas com o objetivo de identificar conversas que significaram oportunidades de atuação rentáveis. A análise mostrou 16.600 conversas relevantes para o setor de seguros durante um mês em blogs, fóruns, redes sociais e outras mídias 2.0.

No total foram compiladas cerca de 100 mil conversas com cinquenta termos de busca por setor. Uma conversa relevante incorporava dois ou mais termos associados a um objetivo. Por exemplo, "procuro e férias e santo domingo" ou "oferta e seguro e carro familiar". Mais de 70% das conversas relevantes no setor de telecomunicações se encontravam em fóruns e no Twitter. O setor varejista registrava o maior número de conversas de utilidade e conversão possível, um indicador para empresas de eletrônica que explica, por exemplo, o sucesso de iniciativas como o *Twelpforce*, da Best Buy, apresentado no capítulo seguinte.

Muitas empresas já utilizam a ECA. Fazem-no empresas de restauração, hotéis particulares e milhares de PMEs em diversos setores, pois ativar essas buscas é relativamente simples e pode ser feito mediante serviços de monitoramento gratuitos. Mas é recomendável atuar com cautela: com cuidado, sem ser intrusivo e sem intervenções automatizadas. Sempre devemos procurar ser de utilidade, como veremos a seguir no caso do hotel Auditorium. É mais do que provável que a preocupação com a "privacidade de nossas conversas públicas" desencadeie algum tipo de regulação a respeito, como ocorreu com o spam. A ECA está diretamente relacionada com a integração dos dados internos e externos de nossos clientes, a quem nos referimos ao comentar o programa de fidelização do Starwood Hotels,

---

[8] Disponível em http://www.territoriocreativo.es/etc/2011/08/social-crm-a-fondo-el-
-analisis-multisectorial.html.

e também com as estratégias de Social Salesforce explicadas. Mas a preocupação com privacidade, como vimos no capítulo dedicado aos socialholics, é menor quanto maior o tempo que estivermos usando mídias sociais, e regulá-la não será fácil. Nada comparado com a simplicidade de utilizar a escuta ativa.

Caso hotel Auditorium: vender por meio das mídias sociais

Rafael Martínez, responsável pelo marketing digital do hotel Auditorium, não esquecerá facilmente o dia 3 de dezembro de 2010, como muitos outros espanhóis. Na sexta-feira de um feriado festivo emendado, com centenas de milhares de pessoas a ponto de pegar um avião, os controladores aéreos, pessoal imprescindível para as operações aéreas, decidiram realizar uma greve de surpresa que obrigou ao fechamento do espaço aéreo espanhol. Eles escolheram para suas reuniões um hotel muito perto do aeroporto: o hotel Auditorium. A notícia, que percorreu as redes sociais como um relâmpago, colocou o hotel na mira e incrementou de forma notável os seguidores da conta que o estabelecimento mantém no Twitter, a ponto de obrigá-lo a participar da conversa.

Para chegar a esse momento, Rafael tinha percorrido um longo caminho. Após a sua adesão ao hotel com um projeto de melhoria de operações, juntou-se em 2007 à Turismo 2.0, uma rede que une um bom número de profissionais do setor, onde descobriu com surpresa que profissionais do setor compartilhavam informações e pouco a pouco a rede incrementava a sua atividade. Para Rafael, tornou-se uma obsessão que fazia com que roubasse tempo de sua vida privada para se aprofundar nas possibilidades que se abriam. Deu início a um blog e abriu sua conta pessoal no Twitter, abraçando o mundo das mídias sociais com decisão e constância.

Rafael tinha claro o seguinte passo: ativar um plano que permitisse ao hotel Auditorium estar com perfis nas diferentes mídias sociais para relacionar-se com os clientes, gerar marca e oportunidades de venda. Mas não seria fácil: convencer os donos do hotel das vantagens do plano batia de frente com seu desconhecimento do ambiente 2.0. Planejou então uma alternativa: melhorar a presença em buscadores e vender on-line por meio de formatos conhecidos como os AdWords do Google. Em 2009, junto com melhorias de posicionamento e campanhas de AdWords, criou em paralelo um blog e uma conta no Twitter que alimentava de maneira ocasional. Em 2010, com resultados tangíveis, seus chefes nomearam-no diretor de marketing on-line para desenvolver a atividade, ainda em tempo parcial, mas com equipe de suporte.

Em 2011, planejaram aumentar a quantidade de contratações diretas em relação às realizadas por meio de centrais de reserva. Fixou-se um objetivo de incremento de 0,8% das reservas diretas por meio das mídias sociais; em julho de 2011 a cifra já chegava a 2,5%. A atividade foi focada para a escuta comercial ativa (ECA), rastreando os canais sociais para detectar pessoas que solicitam indicações para um hotel por meio de alertas do tipo "procuro hotel em Madri".

Quando a localização do hotel não é conveniente para a pessoa que procura, eles indicam outros hotéis com melhor localização entre os que têm um acordo de reciprocidade para poder oferecer um serviço real para a pessoa que pergunta, seja cliente ou não. Essa honestidade produz uma lembrança significativa nas pessoas. Rafael também destaca o elevado número de pedidos de reserva que recebem no Twitter. É indiscutível que quando percebemos que as empresas respondem, tendemos a utilizar aqueles meios que formam parte de nosso dia a dia.

Planos futuros? Continuar avançando e reforçando o que já está funcionando e, sobretudo, implicar o resto da organização do hotel na atividade nas mídias sociais. Uma única pessoa realizando a atividade limita as possibilidades de avançar.

Rafael não esquecerá o dia em que decidiu se registrar na Turismo 2.0, nem aquele em que os controladores aéreos escolheram o hotel Auditorium. Dois momentos que o afastaram de sua atividade diária – melhorar os processos operacionais do hotel – para entrar em um mundo ainda por descobrir: o das mídias sociais como ferramenta de comunicação. E de venda.

Otimização social de canais de venda

Escutar e realizar uma gestão comercial ativa nas mídias sociais é uma parte da equação. O que Rafael faz quando comparece onde estão as pessoas deve ser complementado "socializando" as páginas web dos hotéis. Permitir aos clientes comentarem na própria página ou pontuarem os hotéis. Ou clicar no botão de "curtir" na página do hotel para levar a indicação em nossa grande atividade do Facebook, onde todos os nossos amigos poderão lê-la.

A socialização das lojas de comércio eletrônico está ainda engatinhando, mas começou há muito tempo. Talvez o passo mais relevante tenha sido dado pela Amazon quando permitiu comentar e avaliar os livros nas suas próprias páginas de venda. Podem encontrar-se autênticas teses de doutorado sepultadas entre os comentários. O famoso algoritmo "os leitores que compraram este livro também compraram este outro" tornou-se uma recomendação "social" indireta e automatizada que melhorou nitidamente nossa experiência de compra enquanto incrementava as vendas da Amazon.

Em uma palestra sobre tecnologia e recursos humanos, Susan Steele, diretora de desenvolvimento de talentos da Deloitte, contava um pequeno fato que aconteceu durante uma visita a Land's End, uma conhecida loja norte-americana de comércio eletrônico. Marcia Conner contou isto na Fast Company:

> Susan [...] estava procurando um casaco com plumas. Após ler a descrição que parecia exatamente o que ela procurava, encontrou um monte de críticas negativas de outros clientes. Não só "a cor não era o esperado", mas diretamente "não o compre". Graças ao conselho de absolutos desconhecidos, Susan não comprou o casaco, apesar de sua opinião sobre a marca Land's End ter sido muito positiva. Em pouco tempo já tinha comprado outro artigo na loja. A vontade da loja de abrigar críticas tão negativas mostrou-lhe algo que devia saber. Ela também lhes economizou uma devolução e uma cliente descontente. E, também, conseguiu que as críticas positivas de outras lojas soassem muito mais confiáveis.[9]

---

[9] Disponível em http://www.fastcompany.com/1693062/rewiring-for-social-commerce.

A funcionalidade social nas lojas de e-commerce aporta transparência. Uma de nossas obsessões ("eu não sou bobo") é não sermos enganados em uma compra. Os comentários de uma loja on-line poderiam ser próprios ou alheios (alguns hotéis começam a fazê-lo a partir do TripAdvisor, por exemplo). Além disso, os comentários poderiam ser realizados com um sistema de social *sign--on* para permitir aos usuários registrarem-se com sua identidade no LinkedIn ou no Twitter e compartilharem seu comentário também nessas redes.

Evidentemente, conseguir críticas de produto em uma loja on-line não é simples, em particular para as lojas pequenas. Mas o fato de não ser fácil não quer dizer que não seja prioritário. Alguns estudos demonstram uma correlação entre as rendas e as críticas por produto (SKU).[10] É conveniente garantir dois pontos para aumentar a quantidade de comentários:

1. *Pedir comentários de produto.* Em alguma zona específica da loja on--line ou em algum momento da transação que não atrapalhe sua realização. Ou com um correio posterior e talvez oferecendo algo em troca.
2. *Publicá-lo de forma muito fácil.* Como no caso de uma compra, deixar um comentário ou uma pontuação (*rating*) deve ser simples e não constar de mais de um passo. Melhor ainda se a integração com uma rede social nos permite compartilhar o comentário com nossos amigos.

Integração social

Um dos círculos virtuosos da socialização das lojas on-line é um conteúdo que viaja e devolve visitas e oportunidades de venda. Quando alguém aperta o já famoso botão de "curtir" e aparece no seu perfil do Facebook, os amigos podem clicar de volta e ver o produto diretamente em nossa loja.

The Art of the Trench é uma web dedicada ao trench coat, um tipo de casaco clássico, na qual fotógrafos renomados (começando por Scott Schuman de The Sartorialist) tiram fotos de modelos na rua. Qualquer um pode

---

[10] Disponível em http://www.clickz.com/clickz/column/2100240/calculating-social--commerce-performance.

compartilhar suas fotos do Facebook e do Twitter. Segundo declarou a marca, nas primeiras oito semanas da campanha chegaram 330 mil visitantes de 191 países e as lojas on-line incrementaram suas vendas em 85% durante esses dias. Alguns meses mais tarde, as visitas superavam os 7 milhões.

A Ikea, que vem há muito tempo experimentando as funcionalidades sociais, criou o mostruário mais "curtido" do mundo, reunindo em um local virtual os produtos de seus catálogos on-line que tinham recebido mais "curtir". A loja on-line da Levi's foi uma das primeiras na hora de implantar os botões "Like" do Facebook na loja, permitindo assim que outros visitantes vissem as calças mais desejadas ou compartilhassem e fizessem comentários no formato de atualização no Facebook.

A Best Buy, cadeia de lojas norte-americana de produtos eletrônicos, além de ser uma referência no uso que seus funcionários fazem do Twitter, como relatado no próximo capítulo, tem um serviço chamado "Remix", que abre a API (interface de programação de aplicativos) para a loja on-line, de forma que outros sites possam ter o link com as especificações de produtos e preços. Ao fazer isso, conseguem estar na mente de mais pessoas por meio de aplicativos de terceiros e obtêm mais trânsito.

Em qualquer caso, ainda existem muitas dúvidas sobre o valor real da otimização social de canais de venda e é importante expô-las aqui. É muito fácil encontrar dados sobre fãs, mas ainda muito poucas lojas compartilham suas estatísticas. Muito poucas campanhas "sociais" envolvem dados de vendas, e não há uma adoção massiva porque o investimento ainda é errático e não parece simples imitar o sucesso pontual de uma ação ou sistematizar as vendas. É hora de tentar e de vigiar o esforço. Os inovadores ganharão, mas só se aprenderem a falhar frequentemente, rápido e barato.

A experiência social nas lojas físicas

Quanto mais pessoas acessam a internet pelo celular, as decisões de compra na loja física são cada vez mais afetadas pela atividade on-line. Dos usuários da internet móvel nos Estados Unidos, 27% reconheceram acessar outras lojas antes, durante ou após a compra para comparar preços;

24% visitaram os comentários on-line para informar-se sobre o produto e 16% procuraram cupons de desconto no comércio local. No total, aproximadamente a metade dos usuários interagiu com mídias sociais em algum momento do processo.[11]

No capítulo 3, já falamos sobre o Stickybits, o aplicativo móvel que nos permite digitalizar um código de barras e acessar as informações que outras pessoas compartilharam sobre esse produto, e do "app" da Apple, que, por meio do iPhone, proporciona serviço ao cliente na própria loja. Aplicativos como o Pose convidam os usuários a postar, nas lojas, fotos de roupas da moda, com o preço e a localização, que também compartilham em seus perfis sociais. Permitem, assim, a inscrição do que outros compartilham (alguns deles verdadeiros criadores de tendência ou *trendsetters*) ou a seleção que a equipe realiza do mesmo aplicativo ou outras marcas, como a Levi's.

O uso de *specials* no Foursquare induz trânsito a lojas físicas, lugares de lazer e restauração ou a diversos eventos. Tendências como a *gamification* combinarão a geolocalização com o componente social na busca de informações, o suporte na loja e a própria compra, afetada também pelo uso do celular como carteira eletrônica.

"Facebook stores"

O F-Commerce tem muito a ver com a possibilidade de criar lojas diretamente no Facebook ou adaptar widgets de reservas de hotéis ou voos. Embora 79% das quinhentas lojas on-line mais importantes tenham página no Facebook, só 12% ofereciam, em meados de 2011, um aplicativo ou widget para comprar na rede social. E 53% dos usuários tinham visitado uma loja on-line a partir de uma página de fãs no Facebook.[12]

Uma gigante norte-americana de compra e envio de flores, 1-800 Flowers foi uma das primeiras empresas a criar sua loja no Facebook. Em 2011, ela desenvolveu um aplicativo para combinar, com os amigos no

---

[11] Disponível em http://www.knowledgenetworks.com/resources/faces.html.
[12] Disponível em http://www.emarketer.com/Article.aspx?R=1008484.

aniversário de um deles, dar de presente um ramo de flores. Cada um deles pagava por uma flor e dava-lhe um nome. O ramo virtual era criado no aplicativo e, no final do dia, a 1-800 enviava o ramo físico para o homenageado. Uma campanha que incentiva vendas diretas, integrando o imediatismo do Facebook com uma ação tão clássica como dar de presente flores para um amigo e tão social como fazê-lo entre vários amigos.

A 1-800 Flowers usa, além disso, uma plataforma de software de e-commerce social como a 8thBridge, especializada em criar lojas no Facebook. A Paramount utilizou-a para o novo lançamento de *Transformers*, criando uma plataforma na qual se podiam comprar ingressos de cinema e convidar outros amigos para fazer o mesmo. A Delta Airlines foi uma das primeiras companhias aéreas a criar com a 8thBridge um aplicativo independente e completamente funcional no Facebook, que ainda é utilizado por centenas de fornecedores dentro da mesma rede social. Empresas de conteúdos digitais como o Spotify, a Netflix e alguns jornais on-line já chegaram a acordos para consumir conteúdos diretamente no Facebook.

Uma baixa porcentagem de usuários que compram hoje no Facebook já é um número elevado de pessoas. No mínimo, parece razoável seguir pesquisando as possibilidades e não dar as costas a tal avalanche de "curtir", procurando convertê-lo em "comprar".

A compra social

Definimos *social shopping* como um processo de compra em grupo ou com amigos. Esse fenômeno on-line ganhou força ao juntar-se com a web 2.0 por meio de plataformas diretamente orientadas para os descontos por compra em grupo, como o Groupon ou o LivingSocial, mas não se limita a eles. Devemos incluir sob o guarda-chuva da compra social as comunidades formadas ao redor de experiências de consumo, como o Chicisimo, uma plataforma internacional criada na Espanha na qual se compartilham fotografias de combinações e conjuntos de moda (*looks*) realizados pelos próprios membros da comunidade. Ou aplicativos para celulares como o já mencionado Pose. Ou um software como o DecisionStep, que procura replicar a experiência da compra off-line com amigos nas lojas on-line, proporcionando capacidades similares às ferramentas de colaboração virtual, como o chat ou a visualização conjunta de telas remotas, para facilitar a conversa sobre os produtos considerados.

Trata-se ainda de tendências em voga que batem com o meteórico desenvolvimento do Groupon, que agora parece ter atingido seu auge. O processo do Groupon é simples. A empresa oferece um "cupom de grupo" ou "groupon" por dia. Se atingir o mínimo de pessoas necessárias, todos conseguem o cupom de compra. Se não atingir, ninguém o consegue. Se um restaurante tem um cardápio de degustação de 40 euros, suponhamos que o ofereça no Groupon por 20 euros, caso consiga vinte comensais em um dia. O Groupon fica com 10 euros por comensal e dá 10 euros para o restaurante. Embora esse tipo de plataformas sirva como ferramenta de promoção e para tornar conhecidos muitos serviços, os sintomas de fadiga em seu desenvolvimento financeiro põem em dúvida a capacidade real de gerar benefícios para os clientes do Groupon ou, em qualquer caso, a dura luta contra a concorrência por causa das poucas barreiras de entrada para imitar o modelo.

O processo do LivingSocial é ligeiramente diferente. Oferece-se uma promoção e o cliente a compra e obtém um link para compartilhar a promoção. Se mais três pessoas comprarem essa promoção, ela será grátis para o "cliente semente". Segundo o ComScore, o Groupon tem mais restaurantes a seu favor, 56% das ofertas, e o LivingSocial, 41% de livros e revistas.

A Forrester prediz a desaparição do fenômeno do Groupon.[13] Nós simplesmente o colocamos ao lado de outro monte de ferramentas de publicidade interativa. Seu modelo de grandes descontos não parece sustentável para as marcas que tentarão limitar as estratégias baseadas no preço construindo engagement. Como faz a Tesco, que não se contenta com uma estratégia de preços baixos, mas que trabalha para vender mais conversando mais.

---

[13] Disponível em http://www.forrester.com/rb/Research/us_interactive_marketing_forecast%2C_2011_to_2016/q/id/59379/t/2.

Caso Tesco: vender mais conversando mais

Há cifras que impressionam quando são colocadas na ordem adequada: um incremento de vendas de 1,1 milhão de libras no prazo de 5 meses de 2010, 2 milhões de libras no total do ano. Centenas de milhares de empresas estão fechando em todo o planeta, anunciando perdas milionárias, e alguém pode assinar esses resultados em tão curto intervalo de tempo? Pareceria lógico em uma empresa tecnológica, onde talvez seja mais fácil encontrar consumidores dispostos a gastar dinheiro. Mas resulta que o setor é o têxtil e a empresa é a Tesco, empresa britânica de distribuição varejista com muitos anos de experiência.

Tudo começou com um objetivo concreto: despertar o interesse pela seção de roupas da Tesco entre uma audiência interessada na moda que procura comprar pelo melhor preço. Para isso, definiu-se uma estratégia centrada no uso das mídias sociais com resultados orientados à venda:

- *Blog.* Criação do blog LifeStyled, que se tornou a presença principal da marca e atuava como voz dela.
- *Conteúdo.* Entradas diárias no blog que mostravam produtos e comentários sobre tendências, potencializando os conteúdos próprios como fórmula de vinculação.
- *Relações públicas 2.0.* Promoção de blogueiros de moda com entradas dedicadas a eles, para torná-los conhecidos entre os seguidores da Tesco e fazer o intercâmbio de seguidores e comunidades.
- *Twitter.* Criação de uma conta no Twitter para ampliar informação e conversar com outros usuários e *influentials*.
- *Facebook.* Desenvolvimento de um grupo a partir do zero, com o objetivo de fazê-lo crescer aos poucos, de acordo com o crescimento das demandas da comunidade.
- *Web SMO.* Mudanças na página web para colher os comentários das pessoas que a visitam e ter assim informações sobre o que interessa para os clientes reais e em potencial.

- *Suporte e experiência do cliente.* Uma estratégia específica para definir o melhor procedimento na hora de responder às perguntas que os usuários fazem, trabalhando lado a lado com a equipe de atendimento ao cliente.

Junto com a estruturação da comunidade em torno dos pontos nodais desenvolvidos, baseada na conversa e na geração constante de conteúdos, a Tesco empenhou-se em criar campanhas que lhe permitissem dinamizar a conexão com os usuários. Tratava-se de agilizar o processo para tornar a comunidade conhecida pelo maior número de pessoas, assim como as vantagens de pertencer a ela. Isso fez com que se realizassem várias campanhas no Twitter e no Facebook, além de ações com blogueiros, que lhes permitiu somar aproximadamente 800 mil pessoas. Em março de 2010, criaram uma campanha chamada "Friday Frenzy" (nome muito parecido com o popular "followfriday" do Twitter), com ofertas de roupas com 50% de desconto durante duas horas. O sucesso obtido fez com que se criassem campanhas associadas ao Twitter e eventos de relações públicas com blogueiros de moda. No dia do lançamento, conseguiram 40 mil novos fãs no Facebook e 9,5 mil interações. De março até junho de 2010, o site da Tesco ganhou 65 mil novos visitantes durante a campanha.

Cinco meses de atividade frenética que podem ser vistos de fora como a apresentação de uma grande empresa nas mídias sociais seguindo o manual com um claro objetivo: vender mais. E talvez 1,1 milhão de libras em vendas associadas à sua presença nas mídias sociais seja uma demonstração de que cumpriram sua meta: converter conversas em vendas.

A nova era do atendimento ao cliente

9

"Isto é como uma piscina fechada em um empreendimento." Antes que a NH Hotéis "formalizasse" sua presença nas mídias sociais, Iñigo Onieva, diretor de marketing corporativo da rede hoteleira, mostrava sua preocupação com o que poderia acontecer. "As mídias sociais são como uma piscina fechada. Eu já sei que as pessoas estão nadando, que pulam a cerca de vez em quando para dar um bom mergulho" – dizia enquanto acontecia a segunda das cinco reuniões antes do início do projeto. "Se as pessoas falarem de mim, e eu mantiver a cerca fechada, não sou responsável. Enfim, a piscina não está aberta e há um cartaz de proibido nadar. Se você entrar, será por seu próprio risco."

A analogia tem sentido porque, efetivamente, não há como voltar atrás. Uma vez que você habilitar um ponto nodal de relação com o mundo exterior, voltar atrás não será bem visto.

Iñigo olhou-nos e sorriu. "Estarão pensando para que os faço perder tempo se não quero abrir o portão." Um tom cúmplice em sua voz delatava que queria abri-lo, mas era necessário fazê-lo corretamente. "Se eu abrir, um grande número de pessoas entrará para nadar. E, sobretudo, se alguém se afogar, eu serei o responsável. Tenho que cuidar dos banhistas. Atendê-los. Um trabalho cansativo." Para terminar, acrescentou: "Além do mais, uma vez aberto o portão, quem se atreverá a fechá-lo de novo? Quem será o sorteado que dirá para as pessoas: 'Todo mundo fora, a festa acabou'? Não nos convencem as mídias sociais e nós vamos fechar a barraca".

Certamente já usamos essa história em várias ocasiões para antecipar os temores que se produzem invariavelmente nos momentos prévios ao lançamento corporativo no ambiente social.

Para demonstrar que Iñigo não era o único que sentia vertigem, devemos voltar a 30 de abril de 2010. No Distrito C, a sede social da Telefônica em Madri, estavam em cima da mesa, horas antes do dia D, hora H, as dúvidas a respeito da necessidade de abrir os "canais oficiais" da Movistar por conta da reunificação da marca.

"Vão nos linchar." Uma simples busca no Twitter sobre as palavras "vomistar" ou "fraudefônica" evidenciavam que não parecia que, após iniciar, fossem detectados muitos mais tuítes inclementes que aqueles que já apareciam lá. De fato, semanas mais tarde constatou-se que 15% da conversa global on-line sobre a marca começou a ser "influenciada" por sua ação direta nas mídias sociais.

Não abrir a piscina não é opção. Não podemos esconder a cabeça debaixo da asa. Nossos clientes querem que os ajudemos aqui mesmo. Não responder nos faria ficar mal.

Já que começamos com o setor das telecomunicações, fiquemos nele para aprender com uma empresa que tem implementado um novo modelo de operações baseado em sua comunidade, com foco especial no atendimento ao cliente.

Caso Giffgaff: a empresa é a comunidade

Ao pensar em uma empresa de telefonia móvel, viria à nossa mente um fórum on-line? Os usuários da comunidade da Giffgaff não pensariam em outra coisa. Falamos de um operador móvel virtual britânico de O2, que conta apenas com vinte funcionários. Vários deles trabalham cuidando de uma comunidade on-line na qual participam milhares de clientes. A Giffgaff não possui centrais de atendimento. Todo o suporte é realizado pelos próprios usuários da comunidade, que ainda indicam o serviço, captam novos clientes e participam da definição de produtos e serviços.

Giffgaff significa em escocês antigo "dar e receber". Parte das economias obtidas com esse modelo inovador é transferida para seus clientes. Não só porque suas tarifas são mais econômicas do que as da concorrência; a Giffgaff também conta com um programa de *payback* que recompensa economicamente os usuários mais ativos. Para deixar claro que a comunidade encontra-se na base da empresa, antes do lançamento do serviço em novembro de 2009, foi criado o fórum na internet. Vincent Boon, que tinha trabalhado na gestão de comunidades para a Sony, incorporou-se como responsável da Giffgaff e investiu uma boa parte de seus primeiros meses na empresa, dando forma a esse primeiro grupo de pessoas que passaram a se denominar os "fundadores".

A definição e melhoria do serviço por parte dos clientes faz parte do seu DNA. Vincent reconhece que os vinte funcionários da Giffgaff apenas dão conta para avaliar as aproximadamente quatrocentas ideias que se recebem por mês nos fóruns de "contribuição". Quando uma medida não é viável do ponto de vista econômico ou uma melhoria não pode ser realizada por uma questão técnica, explica-se à comunidade com prioridade absoluta. Mas seu simples sistema de *goodybags*, pacotes mensais de preço fixo que incluem uma quantidade de minutos, acesso ilimitado à internet e sms ilimitados, foi inspirado por seus clientes. Um pacote como o Hokey Cokey, na atualidade em experimentação, proporciona, por 5 libras, sessenta minutos de ligações nacionais, trezentos sms no Reino Unido e um minuto extra por cada minuto de ligação recebida de fora da rede Giffgaff, além de ligações e mensagens grátis entre membros da rede.

A comunidade da Giffgaff, criada tecnologicamente sobre a plataforma da Lithium, contava, um ano e meio após a sua criação, com 100 mil usuários, crescendo a um ritmo de quase 10 mil por mês. Mas o importante é a vinculação, não seu tamanho. Enquanto os objetivos de crescimento em faturamento e em rentabilidade estão sendo atingidos, segundo Vincent, há outros dados que oprimem. O Net Promoter Score, um índice standard em todas as empresas apuradas em função da quantidade de clientes que indicariam um serviço, situava-se em fevereiro de 2011 em 76,4%, acima do 53% do Google ou 72% da Apple e, naturalmente, muito longe das grandes empresas de telefonia. Perguntado se recomendaria a Giffgaff, "Rudedog", usuário há cinco meses, respondeu em tom irônico:

> Hmm, não sei. Acredito que sinto falta de pagar mais de 30 libras por mês por um aluguel de linha, chamar uma central, escolher várias opções após 20 minutos escutando Beethoven e ser transferido para uma pessoa, que transfere para outra pessoa, que me transfere a um computador que diz: "Nãooooooo, tecle a resposta...". De verdade, indiquei a Giffgaff a um número de amigos que migraram assim que terminaram seus contratos leoninos. Como disse Tina Turner, "Giffgaff is simply the best".[1]

Em 2010, 100% das perguntas de suporte publicadas nos fóruns foram respondidas pela comunidade, e somaram 100 mil respostas. Também são respondidas perguntas no Facebook e no Twitter. Segundo a última pesquisa de satisfação de clientes, a avaliação do sistema de atendimento ao cliente recebeu 8,5 sobre 10. As perguntas publicadas nos fóruns de *join* (perguntas prévias à contratação) e *help* (pedido de ajuda de clientes) receberam resposta em três minutos, em média. Surpreendentemente, os dez usuários *top* passaram uma média de doze horas por dia ajudando outros usuários. E o que a Giffgaff denomina o *agent team* (parte da equipe de vinte funcionários) responde desde as oito da manhã até as sete da noite, sete dias por semana, questões privadas relacionadas com problemas de faturamento e cartões de crédito.

Em junho de 2011, a Giffgaff publicou que tinha devolvido à comunidade 250 mil libras correspondentes aos últimos seis meses, dentro de seu sistema de *payback*.[2] Cerca de 1.184 usuários fizeram doações para caridade. Dentro do sistema, algumas recompensas são intangíveis e outras são econômicas. As primeiras são denominadas "kudos" e as outorgam outros

---

[1] Disponível em http://community.giffgaff.com/t5/Blog/Would-you-recommend-giffgaff/bc-p/486009#M3590.

[2] Disponível em http://giffgaffnews.com/2011/06/giffgaff-pays-250k-to-online-customers/.

giffgaffers em agradecimento ou recompensa por contribuições substanciais. A Giffgaff também oferece pontos que podem ser resgatados semestralmente por consumo telefônico – em dinheiro ou doado a uma obra de caridade. Esses pontos costumam vir de materiais de suporte desenvolvidos pelos próprios *giffgaffers*, como o "Guia iPhone 4 para *giffgaffers*", ou por atrair novos clientes ao serviço.

Os membros mais ativos da comunidade podem receber até 25 libras por mês, e quem tiver captado mais clientes novos poderá receber mais de 100 libras em um mês.

Em junho de 2011, Usman Aslam, usuário de Birmingham de 17 anos, recebeu 3.357 libras:

> Comecei a falar da Giffgaff para minha família e meus amigos no colégio, e também para outras pessoas que se interessavam por um serviço econômico. A maior parte das indicações eu fiz on-line, mas, falando cara a cara sobre as vantagens da Giffgaff, tenho quase certeza que recrutei umas 600 pessoas! Ganhar tanto dinheiro para mim está bem, porque o economizarei para a faculdade no próximo ano; contudo, não faço isso só pelo dinheiro. Estou feliz de falar da Giffgaff, porque é um serviço magnífico.

Uma olhada nos fóruns demonstra que nem tudo é cor-de-rosa na Giffgaff:

> Não, não poderia indicar a Giffgaff agora. A ideia é boa e agrega valor pelo dinheiro que se paga. Os agentes e a comunidade são de utilidade. Mas estão lutando contra a infraestrutura de O2, suas políticas e burocracia, e eles não têm a capacidade física nem a força para tratar disso quando as coisas não vão bem. Uma vergonha, realmente.[3]

---

[3] Disponível em http://community.giffgaff.com/t5/Blog/Would-you-recommend-giffgaff/bc-p/501475#M3667.

Vincent Boon reconhece que existem problemas técnicos e clientes insatisfeitos, como em todas as empresas de telefonia. Entretanto, apenas um por cento dos comentários publicados na comunidade são negativos – fruto do trabalho dos educadores, que, em vez de moderar ou controlar a comunidade, dedicam muito esforço em falar com os usuários (grande parte das vezes em particular). Segundo Vincent, geralmente quando alguém chega a publicar um comentário com fúria, está procurando atenção. Trata-se de proporcionar-lhe essa atenção, levando-o para o lado positivo. Investe-se o tempo que for necessário em reverter a negatividade. O habitual é que os problemas técnicos e pessoais sejam direcionados para um formulário e atendidos por telefone. Os educadores supervisionam entre cinquenta e cem superusuários, aos quais atendem pessoalmente, anotando e considerando suas preferências, suas dificuldades e mudanças diárias. Esses "agentes" só respondem de forma direta em caso de força maior. Quando percebem que alguém deixa um comentário e não recebe resposta, trabalham com os superusuários para que eles mesmos respondam. "Não acredito que as pessoas o façam por dinheiro" – acaba dizendo Vincent. "São demasiadas horas e demasiado esforço. Fazem-no porque gostam de se sentir úteis. E porque gostam da Giffgaff."

Da publicidade para o atendimento ao cliente

Obcecados com o cliente e zangados com os excessos publicitários de todo um século, no final de 2009 escrevemos um artigo sobre como o atendimento ao cliente é a nova publicidade.

E o ganhador é...

A publicidade consegue-nos novos clientes. O serviço que proporcionamos ao cliente faz com que eles fiquem. A publicidade parece ter criatividade explosiva. É arte e emoção. O atendimento ao cliente consta de processos, organização, sistemas. De motivação das equipes. É ciência e emoção.

Lembro que um grande publicitário comentava sobre Amena (toquem aqui a música de Nino Bravo e ponham gente de verde dançando): "É como se fosse um grande tubo; sua agência enche a tubulação com anúncios e os deixa escapar para os clientes pelo outro lado".

Maniqueu debate em tempos de recessão econômica: focados em captar novos clientes ou em trabalhar com os clientes existentes? Publicidade ou relação com o cliente?

E se após essa crise as coisas não voltarem a ser como antes? E se uma conjunção estelar estivesse alinhando os astros para fazer com que esse debate nunca volte a ocorrer nos mesmos termos?

O poder das indicações de compra, o desgaste e as interrupções da publicidade tradicional, a internet como ferramenta de busca de informação, a fragmentação das mídias, a crise das mídias. O vento sopra a favor do enfoque nas relações com o cliente e contra o anúncio televisivo.

O enfoque "call center chato contra o anúncio insistente" é errado. O serviço ao cliente pode ser um empolgante processo de transformação empresarial. Pode tornar-se nosso DNA, nosso fator diferencial. E parece ser o cavalo ganhador. Um bom momento para voltar a colocá-lo à frente nos orçamentos do próximo ano.

Socializar o atendimento ao cliente

A quantidade de informação disponível na rede sobre como a função do atendimento ao cliente está integrando as ferramentas sociais é sensivelmente menor do que as que podemos encontrar sobre táticas de social commerce, indicador claro de onde está o foco e de que ainda há um longo caminho para interiorizar que o atendimento ao cliente passa a fazer parte da equação do engagement, onde antes a publicidade ocupava quase todo o espaço. O atendimento ao cliente social (*social support*) é a terceira área de trabalho em nossa visão do *social customer engagement*. Nós a dividimos em três subáreas de trabalho:

- *Experiência e multicanalidade*. Escutar e ajudar os clientes onde quer que eles se encontrem. Muitas vezes, a estratégia da multicanalidade nos faz esquecer que o que procuramos, na realidade, é melhorar a experiência do cliente, que, por sua vez, incrementará seu vínculo com nossa marca.
- *Cultura, organização e procedimentos*. A mudança cultural necessária para passar da publicidade para a relação com o cliente não é óbvia. Devemos desenhar uma nova organização para adotarmos novos canais de atendimento e integrar diferentes funções. Também será preciso definir procedimentos para que as novas equipes comecem a trabalhar sem perturbar a operação em andamento.
- *Cocriação*. O *funnel* do engagement aproxima-nos de um cliente disposto a participar, a sentir-se útil e a obter algo concreto em troca de seu trabalho. As comunidades de "autossuporte" nasceram no ambiente do software e começaram a se generalizar com o advento do socialholic.

A experiência multicanal do cliente social

Em 3 de dezembro de 2010, Margarita Blanco, subdiretora da área de comunicação da Iberia, contava em uma palestra como planejaram sua estratégia nas mídias sociais.[4] Conscientes da dificuldade para entender um novo ambiente, matricularam-se em um curso de formação, selecionaram uma agência e escreveram as sugestões para abordar o projeto. "Mas, como eles dizem, os especialistas propõem e nosso amigo islandês dispôs outra coisa." Margarita referia-se ao vulcão Eyjafjalla, que entrou em erupção na Islândia, causou colapso no tráfego aéreo europeu e gerou inumeráveis reclamações e ações de apoio em todas as linhas aéreas. Sua conta recém-inaugurada no Twitter (@iberia) sofreu um colapso com os pedidos de

---

[4] Disponível em http://mediateca.fundacion.telefonica.com/visor.asp?e7476-a14362.

informação e ajuda. Com esforço e vontade, a equipe de comunicação começou trabalhar e realizou um magnífico serviço de atendimento ao cliente, a julgar pelas centenas de testemunhos públicos que foram coletados no Twitter. O que Margarita não podia imaginar, segundo disse em sua palestra, era que estava sendo tramada a maior greve de controladores da história espanhola, e que em apenas algumas horas #TcTalks (nossa palestra sobre social media da qual falamos no capítulo 7) daria passagem a #controladores como trending topic nacional no Twitter.

Antoni Gutiérrez-Rubí aprofundou em seu artigo no *El País*:

> Presenciamos o fracasso de uma concepção antiga da informação, que se sustenta em uma visão autoritária do poder na qual o centro não é o usuário-cliente, mas o proprietário-fornecedor. Gravíssimo erro. Não há porque pedir aos cidadãos que liguem ou que façam filas para serem atendidos. Temos que "procurá-los" (sms, correios eletrônicos, comunicações personalizadas) e atendê-los onde quer que estejam: no aeroporto, a caminho dele, pensando em sair de casa ou decidindo o que fazer com suas vidas, seus compromissos e seus planos. E podemos fazê-lo, não há justificativas, temos tecnologia mais do que suficiente para segmentar e personalizar a informação em momentos de crise... e em qualquer circunstância.

Antoni referiu-se à multicanalidade e à experiência do cliente, levada ao extremo durante a crise. A duras penas a Iberia voltaria a se refazer. Em blogs e no Twitter, as histórias de passageiros trancados nos aviões e deitados nos aeroportos continuaram. A Aena abriu sua conta (@aena_informacion) nesse momento e recebeu 2 mil seguidores em apenas duas horas. Contabilizaram-se centenas de milhares de tweets com as palavras controlador ou controladores. Talvez estejamos apresentando um caso extremo de crise. Talvez simplesmente assim sejamos capazes de ver o bosque e as árvores. Devemos esperar por uma situação similar para fazer as coisas como devem ser feitas?

A multicanalidade obriga-nos a reconsiderar algumas coisas. Equipes mais estruturadas, centrais de atendimento mais sofisticadas, com áreas de especialização por canal. Trabalho colaborativo entre diferentes departamentos para colocar nossos clientes no centro de nossa organização. E por que esperar que venham a nossos canais para perguntar? Tem sentido monitorar a web e ir a um fórum para responder à pergunta que envolve diretamente um produto da nossa empresa? Pode inclusive fazer sentido destinar uma equipe de community managers especializada para atender fóruns muito populares sobre a temática que envolve a nossa empresa. Mas não só isso. Como "concorrem" nossos agentes de suporte diante de uma pergunta em aberto na rede social de perguntas Quora sobre uma comparação de produto? Devem conhecer os produtos da concorrência? Limitar-se a enfatizar os pontos dos próprios produtos? Se as redes sociais são redes de conhecimento e o atendimento ao cliente é conhecimento, como convive o mundo até hoje controlado pelas barreiras corporativas com um novo mundo de barreiras abertas?

Privalia, um clube espanhol de compra on-line presente em quatro países, escuta continuamente seus sócios e seguidores. Para poder recolher consultas e *feedback* no Facebook e tabular e ordenar respostas, desenvolveu um aplicativo que permite ao usuário decidir se sua consulta poderá ser vista pelo resto dos seguidores ou se prefere que só seja lida pela equipe da community management. Eles, por sua vez, podem organizar toda a informação que recebem para dar a resposta adequada. O tempo de resposta é de menos de duas horas.

Será vital compreender os códigos de uso de cada canal. Não é a mesma coisa que um chat on-line em tempo real, uma videoconferência ou gerenciar no Twitter mensagens diretas privadas e públicos infestados de etiquetas e limitação de caracteres por mensagem. Ou desenvolver uma presença sólida em um fórum de carros com normas estritas de netiqueta impostas e supervisionadas pelos moderadores. Deparamo-nos com uma mudança cultural e organizacional profunda. Será melhor começar a colocá-la por escrito.

Cultura, organização e procedimentos

A Zappos é uma empresa de comércio eletrônico que aos 10 anos de sua fundação foi adquirida pela Amazon por 1,2 bilhões de dólares. É famosa por implantar um obsessivo atendimento ao cliente. Em 2007, uma cliente ligou para explicar que, por doença grave, sua mãe tinha emagrecido muito e queria devolver uns sapatos que tinha comprado recentemente para ela. A Zappos encarregou-se de tudo sem custo algum. Quando a mãe faleceu, a cliente recebeu um ramo de flores assinado pela empresa; ela não pôde evitar de contá-lo em seu blog e a história passou à posteridade como uma referência de atendimento ao cliente. Poderíamos acreditar em uma ação forçada para conseguir notoriedade, mas no caso de Zappos não é assim. De fato, quantas empresas teriam permitido, em suas políticas, procedimentos para que algo assim acontecesse? A rede está lotada de histórias como essa. Não é fácil imitar uma cultura de atendimento ao cliente como a deles. Tampouco se nasce com ela. Tony Hsieh, diretor-geral obcecado pela cultura corporativa, explica em seu livro *Delivering Happiness* os momentos difíceis na história da empresa e desmembra as decisões que foram colocando o cliente no centro para procurar diferenciação e crescimento. No início, por exemplo, eles não compravam os produtos, o que lhes impedia de trabalhar com as marcas de calçado desejadas por seus clientes. Não ter o controle absoluto da cadeia logística impedia-os de oferecer um bom serviço de entrega. Ambos os fatores os impulsionaram a criar seu próprio armazém e a manter estoques de produtos, o que complicou as operações. Confiavam que a melhoria do serviço daria resultados no médio prazo, embora prejudicasse a rentabilidade no curto.

Portanto, não deve nos surpreender que Zappos seja uma referência no âmbito do atendimento ao cliente por meio das mídias sociais. Há muito tempo, uma página (twitter.zappos.com) integrou todas as menções à marca e os tweets de seus funcionários (os do CEO em primeiro lugar). Um comentário no Twitter pode ser respondido em questão de minutos.

A Zappos delega poder a seus funcionários para fazer "o que for" necessário e que estiver a seu alcance para que o cliente veja suas expectativas excedidas. Essa máxima não pode ser comparada com as políticas comuns da maioria dos centros de atendimento: um operador não pode "emitir" uma chamada que não esteja programada em seu software, tem dois minutos como máximo para atender-nos e é penalizado quando os ultrapassa, não pode levantar-se para ir ao banheiro mais de duas vezes pela manhã, e se chegar mais de cinco minutos atrasado é descontado no holerite. Diante de uma situação como essa, será preciso esquecer a possibilidade de o operador enviar um ramo de flores em nome da empresa porque a mãe de um cliente faleceu.

A mudança de enfoque e da cultura necessária só pode vir do mais alto escalão de uma empresa. Em breve, atender um cliente nas plataformas sociais massivas será uma obrigação.

Por experiência própria, elaborar um documento simples que reflita a organização das equipes, as responsabilidades de cada um, que descreva os processos de atendimento ao cliente e que avalie os riscos serve para tranquilizar a organização, uma vez aberta a piscina de Onieva. Alguns pontos para considerar nesses procedimentos:

- *Níveis de suporte.* É habitual que os community managers encarregados da relação com a comunidade por meio das mídias sociais corporativas tornem-se a primeira instância de atendimento ao cliente. Em particular, durante as primeiras fases do projeto. Se o setor é muito intensivo em suporte, pode ser necessário, após o primeiro nível, escalar um contact center com capacidades de atendimento social. Os CM coordenam-se por meio de algum software de social CRM operacional, para não haver dúvidas sobre a tipologia do comentário e correr o risco de deixar sem resposta um post ou update no Facebook.

- *Tipos de interpelações e respostas.* É adequado ter decidido um procedimento de resposta em função da interpelação. Ao contrário de um canal de resposta direta, muitas das publicações e comentários da marca podem não estar esperando uma resposta. Ocorre assim com os posts em blogs pessoais, em fóruns ou com tweets. No capítulo 12, aprofundaremos o estudo desse procedimento. Se um comentário for agressivo ou ofensivo, pode ser preferível não responder. Em fóruns de autossuporte, pode ser que um pedido de ajuda não deva ser respondido por pessoas da equipe de atendimento ao cliente, mas sim pela comunidade. Como no caso da Giffgaff, será melhor sugerir a um superusuário que o faça.

- *Horários de atendimento ao cliente e tempos de resposta.* Assim como pelo telefone, muitas empresas declaram o horário de suporte em suas mídias sociais. O horário está na biografia do Twitter ou na página de explicação de um foro ou blog de suporte. Embora as mídias sociais pareçam requerer certa urgência de resposta, se o atendimento telefônico for oferecido em horário comercial, não há por que ser diferente em outros canais. O tempo de resposta será uma medida de qualidade. Um comentário no Twitter deveria poder ser respondido no espaço de uma hora, assim como acontece em um fórum de suporte on-line.

- *Privacidade da informação.* Muitas das transações podem requerer intercâmbios privados de informação. O Twitter requererá um *following* mútuo para o envio de mensagens privadas. Em outras ferramentas abertas, como o blog ou o Facebook, será necessário levar a conversa para um e-mail de atendimento ao cliente.

- *Gestão de riscos.* As equipes de atendimento ao cliente sentem-se apreensivas quando são os departamentos de comunicação os que administram as ordens do suporte de primeiro nível, e vice-versa. Os executivos de comunicação ficam apavorados quando as ações de apoio são feitas abertamente e qualquer queixa pode ser lida por centenas de pessoas e chegar a elevar-se à categoria de crise corporativa, como no caso de Dell Hell. No capítulo sobre identidade digital 2.0, falamos em estabelecer uma lista em formato A4 com números de telefones celulares de pessoas-chave e pendurá-la nas paredes, como os procedimentos de evacuação de prédios. O importante será agir com a máxima velocidade. Finais de semana incluídos.

Cocriação: socializar redes de suporte on-line

Aproximadamente 25% dos usuários da rede de suporte da Linksys, divisão de grande consumo da Cisco, gigante produtora de hardware para gestão de redes de informática, usam os fóruns on-line desenvolvidos sobre a Lithium. Empregam uns 4 milhões de usuários e criam mais de 3 mil chats mensais. Um fornecedor de software como a Lithium justifica o ROI explicando que, em uma comunidade própria (com blogs, fóruns, gestores de ideias), o engagement dos clientes é maior e são eles mesmos que realizam mais de 90% das intervenções de suporte. Isso não acontece com os canais próprios nas plataformas externas como o Facebook ou o Twitter, nos quais é a própria empresa que realiza quase 100% das atuações. Em comunidades externas como blogs e fóruns, estima-se que o suporte possa ser realizado por ambas as partes em proporções iguais, outros clientes e os próprios community managers ou agentes de atendimento 2.0.

Quando um usuário chega aos fóruns da Linksys para resolver uma dúvida ou um problema, pode declarar que a pergunta foi satisfatoriamente respondida marcando a sequência da conversa como tal. Estima-se que em um terço das vezes o usuário se dá ao trabalho de fazê-lo. Esse tipo de situação denomina-se "reencaminhamento de chamada direta", ou seja, o usuário escreve a pergunta no fórum em vez de fazer ligações telefônicas. Um reencaminhamento de chamada indireta se dá quando o usuário chega ao fórum sem necessidade de realizar a pergunta, porque encontrou a resposta procurando entre as que já tinham sido formuladas e respondidas on-line. A Linksys estima que se produzem cerca de 100 mil reencaminhamentos de chamada indiretos e cerca de 3 mil reencaminhamentos diretos (mil deles declarados). Embora as visitas ao site tenham aumentado muito, o número de moderadores contratados para responder no caso de não se receber resposta de outros usuários tem se mantido constante. Ainda levando em conta o custo das licenças de software, a Linksys estima a economia pelo menor custo de operações de suporte em milhões de dólares. E não se trata unicamente de uma economia direta, mas também de continuidade de serviço, como reflete o fato de que a comunidade experimentara 50% mais de trânsito durante a interrupção das operações do call center em razão de um terremoto.

A economia de ligações ao call center é só um lado da moeda. A geração de conteúdo por usuário nas comunidades de suporte também melhora a produtividade dos próprios agentes telefônicos, que encontram nos fóruns muitas respostas a incidências que atendem pelo telefone. Como insistia Luis Suárez, da IBM, o e-mail é uma ferramenta pouco produtiva para compartilhar conhecimento. O mesmo acontece na gestão de suporte a clientes. Como demonstra o reencaminhamento de chamadas indiretas da comunidade da Linksys, é muito mais produtivo que os diálogos e a resolução deles sejam públicos, de forma que possam ser reutilizados mediante ferramentas de busca por outros usuários com problemas similares. Além disso, as comunidades melhoram o posicionamento no Google, o qual pode gerar vendas diretas. Mas a relação mais importante e difícil de medir é o aumento do ciclo de vida do cliente, derivado de um serviço melhor, algo que já se demonstrou acontecer quando se incrementa o número de incidências ou dúvidas resolvidas no primeiro contato.

Em 2009, a Forrester Research elaborou um informe para estimar o ROI de uma comunidade de cocriação orientada para o suporte. Seu esquema consistia em um serviço entregue ao mesmo tempo pelo telefone, com um call center de porte médio, e uma comunidade on-line orientada para o autoatendimento. A estimativa foi que, incluindo custos de licenças, formação de moderadores e custos de pessoal, o retorno do investimento seria obtido em menos de doze meses.[5]

Mas as comunidades de autossuporte não eliminarão a necessidade de atendimento ao cliente executada de maneira direta pela empresa. Simplesmente complementarão e tornarão as equipes de suporte mais produtivas. Vejamos os novos desafios que enfrentam os contact centers para se tornarem sociais.

---

[5] Disponível em http://www.forrester.com/rb/Research/roi_of_online_customer_service_communities/q/id/48002/t/2.

Social contact centers: antecipar-se à necessidade de suporte

Por que uma das cinco primeiras empresas do setor do contact center na Espanha, com um faturamento próximo a 100 milhões de euros e 7 mil funcionários espalhados em vários países, prestaria atenção em uma empresa como a Territorio creativo? Essa foi a pergunta que nos fizemos antes de iniciar os diálogos que dariam início à GSS Social Media & Interactive, empresa subsidiada por ambas as empresas e especializada no atendimento do cliente social.

A atividade dos contact centers mostra uma oferta estável de serviços com processos bem implementados e perfis muito definidos. Um mercado maduro, no qual só as empresas pertencentes à Associação de Contact Centers da Espanha faturaram 1,53 milhões de euros, dos quais 69% corresponderam a uma atividade direta de atendimento ao cliente.

Mas, parafraseando os cavalheiros Jedi de *Guerra nas estrelas*, a chamada web 2.0 tem introduzido uma "perturbação na força" no terreno de jogo. A evolução para o social contact center trará mudanças em sua organização e algumas oportunidades evidentes:

- *Proativos em vez de reativos.* Diante da situação habitual de responder à necessidade do cliente quando ele nos contata pelo telefone, chat ou e-mail, a atividade dos agentes poderá antecipar-se à necessidade do cliente, respondendo no canal que se encontre.
- *A antecipação diminuirá o volume de chamadas ao contact center.* O trabalho dos agentes de monitoração em tempo real evitará que a ligação do cliente chegue à central, quando ele sentir que não há outra alternativa. Isso poderia mudar a estrutura de custos e economizar esforço total, tanto por parte do cliente quanto das equipes de atendimento.
- *Conversa diante da resolução de incidências.* Os agentes estão treinados para lidar com o cliente que liga e resolver no menor tempo possível a situação, e, em certas ocasiões, convertê-la em oportunidade de venda. As mídias sociais dão origem a um diálogo que permite

gerar vinculação além do serviço de suporte, que proporcionará novas oportunidades como canal relacional.
- *Agentes identificados socialmente.* Diante do agente que atende pontualmente a múltiplas incidências e sem visibilidade social, o modelo de social contact center dará lugar a relações de longo prazo com equipes socialmente identificadas.
- *Novas capacidades relacionais.* A formação das equipes dará lugar a novas habilidades. Fará falta utilizar ferramentas de monitoramento e social CRM, alinhar o trabalho com os valores de marca, desenvolver capacidades para conversar nas mídias sociais e empatia para compreender quando uma conversa requer intervenção.

Os contact centers não poderão ficar fora da mudança 2.0. Em contraste com as equipes iniciais de community management, as equipes especialistas em gerenciar incidências e prestar serviço passarão a fazer parte da equação com posição predominante em uma era marcada pela evolução de um enfoque principalmente publicitário a outro, de relação com o cliente. Uma mostra representativa dessa mudança de mentalidade poderia ser a campanha que, no verão de 2011, o Banco Sabadell lançou para focar sua atenção nas mídias sociais: "Isto não é banco a distância, isto é levar o banco com você".

Caso Banco Sabadell: atendimento ao cliente onde há demanda

Quando Pol Navarro, diretor de Canais Diretos e Inovação do Banco Sabadell, foi designado responsável por impulsionar o projeto de atendimento ao cliente por meio do Twitter e do Facebook, não imaginou que um dia, por causa desse projeto, seria obrigado a desenvolver um decálogo de uso de redes sociais para funcionários do banco: uma seleção de boas práticas na hora de intervir e participar. O crescente número de trabalhadores que conversava nas mídias sociais por meio de suas ferramentas pessoais fez com que a ação fosse necessária. Embora eles só tivessem implementado um plano para que um pequeno grupo de pessoas atendesse "em beta" os clientes mediante os canais sociais, não puderam deixar de despertar o interesse do resto da organização.

Competir em produtos financeiros é difícil porque existe cada vez menos diferenciação. Portanto, em 2010, o Banco Sabadell decidiu apostar no atendimento ao cliente com um projeto de escritório de atendimento direto com horário ininterrupto. A aposta diferencial consistiu em incorporar os canais sociais à equação. A equipe começou com especialistas em produto que tiveram de ser formados no ambiente social para adquirir a desenvoltura e o tom necessários na conversa. Na hora de selecionar uma ferramenta de participação social em equipe, optaram pelo Hootsuite, que permitia, melhor que seus concorrentes, atacar um alto volume de conversas e gerenciar os fluxos de trabalho de uma equipe. Seria o germe de algo que teria que acabar se integrando com sua ferramenta principal de CRM.

Entre as decisões a tomar estavam como realizar o desdobramento da equipe e o ritmo da implementação da atividade. Preferiram avançar em várias fases para avaliar quantas consultas poderiam receber. A primeira fase envolveu duas pessoas, com um horário das 8 horas às 20 horas. A segunda fase incorporou mais pessoas, mantendo o mesmo horário. A terceira incluiu o reforço de um maior número de pessoas, mas com uma significativa mudança no horário, que passou a abranger 24 horas. Ampliar a faixa horária lhes permitiria atender a clientes que estivessem fora da Espanha. Nesse momento, a equipe era capaz de cobrir o período de 24 horas com dez pessoas, contando com quatro funcionários por turno. Enfrentavam um volume de cinquenta intervenções diárias em média, que incluíam respostas a consultas e tweets, conteúdo próprio e conversa com usuários.

Em um ano tinham implantado o programa de atendimento de 24 horas e o aprendizado os ajudou a construir a metodologia de trabalho. A atividade da equipe passou da resposta a consultas à geração de certos conteúdos, uma vez que o Twitter ou o Facebook começaram a ser utilizados também para gerar informação sobre o banco. A acolhida ao serviço foi muito positiva e a exigência de imediatismo de resposta foi aumentando conforme o prazo de serviço era ampliado. A aposta do banco teve reflexo em campanhas como a já citada, que davam ênfase às regiões próximas às quais o cliente estivesse e divulgavam os serviços que podiam ser realizados por meio do Twitter ou do Facebook. Não só recebiam consultas, mas também pedidos de oferta.

Quando perguntamos para Pol Navarro sobre o futuro do atendimento ao cliente nas mídias sociais, ele se mostrou confiante: "Esses canais serão tão habituais quanto o e-mail". E não há dúvida de que o que hoje está nas mãos de uma equipe especializada passará a ser um canal nas mãos de toda a empresa. Cada pessoa se tornará um porta-voz que falará e se conectará com os clientes por meio das mídias sociais. No fundo, atender os clientes é a chave do sucesso.

Quais são as características de uma plataforma de social CRM?

Temos falado em várias ocasiões das plataformas de social CRM e, uma vez que chegamos a esse tema, vale a pena fazer um exercício de imaginação, já que se tratam de plataformas tecnológicas que ainda estão se definindo. Gartner já desenvolve o Magic Quadrant, sua metodologia para avaliar as plataformas mais conhecidas do mercado. Mas, se ainda não há acordo sobre o que deve incluir um software de CRM, menos ainda sobre essa nova ampliação ou categoria.

Em geral, as plataformas de social CRM sustentam-se em um módulo principal de busca, análises e indexação de conversas, e integram-se com as soluções CRM de contact center com o objetivo de gerenciar o ciclo de vida dos contatos com o cliente. A ferramenta de busca terá de rastrear qualquer âmbito on-line em tempo real. Acreditamos que pode ser útil nos basearmos no desenvolvimento de CERS, a ferramenta de social CRM da GSS SMI, para ilustrar os módulos previstos em uma ferramenta desse tipo:

- *Gestão dos usuários*. A divisão hierárquica e de tarefas deve ficar definida. O perfil de superusuário tem a mais ampla capacidade de criação de serviços e sua configuração. O usuário enfoca cada serviço para que se adapte às necessidades específicas do cliente. O agente se encarrega da interação direta com o cliente em função de objetivos.

- *Definição e personalização das buscas*. As buscas nas mídias sociais são realizadas por meio dos termos associados ao setor de interesse. Os resultados obtidos são apurados mediante uma lista de frases literais, termos associados e exclusivos.
- *Valoração sentimental dos resultados*. Permite realizar relatórios que coletam as opiniões positivas, negativas e neutras dos usuários sobre a marca, seus produtos, o atendimento ao cliente, o serviço técnico e qualquer outra característica de interesse para realizar estudos de satisfação.
- *Atuação e gestão operacional das conversas*. Uma vez localizadas as conversas relevantes, a plataforma deve permitir oferecer respostas na medida das necessidades expostas e monitorar a resposta do cliente para garantir sua satisfação. Se fosse necessário, seria possível levar o usuário à plataforma de CRM mais adequada para finalizar a interação.
- *Capacidade de distribuição de tarefas segundo prioridades*. As conversas capturadas são incluídas em diferentes listas, de acordo com sua temática. Dessa forma se desenvolve uma divisão mais eficaz do trabalho, distinguindo entre desempenhos personalizados de vendas, captação de clientes da concorrência, suporte técnico, prevenção de desistências, atendimento ao cliente ou outros que possam ser interessantes.
- *Integração de argumentos e respostas predefinidas*. A plataforma permite integrar uma série de respostas padronizadas para agilizar o trabalho dos agentes. É importante que seja feito um estudo prévio das necessidades dos usuários para completar uma lista de argumentos padronizados para as perguntas mais frequentes, de modo que se possa oferecer uma resposta em questão de segundos.
- *Registro de procedimentos*. Toda interação deve ficar registrada para a preparação de relatórios. Os formulários, desenvolvidos pelos agentes em cada conversa, são o método mais eficaz para realizar esse acompanhamento.

- *Buscas avançadas.* A ferramenta de busca em diálogos é essencial. O volume de entradas pode ser filtrado por data, fonte, grupos de termos, plataforma e valorações.
- *Acompanhamento de conversas de interesse.* O acompanhamento das interações depois de um primeiro contato é gerado mediante um sistema de alertas configurável que avisa sobre qualquer modificação nos diálogos. Ele acelera o tempo de resposta.
- *Quadro de comando e relatórios.* Todos os dados sobre os procedimentos de social CRM são coletados no painel de instrumentos: conversões por canal, número e tipologia de procedimentos, nível de reputação, grau de sentimento, indicadores de qualidade, etc.
- *Sentimento e reputação.* A plataforma incorpora capacidades de análise e inteligência de negócio para poder compreender qualquer dimensão da cadeia de valor. No âmbito da empresa conectada, os consumidores sociais são chaves para se tomar decisões estratégicas.

O desenvolvimento das ferramentas de social CRM passará por alguns aspectos cruciais e pela possibilidade de integração com outras plataformas. Conhecer os dados principais e a história do usuário ou poder acompanhar em tempo real as diferentes interações. Incorporar ou integrar ferramentas de medição do grau de satisfação ou de serviços de *call me back* e de sessões colaborativas. Trata-se de uma tecnologia em desenvolvimento. Mas, ainda que ela sempre nos chame a atenção, não devemos esquecer que o mais importante reside na cultura e nas equipes de trabalho. A empresa norte-americana Best Buy não precisou de mais tecnologia do que o próprio Twitter para criar a maior força de atendimento ao cliente na história das mídias sociais.

Caso Best Buy: *"May the 'force' be with you"*

Que palavra obtemos quando juntamos "Twitter" e "help"? Uma palavra que representa a aposta de uma grande empresa do setor da distribuição para enfrentar um novo cenário de jogo.

Se há um setor que tem sofrido em primeira mão a avalanche de opiniões disponíveis sobre produtos nas mídias sociais e fóruns, esse tem sido o comércio varejista de produtos eletrônicos de consumo. Quando explicávamos, no caso da Nikon e da Canon, a facilidade com que hoje podemos pedir informações e receber respostas baseadas nas experiências reais com este ou aquele produto, estávamos apontando para um dos fatores do processo de avaliação em que o comércio varejista sempre foi forte: o conhecimento do produto. Sua principal vantagem era ser reconhecido como especialista a quem recorrer quando necessitávamos de assessoria. E a recompensa era finalizar a transação se o percebêssemos como profissional e convincente. Mas, quando os usuários perguntam a outros usuários e dão mais valor a suas opiniões, os profissionais terminam perdendo. Resta-lhes uma posição triste no final do processo: a transação final. Nesse caso, o cliente simplesmente valorizará o preço, e não o serviço prestado.

A Best Buy é uma multinacional, com sede nos Estados Unidos, que distribui produtos de eletrônica e entretenimento com vendas de 45 bilhões de dólares. Em 2009, a empresa assumiu a liderança respondendo por meio do Twitter a perguntas sobre produtos. Nomearam o serviço "Twelpforce". Agora você já adivinhou o resultado da união das duas palavras: Twelp, a ajuda a partir do Twitter.

O sistema é relativamente simples: os funcionários se registram em uma rede com sua conta do Twitter e, quando tuítam utilizando a tag #twelpforce, o tweet é redirecionado à conta @twelpforce, atribuindo-o ao funcionário. O tweet que publicaram é também recolhido em uma rede criada com o objetivo[6] de armazenar as perguntas que os funcionários respondem. E há uma extensão na criação de um sistema de fóruns que amplia a capacidade de resposta aos próprios usuários. O sistema é absolutamente transparente, com instruções para os funcionários na parte pública de seu site. Dentre elas podem ser lidas sugestões como estas:

> Lembre que o tom é importante. Acima de tudo, o tom da conversa tem de ser real e honesto. Seja conversador. Seja você mesmo.

---

[6] Disponível em http://www.bbyconnect.appspot.com/.

Mostre respeito. Espere respeito. O objetivo é ajudar. Se você não tiver a resposta, deixe claro que, assim que você pesquisar, dará uma resposta.

Finalmente, o que a Best Buy tem conseguido?

- *Otimizar seu processo de atendimento ao cliente.* Criar um sistema eficaz de atendimento a possíveis clientes e a clientes reais, ao mesmo tempo em que se cria uma base de dados de respostas na qual outras pessoas também possam navegar, como no caso de reencaminhamento indireto de chamadas da Linksys.
- *Influenciar nas decisões de compra.* Mediante a participação, não perder o passo diante da crescente importância das opiniões dos usuários, e por isso manter sua capacidade de influenciar a tomada de decisão de compra de um produto.
- *Ser uma empresa 2.0.* Reforçar o papel de seus funcionários, que são vistos como uma "força" ativa e conhecedora dos temas sobre os quais falam, quando obtêm reconhecimento do público e têm visibilidade, convertendo-se em um incentivo para a equipe.

Para a Best Buy tem sido muito rentável combinar "Twitter" e "help", trabalhar na criação do sentimento de comunidade e gerar engagement. Tão rentável quanto um aumento de faturamento no valor de 5 milhões de dólares anuais. Mas, sobretudo, marcar o caminho que se tem de seguir para estar perto dos usuários, inovando e ficando à frente de sua concorrência. Uma combinação perfeita.

Cocriação: a inovação é social

De vez em quando, uma equipe de "intraempreendedores" toma a decisão de não seguir como simplesmente espectadora e começa a tomar as rédeas. Assim aconteceu em um dia do ano de 2009, quando as equipes de Novas Tecnologias e de Canais Digitais do Bankinter decidiram impulsionar um espaço no qual podiam compartilhar e aprender com os usuários. Como no caso de um *focus group,* idealizaram um sistema para ajudar na tomada de decisões sobre produtos, graças ao *feedback* dos clientes.

A iniciativa, nascida da paixão da equipe e da constatação do auge dos blogs e do uso crescente das redes sociais, encontrou sua primeira prova de fogo. Mesmo contando com o apoio da coordenação, havia muitos aspectos diferentes, como a imagem da marca, o risco operacional ou a responsabilidade social corporativa, e deviam incluir argumentos para implicar sem hesitação essas áreas. Introduzir KPI para medir e avaliar o alcance do projeto foi crucial para que ele ganhasse força.

Desde o primeiro momento, a Bankinter Labs surgiu facilitando a participação dos clientes, mas o cenário ideal era que não só os clientes, como também os não clientes, pudessem compartilhar opiniões sobre os diferentes projetos e ajudar na criação deles. No primeiro ano, essa possibilidade foi aberta depois de longos debates a respeito. O início foi em novembro de 2009, com uma campanha orientada para os clientes que buscou notoriedade nas mídias sociais para conseguir a participação do maior número possível de pessoas. A acolhida foi boa, como foi destacado nos testemunhos de alguns clientes: "Era o que esperávamos de uma entidade como o Bankinter".

Mas o que é, na verdade, a Bankinter Labs? Criar em colaboração com outros. O termo "cocriação" está no auge porque as mídias ao nosso alcance nos permitem compartilhar ideias e criar conceitos com uma facilidade desconhecida até hoje. E essa é a ideia-motor do projeto: criar novos produtos e serviços com a ajuda de outras pessoas.

A mecânica é simples: os usuários fornecem iniciativas na plataforma e o resto dos usuários faz uma votação. Depois, o banco analisa as mais votadas e um comitê decide sua viabilidade, escolhendo aquelas que podem ser realizadas. As propostas eleitas pelo comitê são apresentadas como projetos, para que novamente sejam votados pela comunidade da Bankinter Labs. Na fase final, os projetos mais votados por todos os usuários são as propostas ganhadoras e tornam-se realidade, com o apoio do banco.

Inovar na tomada de decisão mediante a participação dos usuários. Como demonstram os dados que a iniciativa lança um ano e meio após seu início, a cocriação é, para a equipe da Bankinter Labs, algo mais do que uma palavra: significa projetos em andamento, quatro projetos fechados e um projeto futuro. Do conjunto de ideias que nasceram das mãos dos clientes, seis passaram à categoria de projetos, para serem votados novamente. Na incubadora, o lugar em que se coletam as ideias de clientes em seu estado mais inicial, a partir das quais se trabalha, há atualmente 85 disponíveis para iniciar o processo.

É difícil passar do conceito teórico à prática da inovação. Por isso têm especial valor iniciativas como a Bankinter Labs, em que se anda no caminho mencionado. Especialmente o da inovação ligado às mídias sociais. Embora nem sempre seja preciso chegar com iniciativas *ad hoc*, como veremos a seguir com outro banco.

Inovação corporativa e mídias sociais

Poucos dias depois de iniciar sua atividade no Twitter, o Openbank configurou algumas buscas simples com diferentes palavras-chave no Twitter, em blogs e no Google. Nas primeiras semanas, a busca teve como retorno o seguinte tuíte:

> @Openbank_SA Olá! Um dia criei minha conta no Openbank e houve problemas com minha senha de acesso e não tenho conseguido vê-la ou acessá-la. Saudações (David @domtoledo73 18 julho 2011).

Um cliente tinha se registrado há três anos e, por algum motivo, suas senhas de acesso falharam e ele nunca conseguiu entrar em sua conta. Após duas semanas de acompanhamento e de ajuda por meio de mensagens diretas, David voltou a estar em contato para retomar a atividade. Em uma das mensagens, perguntou se não poderiam enviar as senhas operacionais por sms em vez de correio físico. E também sugeriu que, para evitar futuros erros como o dele, que enviassem um alerta de senhas bloqueadas via sms. Essa última sugestão foi bem-vinda e colocada em circulação para a consideração da equipe de desenvolvimento.

Escutar o cliente sempre compensa. Especialmente se existe possibilidade de um diálogo que aprofunde a relação e a criação, como com David, de possíveis ideias para melhorar um serviço.

A "inovação social" é a última das quatro áreas em que dividimos nossa visão do *social customer engagement*. A inovação corporativa não deve estar alheia à vinculação com o cliente. É uma boa prática envolvê-la na vinculação. Mas não só com relação ao cliente. Definimos "inovação social" como o conjunto de atividades direcionadas a fomentar a inovação mediante o envolvimento, facilitado pelas mídias sociais, de agentes externos à organização – clientes, não clientes, fornecedores, distribuidores. Englobamos nessa "inovação social" conceitos como *open innovation* (inovação aberta), cocriação e *crowdsourcing*, que têm em comum a apresentação de atividades próprias da empresa a uma comunidade difusa ou real.

Aproximadamente metade das empresas que usam mídias sociais afirmava em 2010 que envolvia seus clientes por meio dessas mídias na criação de novos produtos ou em temas de inovação.[1] A cocriação é um termo que costuma se referir não apenas à participação dessa comunidade em processos de inovação, mas também a processos formais como atividades de comunicação, definição de promoções, atendimento ao cliente ou desenvolvimento de novos serviços (atividade tradicionalmente considerada de inovação). Como explica Vincent Boon, da Giffgaff, trata-se de pensar em novas formas de executar processos existentes mediante a participação de membros de uma comunidade.

A matriz da cocriação

Em nossa matriz de cocriação, agrupamos em três tipologias as ações orientadas à inovação por meio do novo ambiente da web social:

- *Pesquisa e monitoramento 2.0.* Diferentes técnicas de pesquisa on-line aproveitam as conversas nas mídias sociais para ajudar-nos a melhorar ou desenvolver nossos produtos e serviços. Ou a detectar oportunidades de mercado para criá-los do zero. As técnicas netnográficas procuram o envolvimento do pesquisador em comunidades on-line e derivam da técnica etnográfica utilizada na sociologia e em pesquisa de mercados, em que se unia a unidade familiar ou povos e comunidades em estudo para detectar costumes, hábitos ou tendências. Algo parecido acontece com o desenvolvimento das técnicas de *coolhunting*, nas quais a observação da atividade on-line de diferentes coletivos considerados de vanguarda ajuda a detectar tendências que podem ser aproveitadas para lançar produtos ou desenvolver novos eixos de comunicação. O uso avançado de ferramentas de monitoramento ajuda a detectar tendências e a analisar *customer insights*.
- *Community management.* O caso exposto do Openbank é um exemplo de melhorias introduzidas no serviço graças à participação "espontânea" da comunidade (difusa). O hotel Fairmont Chateau

---

[1] Disponível em http://blogs.forrester.com/doug_williams/10-12-07-how_to_turn_social_media_assets_into_social_co_creation_assets.

Whistler usa o Twitter (@fairmontwhistlr) para comunicar ofertas especiais, mas também pede opinião a seus clientes por meio de enquetes simples, pedindo que votem nas atividades que gostariam que fizessem parte de um pacote especial de inverno.

- *Comunidades e tempestade de ideias.* Comunidades autossustentáveis como a Linksys ou a Giffgaff, que se amplia à comunicação *member get member* e à cocriação de pacotes de dados e voz. Outras comunidades ou ações pontuais muito populares estão diretamente orientadas à geração de ideias, como o Ideastorm, da Dell, ou o OpenPlanet, da Sony.

Matriz da cocriação

	PRODUTO/SERVIÇO	PROMOÇÃO	AT. CLIENTE	COMUNIC.	
INVESTIGAÇÃO ON-LINE	●	●			Research Netnografia Online Panel
COMMUNITY MANAGEMENT	●	●	●	●	Pesquisas Conversas Comentários
COMUNIDADES/IDEASTORMS	●	●	●	●	Plataformas Incentivos Campanhas

Research 2.0

Embora a pesquisa on-line possa parecer demasiadamente sofisticada para ser posta em prática sem o suporte de uma empresa externa ou um departamento de pesquisa, o certo é que acessar o que pensa o consumidor social é mais fácil do que nunca. Uma simples amostragem dos comentários sobre casas rurais, em um portal como Toprural, permite-nos categorizar e ponderar atributos valorizados pelos clientes.

É essencial selecionar boas fontes de escuta. Coletar e tipificar comentários no Excel, agrupando e esquematizando. Detectar tendências e quantificar, na medida do possível, os comentários, tentando classificar e esquematizar. Detectando tendências e distinguindo entre intensidade (o quanto se menciona algo) e dispersão (em quantos sites diferentes se menciona).

> @NH_Hoteles #nãogosto da saída às 12h com pressão, dos 17 € por dia pela internet... (@NH Atlantico) http://4sq.com/ggGfcT (Roberto Carreras @robertocarreras 20 fevereiro 2011).

Se formos capazes de elaborar um simples informe para fazê-lo circular dentro da organização, teremos dado o primeiro passo para incorporar um *feedback* acessível on-line, de forma estruturada, para ajudar na tomada de decisão.

A comunidade e a inovação

Se nossa marca não for muito conhecida ou reverenciada, ou se pertencermos a um setor com falta de glamour, será mais trabalhoso envolver nossos fãs na criação de ideias. Segundo a Forrester, 61% dos usuários das redes sociais estariam dispostos a oferecer ajuda no desenvolvimento de novos produtos. Destes, 70% o fariam com qualquer marca, independentemente de sua afinidade com ela.[2] Mas são dados dos Estados Unidos, e temos bons motivos para suspeitar que na Espanha essas porcentagens não são tão elevadas, embora casos como o da Bankinter Labs evidenciem que isso não é impossível.

Não é recomendável criar, em qualquer caso, ações específicas de geração de ideias até que seja desenvolvida uma relação profunda com a comunidade. Entretanto, podemos aprender a perguntar (sem esperar

---

[2] Disponível em http://blogs.forrester.com/doug_williams/10-08-16-consumers_are_willing_co_creators_more_intersection_social_media_and_consumer_product_strategy.

resposta) e a nos comprometer com as ideias que possam surgir, como a de David. Em muitas ocasiões, o carinho investido na comunidade será recompensado por indicações espontâneas e sinceras, como podemos considerar a participação de um cliente satisfeito no processo de comunicação de produto:

> Quero um hotel de boa qualidade ao melhor preço disponível. Qual é o melhor – @abbahoteles, @NH_Hoteles ou @AC_Hoteles? #twitterenmadrid (Laura L. Gómez @laura 9 fevereiro 2011).
>
> @laura @NH_Hoteles é uma boa escolha sempre... Veremo-nos em @iRedesBurgos. Haverá tweetup em Madri? (Enrique Burgos @eburgosgarcia 9 fevereiro 2011).

Em maio de 2010, a Privalia desenvolveu a Fan Shop no Facebook, uma iniciativa pioneira para conseguir a participação dos sócios e oferecer vantagens exclusivas, o que lhes permitiu crescer de 20 mil para 120 mil fãs em pouco tempo. A loja tinha um horário de abertura marcado pela empresa. No entanto, quando a Privalia Itália perguntou por meio da funcionalidade "Questions" do Facebook sobre o horário, o resultado foi avassalador: mais de mil respostas em uma hora expressavam o pedido unânime de que o horário estabelecido fosse modificado, o que foi atendido rapidamente pela organização.

Comunidades de cocriação

IngenuityWorking é uma comunidade criada pela Psion, uma fabricante de dispositivos eletrônicos para empresas de armazenamento e transporte. Com o objetivo de enfrentar uma situação financeira delicada, o CEO, John Conoley, e o CMO, Nick Eades, decidiram impulsionar um espaço de trabalho colaborativo para funcionários, fornecedores, *partners* e clientes da Psion. Uma olhada rápida em seus fóruns de trabalho sugere que a empresa está na ativa, com um tom técnico em perguntas e respostas:

> [...] recentemente temos encontrado dois estranhos comportamentos no NEO: só se acende quando é apertado o botão vermelho, azul e amarelo durante 6 segundos. [...] Não encontramos o "Clean start main OS" no menu de partida [...] (@metcherin, 30 novembro 3h31).
>
> [...] Para executá-lo, após acessar a BooSt, você tem que apertar .clean ou .25326 (depende do tipo de teclado) e validar pressionando a tecla Enter (@EHD_Marcello Diaz, 30 novembro 4h10).[3]

O próprio John deixou claro que as mídias sociais seriam a ferramenta para acelerar a colaboração entre os funcionários e o restante da cadeia de abastecimento. "Os jovens que contratarmos a partir de agora terão de estar familiarizados com as ferramentas 2.0, e terão de agregar esse conhecimento em sua função." Wikis, blogs e milhares de comentários. Em um ano de atividade, a comunidade contava com 12 mil membros, mais de 50 mil visitas por mês e 2,5 milhões de páginas visualizadas. Os instaladores de hardware da Psion contam também com um diretório no qual geram contatos comerciais com os clientes da Psion.

Uma das páginas de ideias mais famosas de cocriação é MyStarbucksIdea.com. Milhares de ideias propostas pelos fãs da Starbucks chegam a cada dia e são submetidas a avaliação. A primeira ideia foi implantada em 2008. Diante das queixas por espirros de café, fabricaram-se uns bastões (*splash sticks*) para remover o café que entope o buraco da tampa de plástico do copo. Depois de uma experiência-piloto e de uma acolhida positiva, a solução foi implementada nos Estados Unidos. Após um ano e meio, tinham sido colocadas em prática mais de cem melhorias, e o número não para de crescer.

Como já dissemos, as comunidades proprietárias de geração de ideias não são fáceis de se implantar e manter. Conseguir um grau de participação suficiente não é simples para ninguém. Por isso, surgiram comunidades verticais de ideias como a Ideas4All, que podem pôr sua comunidade a serviço de diferentes causas.

---

[3] Disponível em http://community.psion.com/discussions/f/67/t/3390.aspx.

Ideas4All: uma comunidade espanhola de ideias

A morte por Alzheimer do pai de Ana María Llopis fez com que ela refletisse muito sobre a perda da memória imediata e das ideias que ele tinha tido ao longo de sua vida, que tinham ficado no limbo. Sentiu que a perda de ideais, um capital humano tão importante, não deveria continuar acontecendo. Intimamente, ela sabia que o século XXI seria o século do conhecimento e das ideias. Criaram-se novos modelos sociais, econômicos e de empreendimento para um mundo mais sustentável e de paz.

Enquanto trabalhava para multinacionais e grandes corporações, Ana María sempre sentiu falta de um lugar no qual pudesse depositar as ideias que lhe ocorriam para outras empresas, instituições ou produtos. Obcecada com o conceito de se lembrar de ideias e compartilhá-las, em 2007 ela decidiu dar um giro copernicano à sua carreira profissional e criar uma rede social que desse uma resposta a essa necessidade. Começou reunindo-se em uma garagem com amigos e colegas, às sextas-feiras à tarde, para dar forma ao projeto, até que, seis meses depois, "decidimos nos jogar na piscina, fundá-lo e financiá-lo inicialmente". Até Peter Wood, considerado pelo *The Economist* um dos dois únicos europeus (o outro é Amancio Ortega) "realmente inovadores", proporcionou-lhes apoio e ideias para o projeto.

Antes de lançar a plataforma, eles realizaram uma pesquisa de mercado que não fez mais do que confirmar sua suspeita: 85% dos internautas declararam ter ideias que se perdem por falta de um lugar onde possam compartilhá-las e, depois de visitar o Ideas4All, 85% confirmaram sua intenção de usar a plataforma e 75% afirmaram que colocariam ideias no site. O Ideas4All nasceu com o objetivo de criar o maior repositório de ideias do mundo por colaboração aberta e desinteressada. A iniciativa já supera o número de 100 mil ideias, de 160 países diferentes, e está à disposição de qualquer empresa, instituição ou pessoa que deseje procurar novas ideias ou inspiração. Desse conjunto de ideias, 75% figuram sob a licença da Creative Commons, ou seja, foram doadas para a comunidade.

O segundo objetivo consistiu em "empacotar" a aprendizagem e colocá-la ao alcance de empresas, instituições, universidades e cidadãos em um serviço confortável, flexível e acessível para as empresas e instituições, que servisse de motor para a inovação aberta. Para isso, desenvolveu-se uma plataforma modular, a Innovation Agora, acessível a empresas que queiram utilizá-la como rede social de inovação interna (funcionários) ou externa (clientes).

Para Ana María, "inovação" é questionar o que se faz e como se faz, pôr em funcionamento o pensamento lateral. As empresas já não têm opção, nem podem escolher entre inovar ou não inovar. Seu desafio agora consiste em levar a público seus procedimentos de inovação, democratizar o processo e deixar que novas ideias estejam no lado de fora. O Ideas4All é um aplicativo que apoia o processo de cocriação e que é fácil de administrar. Os processos de *crowdsourcing* são uma realidade graças às mídias sociais e, sem eles, os custos e o tempo não seriam abordáveis.

Para a equipe que compõe o Ideas4All, sempre é um momento especial descobrir que algumas das ideias têm sido concretizadas: como no caso da After Hours Shoes (a ideia 282), da máquina de Nespresso para chá (2.439), de chamar os desempregados para as mesas eleitorais (22.099, comentada em um artigo pela revista *Capital* dois anos depois) ou de um teclado modular para o computador (53.083), que Fujitsu apresentou em 2011.

O sonho do Ideas4All é transformar o mundo compartilhando ideias e criando novos modelos e novas empresas que gerem um mundo melhor. Um sonho ambicioso em que muitos de nós embarcaríamos. Uma abordagem que compartilha na origem o projeto Open Planet Ideas, da Sony.

Caso Sony: Open Planet Ideas

A tecnologia pode nos ajudar a fazer um uso melhor dos recursos de nosso planeta? Não é a primeira vez e nem será a última em que uma marca organiza um *focus group* para mergulhar na opinião dos consumidores. Mas a iniciativa da Sony não estava centrada em conhecer o que os clientes pensavam sobre seus produtos, mas sim na busca de ideias que permitissem melhorar o planeta.

A iniciativa chamou-se Open Planet Ideas e foi organizada em conjunto com a WWF e a IDEO, uma empresa de desenho e inovação que possui um software similar ao Innovation Agora do Ideas4All. Durante 145 dias – e oriundas de 199 países –, foram conseguidas quatrocentas propostas de diferentes pessoas. Depois de um processo de avaliação e uma lista "curta" de sete propostas, a ganhadora foi escolhida. Uma aposta na inovação difícil de ser executada sem o uso das mídias sociais. A metodologia de trabalho da Open IDEO é resumida nas seguintes fases:

- *Inspiração*. Pedir à comunidade que ajude a dar forma ao desafio, durante quatro semanas, transmitindo quais são os elementos que lhes preocupa especialmente na temática proposta. Em seu formato mais incipiente, conseguiram um total de 329 ideias sobre as quais os especialistas trabalharam, agrupando-as em um total de seis temas.
- *Conceituação*. Durante nove semanas, sobre a base dos temas propostos e com um elevado volume de participação, a comunidade deu à luz um total de quatrocentos conceitos.
- *Avaliação*. Os quatrocentos conceitos foram minuciosamente estudados, até reduzirem-se a sete, dentre os quais foi escolhido um, na fase final. Foi um trabalho conjunto do painel de especialistas designado e da comunidade.
- *Conceito final*. Foram realizadas votações para escolher um ganhador. A ideia escolhida foi o Greenbook, um aplicativo que permitiria que o usuário localizasse projetos realizados por voluntários no local onde moram e se conectasse com eles. Foi escolhida por sua originalidade e impacto potencial, mas sobretudo porque foi a que despertou maior interesse na comunidade.
- *Desenvolvimento*. Implementação da ideia ganhadora com a colaboração de todos os participantes ao longo do projeto.

Tudo foi desenhado e planejado para obter a maior participação possível. Um antes e um depois na capacidade para chegar a milhares de pessoas, despertar o interesse e conseguir desenvolver um sentimento de pertencimento mediante o uso das mídias sociais. Embora tenham sido realizadas campanhas de publicidade por meio de canais de grande alcance, como a National Geographic do Reino Unido, teria sido impossível o investimento em publicidade tradicional e o desdobramento necessário para alcançar uma audiência espalhada pelos 199 países, apesar da presença da Sony na maior parte deles.

Mais importante ainda era que as pessoas se sentissem parte do projeto, e isso só aconteceria se elas pudessem participar de maneira real. A plataforma da IDEO teve um papel importante como centro das avaliações, mas também a dinamização ativa em plataformas como o Twitter, em que se desenrolou uma *build hour*, por exemplo. Uma sessão de sessenta minutos na qual cada um, de maneira ágil e rápida, podia propor suas ideias e comentar as dos outros. Em uma hora chegaram a ser colhidos 26 conceitos e mais de 250 tuítes.

A pergunta da Sony não era uma novidade; fazê-la em aberto, sim, aceitando o que uma comunidade de desconhecidos estivesse disposta a mostrar como o caminho.

A inovação é social

Ao começar a trabalhar na Boyacá, Rafael Gil se desconectou das bases de dados da Accenture e abriu seu próprio blog para criar uma pequena comunidade pessoal de aprendizado. Embora ele não soubesse, estava colocando a primeira pedra de sua rede individual de inovação: um modelo descentralizado de inovação ante os modelos centralizados habituais nas grandes corporações.

Defendemos que a inovação se sustenta sobre três "cos": conhecimento, conexão e coragem. E esses três pilares estão reforçados quando lidamos com um socialholic. Como explicamos com o SER+, nosso modelo motivacional, as mídias sociais consolidam nossa autoestima, ajudam-nos a entender melhor o que há ao nosso redor, facilitam nossa relação com esse ambiente e nos permitem crescer como pessoas.

- *Conhecimento*. Aprender ou entender melhor o que queremos mudar ou o ambiente no qual queremos entrar pela primeira vez.

Quando Rafael Gil pergunta se alguém conhece um software livre de eLearning, está apoiando-se em sua rede pessoal para acelerar sua capacidade de aprendizado.

- *Conexões*. *"Find a freaky far away"*, recomendava Tom Peters. Alguém que nos proporcione outro ângulo na hora de focar em um problema. Nossa rede de amigos ou de amigos de nossos amigos também pode nos dar o empurrão necessário para desbloquear um projeto.
- *Coragem*. Impulsionar a inovação é, em última instância, uma decisão pessoal. Podemos buscar a aprovação de um conselho de direção ou o consenso de um grupo de trabalho, mas alguém termina sendo designado responsável máximo. Nossa atividade social nos proporciona autoestima e suporte emocional, ou seja, coragem para empreender.

Uma pessoa empreendedora transformará rapidamente sua rede de aprendizado pessoal em uma rede individual de inovação. A inovação é social e constrói-se sobre inovações passadas. E as pessoas inovadoras têm maiores facilidades do que nunca para se encontrar, trabalhar conjuntamente e impulsionar a mudança. Uma mudança social em grande escala, que já está acontecendo e que afetará igualmente o âmbito empresarial e o civil. A transparência, a participação e a colaboração serão os pilares de um governo aberto, uma realidade em andamento e sem volta, por mais que a classe política (assim como a empresarial) dedique certo empenho em manter o *status quo*.

Governo aberto e dados abertos

Quando a Comissão de Transportes de Toronto decidiu melhorar sua página na web, pediu a colaboração dos leitores de quatro blogs muito influentes da cidade. Seguindo seus conselhos, o www3.ttc.ca deixou de ser qualificado como "o pior site da web, sem dúvida, do país" para tornar-se, em 2008, um dos sites mais populares do Canadá. Ao procurar um logotipo para a campanha de 2011 sobre mudança climática, o Ministério do Meio

Ambiente da Espanha planejou um concurso na web para estudantes de publicidade e desenho.

Os governantes começaram a compreender que pode ser benéfico obter apoio das pessoas cujos destinos estão nas mãos deles e solicitar na internet a ajuda de profissionais, empresas e pessoas comprometidas. Essa vontade é a que inspira o denominado governo aberto ou *open government*, baseado em três princípios: transparência, colaboração e participação. A primeira premissa implica, por exemplo, colocar ao alcance da sociedade muitos dados que a administração possui e que podem servir de matéria-prima para aplicativos de informática que sejam, por sua vez, úteis para a sociedade. É o que se conhece como *open data* ou reutilização da informação do setor público. Só na Espanha essa atividade gera, hoje, aproximadamente 600 milhões de euros e emprega aproximadamente 5.500 profissionais qualificados.

A transparência também tem utilidade democrática. Estarmos informados e conhecer os critérios utilizados para atribuir os recursos públicos nos torna mais livres. Se fizéssemos uma pesquisa sobre que dados seria preciso liberar, seguindo o caminho na Espanha de prefeituras como a de Gijón ou Zaragoza, um bom número de pessoas escolheria conhecer, sem dúvida, a eficiência da gestão de nossos governantes. O portal Open Data Navarra, por exemplo, mostra toda a informação relativa aos salários que recebem seus altos funcionários e assessores. Na Grã-Bretanha, organizações como a Open Knowledge Foundation são as que utilizam os dados liberados pela administração para traçar gráficos dinâmicos e facilmente compreensíveis de todos e cada um dos investimentos públicos do país. Isso é feito a partir de aplicativos como Where Does my Money Go?; na Espanha, o equivalente é ¿Dónde van mis impuestos?.[4]

Com respeito à colaboração, o segundo princípio do governo aberto, encontramos também no Reino Unido a mais famosa página de colaboração cidadã: Fix my Street, que há anos e graças aos esforços da organização My Society, permite que qualquer um informe a prefeitura de sua cidade, via internet, as anomalias ou deficiências existentes em seu bairro, quer se

---

[4] Disponível em http://www.dondevanmisimpuestos.es/.

trate de um buraco em uma avenida ou de um semáforo quebrado em um cruzamento perigoso.

A participação é o coração do bom governo

Irekia (em basco, governo aberto) é uma das iniciativas públicas baseadas na participação cidadã mais reconhecidas da Europa. Trata-se do portal destinado a promover a inclusão das pessoas no processo de decisão de toda a classe de procedimentos, leis ou decisões do governo basco. Por um lado, a inteligência cidadã canaliza-se tanto dentro como fora da rede oficial, com o fim de gerar múltiplos âmbitos de debate e participação transversal; por outro, os comentários coletados são incorporados aos documentos de trabalho que haverão de fundamentar as políticas públicas regionais. Assim se deduz desse comentário sobre conciliação da vida profissional e familiar que expõe Amaia Gómez Corcuera:

> Propostas que não suporiam custo para a administração, mas melhorariam a vida familiar: ampliar o período de licença para cuidar de filho menor, para poder cobrir as férias escolares até os 14 anos; licença remunerada para cuidar dos filhos durante doenças e convalescenças, tanto leves como graves; redução de jornada até os 16 anos (idade de educação obrigatória). Implantá-las legalmente, para que as empresas não possam negar [essas medidas] aos pais, mães ou responsáveis legais.[5]

Não há exemplo mais amplo de governo aberto do que o da Islândia, que desde 2010 parece canalizar todos os grandes experimentos cidadãos do planeta. Hoje em dia, qualquer um se perderia absorto em seus domínios digitais, infestados de ideias e sugestões, após conhecer o processo de

---

[5] Disponível em http://www.irekia.euskadi.net/es/proposals/142-conciliacion-laboral--familiar.

participação iniciado via web para dotar o país de uma nova constituição. O rascunho dela foi ampliado via Twitter, Facebook e YouTube.

Como expôs Katrin Oddsdóttir, uma das 25 pessoas que compuseram o conselho constituinte: "Se não fizéssemos com que as pessoas participassem, não existiria um sentimento de propriedade do novo documento".[6] Temia-se que as pessoas acumulassem besteiras e insultos, mas não foi assim, e a web oficial de participação, em inglês e islandês, na qual se recebia o rascunho prévio, permitia que as pessoas enviassem suas propostas ou comentassem as existentes por meio de um widget do Facebook. Toda quinta-feira, a assembleia se reunia em sessão aberta, com transmissão direta.

A participação aberta significa inovação e sentimento de pertencimento. Algo similar deve ter pensado a Fiat quando imaginou um processo aberto para desenhar um novo modelo de carro.

Fiat Mio: o carro desenhado por todos

O que deveria ter um carro para que eu pudesse considerá-lo meu, mas levando em conta os demais? A Fiat Brasil procurava a participação dos usuários na criação de um novo veículo: o Fiat Mio, um modelo cujo desenho ficaria sob a licença da Creative Commons, similar a outros processos de criação aberta nos quais não existe direito de autor nem licenças de propriedade. Para canalizar o processo, a Fiat desenvolveu uma plataforma que permitisse aos participantes manifestar suas opiniões e contrastá-las com as dos outros participantes. Também foram criados perfis no Twitter e no Facebook.

Na fase prévia, foram coletadas mais de 11 mil ideias procedentes de 17 mil participantes de 120 países. Aspectos tais como o número de vagas, quesitos relacionados ao meio ambiente ou as opções de multimídia que o carro deveria incorporar. Daniel Vitola de Vargas contribuiu com a seguinte ideia:

---

[6] Disponível em http://www.elpais.com/articulo/internacional/Islandia/reforma/Constitucion/via/Facebook/elpepuint/20110627elpepuint_2/Tes.

Esteja onde estiver, o Fiat Mio deve permitir conexão total com a internet. No dia a dia, é importante que ferramentas como o Google Maps ou o Earth sejam acessíveis aos motoristas. Com código aberto, o Fiat Mio permite a conexão com qualquer dispositivo, pen drive, iPod e outros aparelhos via Bluetooth.
O Fiat Mio comunica-se com um aplicativo "Fiat Mio", que avisa ao dono com antecedência sobre quando ele deve fazer uma revisão periódica ou de componentes que possam apresentar desgaste. O aplicativo pode estar instalado no computador ou no celular e permite analisar o rendimento do carro e o consumo de combustível, além de apresentar diferentes métodos para uma direção econômica.
A Fiat também pode obter informação a partir desse aplicativo para melhorar futuras versões do carro.[7]

Depois da primeira coleta de informações, a equipe da Fiat encarregada do projeto filtrou e afinou o *briefing* para submeter as melhores ideias à votação dos participantes em um diálogo aberto, mas ao mesmo tempo moderado pela empresa. Na fase de conceituação, uma equipe de designers da Fiat trabalhou de forma aberta com a comunidade, comentando on-line as decisões relativas ao desenho, uma atitude radicalmente diferente do sigilo habitual que permeia esses processos.

A apresentação do protótipo teve lugar em outubro de 2010 no São Paulo Auto Show. Ficaram para trás centenas de debates sobre como melhorar a visibilidade total do motorista; a necessidade de criar um ID para cada carro, facilitando assim sua utilização nas redes sociais e na chegada da "internet das coisas"; como conectar os sistemas móveis e smartphones no carro ou como melhorar os aparelhos eletrônicos de entretenimento e navegação próprios do carro.

Pode parecer que a participação de "absolutos estranhos" em algo tão apreciado como a definição de nosso produto seja um conceito radical e destinado a tornar-se anedota. Josef Zotter, empreendedor austríaco e fundador da

---

[7] Disponível em http://www.fiatmio.cc/en/2010/10/conectividade_internet_e_aplicativo_com_codigo_aberto/.

fábrica de chocolates que tem seu nome, é conhecido pela seguinte afirmação: "Trabalho o dia inteiro com chocolate, é nisso que centro toda minha energia. Não acredito que ninguém, nem mesmo o cliente, tenha critério para me dizer o que devo fazer". Há quem diga que um usuário de telefonia móvel não teria podido imaginar o iPhone e conta-se que Henry Ford afirmou que, perguntando a seus clientes, só teria chegado a um cavalo mais rápido. Como sempre, a verdade terá que ser buscada na escala de cinzas.

Também poderia parecer que integrar o cliente em nossos processos de inovação está demasiado longe no funil do engagement. Lembrando o "e" da nossa metodologia EcoTc, devemos visualizar a integração como uma etapa avançada. Por isso acreditamos que é hora de trabalhar concretamente e começar o caminho andando, sem necessidade de começar dando pulos nem de pensar demais no santo graal das mídias sociais.

É hora de começar a trabalhar no 2.0

IV. MÃOS NO 2.0

A empresa é um meio de comunicação

11

"Eu gostei dos castelos infláveis e da monitora Eva e do waka-waka... calados já" – disse Eva, de aproximadamente 4 anos, diante da câmera.[1] O grito final foi dirigido a seu pai e sua mãe (que tem a filha recém-nascida no colo). Estão todos sentados no sofá do apartamento do hotel Entremares, em La Manga del Mar Menor, Múrcia. Olham para a câmera e explicam em turnos por que decidiram voltar ao hotel. O título do vídeo no YouTube é: "Férias na praia – Hotel em La Manga del Mar Menor – Ofertas crianças grátis – Hotel Entremares". Seu canal acumulou em um ano 150 mil visualizações de vídeos de testemunhos de clientes satisfeitos em imagens hesitantes com tags simples que nos colocam dentro do contexto.

Se a vinculação é a nova publicidade, e uma das ferramentas necessárias para a vinculação – tal como a definimos no capítulo 7 – é a criação de conteúdos, toda empresa, grande ou pequena, para fazer frente a processos de produção para alimentar seus canais on-line, torna-se um meio de comunicação.

Não se trata de comprar conteúdos. Embora em muitas ocasiões terceirizar a produção também seja necessário, não poderemos evitar ter o controle total. Por que, se não é nossa capacidade principal? Porque a batalha será cruel e requererá doses de autenticidade. O post do CEO da empresa explicando uma difícil decisão financeira; o chefe de produto responsável pelo

---

[1] Disponível em http://www.youtube.com/watch?v=PcbgGH7bnIw&feature=channel_video_title.

desenho explicando na câmera as novas funcionalidades que pensaram e que descartaram; um consultor falando das lições sobre o software de gestão documental que aprendeu nos projetos nos quais tem participado nos últimos anos. Comunicar mais, de forma real, introduzindo mecanismos de empresas de mídias. E, também, a custo baixo e qualidade aceitável para o amador.

Em um ano de projeto, o hotel Entremares postou no YouTube quatrocentos vídeos. Como? Alberto Inglés, diretor do hotel, explica que foi necessário "envolver absolutamente todo o pessoal dos estabelecimentos e, fundamentalmente, os chefes de departamento para que entendessem o trabalho do CM como coordenador". Segundo ele, "o sucesso ou o fracasso depende de seu envolvimento direto ou indireto".[2] De fato, Alberto explicou certa vez que o momento da gravação de um testemunho costuma acontecer quando, no *check-out*, a pessoa da recepção detecta os clientes satisfeitos e lhes pergunta de maneira cortês se podem fazer uma pequena entrevista em vídeo para que expliquem do que eles gostaram. Eles são acompanhados a alguma instalação externa com um fundo de jardim ou algum lugar emblemático do local e, postos diante da câmera, pede-se a eles que simplesmente digam do que mais gostaram do hotel. "Certamente, Entremares representa um extremo das PMEs em relação ao marketing on-line. Um recepcionista da noite foi promovido a chefe de reservas há dez anos, e esse chefe de reservas aprendeu html e fez nosso primeiro site."

É tão real que dá vontade de pegar as malas e dar um mergulho rápido na piscina do hotel. Mas não sem antes refletir sobre como elaborar um plano editorial para transformar a empresa nesse meio de comunicação que procuramos.

Planos editoriais para a criação de conteúdo

Os objetivos de posicionamento e os princípios de identidade marcados no plano estratégico são *inputs* para fixar os objetivos editoriais da empresa

---

[2] Disponível em http://www.territoriocreativo.es/etc/2011/03/innovacion-social-rs³-para--pymes.html.

e as temáticas e tipologias de conteúdos que criaremos. Para escolher as plataformas nas quais distribuiremos esses conteúdos, devemos refletir sobre as comunidades difusas ou reais com as quais pretendemos estabelecer uma relação. Os pares "comunidades-tecnologia", que descrevemos na nossa metodologia EcoTc, nos mostrarão a necessidade de criar um blog, um segundo blog ou manter uma conta no Slideshare para as apresentações corporativas.

No capítulo 4, vimos que o objetivo editorial de uma empresa pública como os Correios nas mídias sociais alinhava-se com o objetivo estratégico da empresa de ganhar um posicionamento associado ao e-commerce e às encomendas. Se, como eles, decidíssemos criar conteúdos e mídias sobre temas gerais, seria aconselhável recorrer a uma análise prévia de conteúdos na rede e das principais iniciativas existentes nas mídias sociais em torno do contexto pesquisado. Ao planejar uma temática ampla, digamos, por exemplo, a fotografia, é provável que encontremos muitas iniciativas que concorrem em atendimento com a nossa: iniciativas complexas de empresas das mídias ou de pessoas físicas que são fãs ou lideradas por empresas concorrentes ou de produtos na mesma categoria: um fabricante de câmeras e uma empresa que imprime álbuns de fotografia, por exemplo. Se determinada categoria temática está muito saturada, é preferível procurar nichos, com os quais acessaremos comunidades de interesse mais reduzidas – mas com menos esforço conseguiremos ser uma referência, especialmente se o orçamento não puder concorrer com iniciativas já assentadas: uma revista ou um blog como o Xataka Foto, de uma empresa como a Weblogs SL, que foi criado há anos. Em tais casos, poderíamos querer nos especializar e criar um blog de fotografia urbana em branco e preto, por exemplo.

Também devemos pensar em como diferenciar essa mídia de outras já existentes (talvez trate-se de um videoblog e o desembaraço do apresentador marque a pauta), como dotá-la de personalidade própria por meio do desenho, do estilo e do tratamento dos conteúdos. Temos também de pensar como se relaciona com a marca e como falaremos de nós mesmos.

Há muito tempo inventamos a regra do 10/1. Trata-se de criar um conteúdo que não se centre cem por cento na própria empresa, mas que procure o contexto informativo em que se movimenta a marca. Encontrar seu nicho e criar um pequeno meio de referência para um grupo reduzido – porém importante – de pessoas. E, a partir daí, a cada dez histórias de interesse geral sobre a temática escolhida, podemos "infiltrar" um artigo puramente promocional. Em troca do valor que entregamos, nossa audiência ficará encantada em prestar atenção (divino tesouro) ao nosso post "de autoelogios".

À medida que fixamos as temáticas, que devem estar definidas com porcentagens aproximadas para cada plataforma, temos de vigiar as estatísticas (artigos mais visitados ou compartilhados, links mais seguidos no Twitter ou tuítes mais retuitados, "curtir" no Facebook, etc.) para entender quais conteúdos funcionam melhor do que outros e insistir ou descobrir novas temáticas.

Cada plataforma deve contar com uma adaptação do plano editorial, com sua guia temática redefinida ou ajustada e que defina seções, tipologias de conteúdos e frequências de atualização.

Decidir sobre formatos

A internet permite o uso de quase todas as formas de conteúdos. Podemos ver um filme, folhear uma revista, ler um livro ou ver tuítes que estejam vinculados a uma tag. Em muitos casos, as possibilidades de nosso plano editorial estarão determinadas por temas orçamentais, capacidades internas ou pelos objetivos empresariais.

Embora o vídeo seja o formato que mais cresce em consumo e que mais espaço de armazenamento e banda larga consome na internet, o texto é o formato mais difundido. Manter um blog permite facilmente gerar unidades de informação do tipo post (artigo escrito de extensão muito variável), embora sua leitura seja realizada na diagonal e devamos ser concisos e diretos. Também é habitual traçar conteúdos com desenho gráfico e ilustrações, e compartilhá-los em formato PDF, podendo ser descarregados ou, cada vez mais, visualizados diretamente com o navegador com serviços como o Slideshare ou o Scribd. Nessa categoria, introduzimos também a possibilidade de compartilhar apresentações corporativas de serviços ou as que são utilizadas como suporte em palestras e apresentações em público.

Um formato de texto um pouco abstrato, mas muito utilizado por sua simplicidade, é o update. Ele é diferenciado do post ou de um conteúdo textual mais elaborado porque é mais simples de se criar e costuma ser elaborado internamente várias vezes por dia. Ferramentas denominadas *lifestreaming*, como o Tumblr ou o Posterous, nasceram para simplificar o *blogging*, permitem compartilhar e republicar de maneira direta a partir de um navegador, reutilizar automaticamente ilustrações, fotos, vídeos ou uma seleção de texto, no qual podemos acrescentar um texto próprio. É similar ao que se pode fazer a partir da maior parte das redes sociais como o LinkedIn ou o Facebook. Com os 140 caracteres, falaríamos do Twitter.

Está demonstrado que uma boa foto vende. As lojas de comércio eletrônico e os usuários do eBay estão cientes disso. É uma boa estratégia utilizar fotos para reforçar o conteúdo do texto de um post, para guardar memória em álbuns do Facebook e etiquetar os participantes de um evento ou para ilustrar a realidade. Da mesma forma, é conveniente fomentar as capacidades de apresentação oral e a escrita criativa dos membros de uma equipe; é adequado oferecer bases sobre códigos audiovisuais.

O consumo do vídeo não deixa de crescer. O caso do Entremares não é o único. A Black and Decker – e centenas de outros fabricantes de ferramentas – oferece vídeos tutoriais de uso e permite que seus clientes baixem vídeos sobre como utilizar seus equipamentos. A produção de vídeo enfrenta um desafio de custo e sua "amadorização" será o elemento que marcará seu desenvolvimento como ferramenta corporativa.

A ilustração, as histórias em quadrinhos e os infográficos são conteúdos muito apreciados na internet, como mostra a quantidade de vezes que esses elementos são compartilhados com conteúdos de texto plano. Impactam visualmente e ajudam a digerir a informação com rapidez. Um ilustrador, Huge MacLeod, tornou-se celebridade mundial com as histórias que compartilhava em seu blog Gaping Void.

Outro âmbito de conteúdo é o desenvolvimento de jogos na internet. O Facebook está cheio de jogos desenvolvidos por empresas (outra forma de *branded content*). E o lançamento de jogos para smartphones não para de crescer.

O áudio e os denominados podcasts ou blogs falados encontram também seu espaço. O registro por meio da ferramenta do iTunes deu-lhes um impulso como formato corporativo, embora existam poucos exemplos em espanhol de empresas que o estejam utilizando. Tanto em áudio como em vídeo existem oportunidades evidentes em formatos ainda pouco difundidos.

Mencionaremos outros formatos no próximo capítulo, quando falaremos do plano de dinamização. Pensemos agora em como otimizar os conteúdos para que as pessoas os encontrem ao procurá-los em seu contexto temático.

A otimização do conteúdo para o posicionamento em ferramentas de busca

A ferramenta de busca do Google está sofrendo um processo de "socialização" notável e continua sendo a principal fonte de trânsito em quase todas as ocasiões. Embora as normas mais comuns tratem dos conteúdos textuais, já existem formas de otimizar conteúdos em vídeo e áudio, e não só em buscadores abertos como o Google, mas nas ferramentas de busca de outras plataformas como o YouTube ou mesmo o Facebook.

A otimização dos sites corporativos e as mídias sociais (SEO), tanto na redação dos conteúdos quanto em seus componentes técnicos, procura ocupar postos relevantes nos termos de busca frequentes para ganhar trânsito. Evidentemente, o SEO não deve se tornar um fim em si mesmo e temos de evitar que os conteúdos terminem adquirindo uma inclinação antinatural e contrária a seu fim, que deve ser a vinculação com as pessoas.

Um dos motivos da crescente popularidade das mídias sociais tem sido, precisamente, que a tecnologia na qual se apoiam e uma cultura baseada em vínculos sociais que se traduzem em links html (premiados no algoritmo do Google) têm influenciado no posicionamento natural das pessoas.

Como falávamos no caso do Inversis Banco, o uso coerente das mídias tem melhorado o *top ten* no Google.

Pautas de escritura nas mídias sociais

A interação on-line e o conteúdo também afetam a marca. Por isso, é adequado ter em mente os princípios aceitos de escrita on-line nas mídias sociais. Eis aqui alguns deles:

- *Um tom humano e próximo.* A comunicação nas mídias sociais não é distante nem fria. Soa humana e, em algumas ocasiões, até mesmo coloquial, descontraída, amável e próxima. No caso de um blog, por exemplo, devem assinar pessoas que escrevem na primeira pessoa e não redações nem assessorias de imprensa.
- *Escrever corretamente.* Está demonstrado, por exemplo, que os tuítes bem escritos conseguem mais difusão do que os mal escritos.[3] É recomendável manter boa ortografia, evitar escrever com maiúsculas (o que se associa a gritar) e a ortografia "tipo sms"; usar aspas para marcar vocábulos estrangeiros ou neologismos e erradicar o linguajar vulgar. Também é necessário o uso de um bom dicionário.
- *Manter a correção política.* Pensar antes de escrever e evitar as palavras ou atitudes que possam soar ofensivas para os demais usuários. Devemos estar conscientes de que a internet é global e de que falamos em nome de uma marca. É adequado evitar frases ofensivas do ponto de vista de religião, raça, política ou sexualidade.
- *Enfatizar as emoções.* Não esqueçamos que na linguagem escrita não é possível dar entonação e que as frases concisas, como no Twitter, são mal interpretadas com facilidade. Para evitar mal-entendidos, é importante investir o tempo adequado para conseguir que o sentido da frase fique claro. Podem-se usar *emoticons* básicos para simular tons de cumplicidade ou ironia.

---

[3] Disponível em http://www.briansolis.com/2009/10/the-science-of-retweets-on-twitter.

- *Links e citações.* Como já mencionamos no capítulo 6, cortesia, reciprocidade, agradecimento e honestidade são moedas de troca habituais entre os valores 2.0. Essas qualidades levam as pessoas a reconhecer-se entre si, agradecer a utilidade de um conteúdo e, sobretudo, a vincular-se (via html) "compulsivamente" com as fontes originais de leitura e pesquisa. Esses links, conhecidos na cultura blogueira como "vias", costumam ser moeda de troca e melhoram nosso crédito social e, indiretamente, nosso posicionamento em ferramentas de busca.
- *Ser criativos, chamar à ação.* A redação de um tuíte precedendo a um link que queremos que obtenha visitas pode multiplicar dezenas de vezes o sucesso dele. Especialmente naqueles artigos ou updates do Facebook que queremos que sejam redistribuídos por nossos usuários. Para isso, devemos prestar particular atenção ao estilo e à persuasão da redação.
- *Atualizar, não apagar.* Se cometermos um erro, é melhor não apagar o conteúdo, porque os mecanismos de distribuição já o terão levado aos usuários registrados de diferentes formas. É melhor atualizar, reconhecer e explicar o erro. Assim deixamos que os usuários participem do debate posterior à confecção final do conteúdo.
- *Pensar na ferramenta de busca do Google.* Sem chegar a forçar a escrita, devemos aprender a introduzir as palavras-chave nos títulos e a conhecer as expressões de busca relevantes do nosso ambiente temático. Utilizar corretamente as possibilidades no formato do texto, como negrito e cursivas, por exemplo, e também nos links que geramos e nas tags utilizadas. Entender a importância da URL e, se for possível, como editá-la a partir do gestor de conteúdos utilizado.

Códigos audiovisuais

O que foi mencionado no item anterior serve como ponto de partida para a linguagem audiovisual, pois é adequado manter o tom, mas revisando aspectos específicos da criação em vídeo e fotografia:

- *Pensar na história antes de começar a gravar.* A chave para gerar conteúdo que prenda o espectador é ter um roteiro elaborado para que

nosso vídeo ou sequência fotográfica fale por si só. O contrário fará com que geremos material sem um fim concreto e o espectador o abandonará assim que ele começar.
- *Menos é mais.* De maneira geral, deixar de fora o que não contribui com a história, porque na maior parte das ocasiões só introduzirá ruído. Se começarmos a partir de um roteiro, será mais fácil determinar o que deve ser incluído ou não. A narração o agradecerá e o espectador também.
- *Trabalhar o enquadramento.* Na hora do enquadramento, devemos procurar diferenciar e encontrar nosso próprio estilo. Repetir um tipo de enquadramento em cada vídeo torna-se parte de nosso estilo de comunicação e, portanto, vale a pena trabalhar para encontrar o que melhor se adapte àquilo que queremos transmitir.
- *Observar o sujeito principal da foto.* Observar o que aparece junto a ele, sobre ele e detrás dele muda por completo a visualização final. Um fundo mal escolhido ou um elemento que se infiltre no enquadramento pode estragar a cena e a montagem final. Sempre vale a pena dedicar um tempo para verificar onde colocamos nosso sujeito.
- *Cuidar da cor e da luz.* A luz e a cor fazem parte da mensagem que transmitimos. O volume do nosso sujeito e a textura implicam um modo de comunicar e uma vez mais ajudarão a arredondar o conteúdo que queremos narrar com nosso vídeo ou fotografia. A luz (a escolha dela, sua intensidade, dureza, direção) é o elemento que pintará nosso vídeo ou fotografia.
- *Considerar o contexto.* Em certas ocasiões nos falta material de apoio quando temos de montar um vídeo. Demasiado centrados no sujeito, nos esquecemos de colocá-lo no contexto, gravar ou fotografar o que há ao redor, o que será imprescindível para poder situá-lo na montagem final.
- *Fugir do instante.* Se pretendermos criar um conteúdo audiovisual que apoie uma mensagem, o estilo do instante pode valer em algum momento, mas é contrário ao conceito de partida: criar um conteúdo potente e elaborado para potencializar nossa marca.

- *Conteúdo curto e fácil de compartilhar.* Tão importante quanto a gravação e a produção do vídeo é que tenhamos em conta as chaves na hora de compartilhá-lo nas mídias sociais. E, entre essas chaves, a imediatidade, a facilidade para distribuí-lo, com a seleção adequada do serviço de publicação e, sobretudo, o limite do tempo de atenção, são elementos a serem levados em conta.

Coordenação departamental e supervisão de conteúdos

É muito habitual que o responsável pelos conteúdos nas mídias externas ou o community manager, se for o caso, coordene o intercâmbio de propostas editoriais entre diferentes áreas. Em alguns projetos, fixa-se com periodicidade semanal uma folha comum com diferentes etapas dos calendários de produto, patrocínios e segmentos, nos quais se marcam prioridades e se canalizam conforme a temática em diferentes plataformas (Tuenti, Twitter, Facebook, etc.). Em outras ocasiões, quinzenalmente realiza-se uma reunião editorial para analisar a resposta aos conteúdos publicados no blog e se fixa o planejamento dos dias seguintes, atribuindo temáticas a blogueiros ou propondo novos temas da atualidade ou tendências.

Às vezes, quando existe muita atividade em diferentes plataformas, é conveniente fixar uma estrutura de supervisão ou aprovação de conteúdos. Para isso, tipificam-se esses conteúdos em dois eixos: o eixo horizontal marca a temática e o eixo vertical, a propriedade do conteúdo; o nível de criticidade é marcado em tons crescentes até o preto, para baixo e à direita. Podem ser estabelecidos vários níveis de supervisão, embora dois ou três níveis costumem ser suficientes:

- *Conteúdo branco, cinza e preto.* O branco é um conteúdo que não está diretamente relacionado com o contexto da atividade de uma empresa, mas que se utiliza em mídias próprias. O cinza é um conteúdo com uma relação mínima com o setor de atividade. O preto é um conteúdo que fala de nossos produtos, serviços, da marca ou de outras atividades corporativas. Uma sala de imprensa apresenta conteúdo exclusivamente preto. Algumas contas no Twitter também. Consideremos o caso de uma empresa de seguros de veículos. Se colocarmos um link no Twitter com um artigo sobre uma nova ferramenta de medição, o conteúdo será branco. Se o link for sobre um novo regulamento de uma entidade que regulamenta o trânsito, o conteúdo será cinza. Se escrevermos sobre um novo produto da empresa em nosso blog, o conteúdo será preto.

- *Conteúdo conversacional, alheio, próprio, original.* Um conteúdo conversacional, como veremos no capítulo 12, faz referência a alguma interação "sem maior transcendência" em uma mídia social. Um link alheio no Google+ pode ser menos crítico que um link próprio (a não ser que se trate de um link controverso, mas eliminamos esse tipo de conteúdo das temáticas do plano editorial). Por exemplo, um link para um vídeo publicado em nosso canal do YouTube envolverá menos risco do que publicar um post original em um blog corporativo.

Níveis de supervisão de conteúdos

	Conteúdo branco	Conteúdo cinza	Conteúdo preto
Conversacional	1	2	4
Conteúdo alheio	1	2	4
Conteúdo próprio	2	3	5
Conteúdo original	2	3	5

criticidade →

criticidade ↓

Funnel RSS: gestão de fontes de conteúdo

O trabalho de busca, seleção e organização de fontes em diferentes idiomas relacionadas com as temáticas que procuramos abordar em nosso plano editorial marcará, em grande medida, o sucesso da geração de conteúdos próprios e externos. Esse trabalho requer pesquisa e coordenação com diferentes áreas e um acompanhamento contínuo para seguir avaliando e acrescentando novas fontes de interesse.

O crescente volume de notícias diárias torna necessário dispor de um filtro, de uma abordagem sobre que tipo de conteúdo merece difusão ou edição. Costumamos indicar a criação de um sistema, que denominamos Funnel RSS, que inclua uma ferramenta compartilhada e acessível para toda a organização (sistemas de assinaturas a fontes via RSS, como o Netvibes ou o Google Reader). O Funnel RSS poderia estar organizado em três níveis: fontes, buscas temáticas e menções à marca. O primeiro coletaria as fontes designadas, organizadas por pastas temáticas ou de prioridade. Uma segunda parte poderia coletar buscas por palavras-chave de temáticas relacionadas em serviços como Blogsearch do Google, com alertas RSS que se incorporam ao *funnel* para detectar conteúdos soltos que possam ser de interesse. Independentemente de dispor ou não de uma ferramenta mais sofisticada de monitoramento, é conveniente organizar um terceiro item com um monitoramento simples com ferramentas de acesso gratuito de menções à marca ou a produtos, ou de links de entrada em mídias próprias, como o blog, ou na web.

Com o sistema em andamento, e levando em conta os planos editoriais e temáticos por plataforma, as equipes responsáveis pela criação de conteúdos em diferentes mídias podem ir gerenciando o fluxo de informação. No esquema proposto, as notícias mais relevantes do fluxo informativo terminarão gerando um conteúdo branco no blog. Aquelas dignas de resenhas, mas menos importantes, podem ser compartilhadas no Twitter ou no Facebook, ou em outros sistemas de publicação rápida, como no Tumblr.

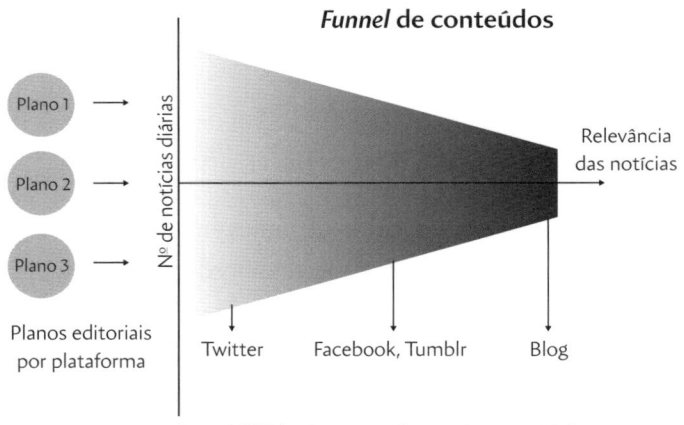

Funnel de conteúdos

Funnel RSS (assinaturas a fontes de conteúdo)

Social media optimization and integration

O conceito de SMO (*social media optimization*) foi criado por Rohit Bhargava em 2006 para referir-se às ações, principalmente "técnicas", destinadas a facilitar a difusão e a propagação dos conteúdos por meio das diferentes plataformas sociais. Uma revisão profunda para facilitar a conexão e a integração entre os diferentes pontos nodais sociais da empresa. Dessa forma, os usuários que estão em um ponto nodal da organização podem chegar a outras mídias e também compartilhar seus próprios conteúdos:

- *Botões para compartilhar conteúdo*. Falamos de sistemas como o ShareThis ou o AddThis ou os próprios botões das diferentes plataformas, que aparecem, por exemplo, no final de um post para tornar mais fácil republicá-lo nas mídias sociais de um leitor interessado.
- *Widgets sociais*. Muitas plataformas (ou terceiros) desenvolvem pequenos aplicativos de web que facilitam a inserção de conteúdo de uma mídia em outra. Por exemplo, podemos encontrar uma janela do Facebook no blog da empresa, que mostra nossos amigos que clicaram em "curtir" na fanpage.
- *Social sign-on*. Falamos desse sistema no capítulo dedicado ao social commerce. Trata-se de capitalizar o trânsito nas mídias próprias, acrescentando uma "capa social" à nossa web corporativa, mediante serviços de "autenticação" reconhecidos, como o Twitter ou o LinkedIn, facilitando assim a participação em nossa própria web, que também é difundida nessas redes.
- *Acessos da web*. É recomendável mostrar na web da organização o acesso aos principais pontos nodais sociais da empresa. Inclusive pode-se definir uma página *ad hoc* para dar caráter de oficialidade a todas as mídias sociais, como expusemos no caso do Banco Sabadell ou como faz a Zappos com as contas do Twitter dos funcionários.

O uso corporativo dos blogs

No ano de 2011 aconteceu a decolagem dos blogs corporativos para as empresas espanholas. Mas ela passou despercebida, porque estávamos todos olhando o Facebook. Empresas como a Iberia, os Correios, a Renfe, o Bankinter, a Everis, a Telefônica, o Openbank, o bancopopular-e.com iniciaram seus blogs nesse ano ou no final de 2010. Os blogs perderam a atenção em favor das redes sociais, o que é uma boa notícia. Significa a consolidação de seus pontos fortes: identidade digital, posicionamento de produto, vinculação com o cliente, etc. Existem muitas e boas razões para usar um blog como ferramenta empresarial de comunicação. Estão aqui cinco delas:

- *Criar um ponto nodal forte em uma comunidade dispersa.* Um blog permite, em geral, gerar um impacto maior que uma conta do Twitter. As possibilidades de branding estão determinadas por dois fatores: 1) a personalização do desenho, e 2) as possibilidades de expressão. As redes sociais nos impõem suas normas e são de consumo rápido. Os blogs permitem capitalizar o tráfego que sai dos links compartilhados nos pontos nodais fracos.

- *Humanizar nossa comunicação.* Por trás de uma conta corporativa no Twitter ou de uma página de fãs, há logotipos e é difícil ver as pessoas. Por trás de um post, há uma assinatura com nome e sobrenome, usando uma linguagem muito diferente dos comunicados à imprensa, gerando uma reflexão pessoal, misturando pulsões pessoais com opiniões e pontos de vista profissionais. "As conversas entre seres humanos soam humanas. São realizadas em uma voz humana" (*El manifesto Cluetrain*).

- *Para dotar nossos fãs de armas de destruição em massa.* É normal se ver um fã de uma marca republicando conteúdo desta ou defendendo sua postura em um fórum. É uma estratégia perfeita dotá-los do número máximo de oportunidades para compartilhar um conteúdo novo. Dar-lhes motivos para falar de nós. Além disso, pode servir para convidar tanto essas pessoas quanto outras de interesse para a empresa a escrever.

- *Para dotar a web constantemente de conteúdo atualizado.* Embora a web continue sendo na atualidade o ponto nodal principal de comunicação on-line e a dotemos de uma capa de integração social, o blog é a ferramenta perfeita para atualizar conteúdos com um componente humano, no qual as pessoas acham natural conversar e cujo conteúdo é mais suscetível de ser compartilhado.
- *Para independência tecnológica em nossa estratégia de social media marketing.* A dependência de plataformas como o Facebook, o Google ou o Twitter representa sérios riscos. Só ler a letra pequena das normas de uso desses gigantes dá medo. Manter o controle sobre um ponto nodal forte é indispensável para qualquer empresa.

O plano editorial é o documento que recolhe a informação básica do blog e está intimamente relacionado com a estratégia, sendo em parte a concretização desta. O enfoque desse documento deve ser prático e incluir exemplos sempre que for possível.

Não tem que ser um documento exaustivo, mas um breve guia que defina os pontos-chave do blog. Sua função é dupla: escolher as reflexões que se realizaram na abordagem da estratégia e servir de referência para a equipe editorial.

O que o plano editorial de um blog deve incluir?

- *Objetivos.* Devem ser coletados os objetivos da abordagem estratégica, que deverão estar acessíveis para toda a equipe.
- *Organização e fluxos de trabalho.* Cada entrada precisa ser supervisionada por alguém ou só em alguns casos? As entradas são revisadas por algum outro editor antes da publicação? Haverá um calendário de publicação centralizado?
- *Guia temático.* A temática da qual falaremos no blog. Pode entender-se em sentido amplo (por exemplo, economia) ou mais concreto (microeconomia aplicada), dependendo do que se tenha estabelecido.

Também deve-se indicar o nível de crítica dos conteúdos: temáticas que a empresa considera sensíveis e devem ser tratadas somente sob supervisão. É útil contar com uma porcentagem orientadora do peso que terão as diferentes temáticas no blog. Continuando com o exemplo anterior, 30% dos conteúdos sobre macroeconomia, 25% sobre finanças, 15% sobre economia digital e o restante sobre outros temas, por exemplo. Trata-se de uma aproximação; no final, a atualidade e nossa comunidade determinarão parte da linha editorial.

- *Tipologia de conteúdos.* O suporte não tem por que ser só texto, é positivo usar vídeos, infográficos, apresentações ou informes. Em particular, o conteúdo audiovisual costuma ser mais atrativo e incrementar o tempo de permanência em nosso site.
- *Categorias e tags.* Definir as categorias principais. As verticais ou temáticas poderiam ser agrupadas em seções principais associadas às temáticas que definimos antes. Cada uma pode contar com até três ou quatro categorias verticais. As categorias horizontais marcam o tipo de conteúdo (vídeos, entrevistas, atualidade, apresentações, etc.). As tags só devem ser definidas se pensarmos em escrever mais de uma vez sobre o tema e, geralmente, têm que estar associadas a uma categoria vertical.
- *Fontes de interesse.* Embora já tenha sido estabelecido no Funnel RSS uma lista de blogs e meios de referência, é adequado lembrar aqui algumas das fontes destacadas para que sirvam de exemplo à equipe editorial.
- *Lista de colaboradores e outros contatos.* Dependendo do tamanho da equipe editorial e da complexidade dos fluxos de trabalho, pode ser interessante incluir um anexo com a lista dos editores e das pessoas envolvidas no projeto, com uma breve descrição da função de cada um e seus dados de contato. Nossa sugestão é gerar três tipos de colaboração: uma, que chamamos de fundo do armário, se refere à de colaboradores remunerados por artigos; a segunda deve ser de funcionários da empresa para gerar compromisso, marca corporativa por meio da marca pessoal e *thought leadership*; a terceira, de colaboradores convidados pontual ou periodicamente, que tenham

uma marca pessoal associada à temática ou que dotem os artigos de conexão e visibilidade.

Uma das técnicas habitualmente empregadas consiste em convidar, para escrever no blog, blogueiros influentes e conectados, que depois possam referenciar o post em seus próprios blogs e pontos nodais sociais, o que reverte em uma maior visibilidade. Também se pode seguir o sentido inverso e planejar a participação de blogueiros da empresa em outros blogs.

Por outro lado, é habitual incluir temáticas centradas em tecnologia e internet, procurando as conexões com a temática principal do blog. Sendo o coletivo *geek* o mais presente e comum ainda dentro do ambiente 2.0, os conteúdos dessa natureza geram maior interesse.

Costumamos sugerir que as postagens sejam feitas a cada um ou dois dias, mas obviamente essa periodicidade depende de cada caso concreto. Como explicamos, cada vez haverá mais blogs de empresas e melhores conteúdos, razão pela qual se tornará necessário investir mais recursos econômicos para incrementar a qualidade do conteúdo e desenvolver um intenso trabalho de relações públicas para vincular nosso blog a eventos físicos e a pessoas que tenham influência em nosso setor.

Descubre Jordania: o blog que construiu uma comunidade

David Giner, colaborador do blog Descubre Jordania, desenvolvido para o setor de turismo da Jordânia pela Territorio creativo, não acreditava no que lia: uma simples entrada no blog havia superado os 1.500 comentários. É claro que não era trabalho de um dia, mas a entrada que versava sobre opiniões de pessoas acerca de suas viagens à Jordânia tinha conseguido, lenta e inexoravelmente, acumular esse número de comentários. Como isso tinha sido possível?

Foi possível porque as pessoas estavam falando entre elas. E falavam para formular perguntas, respondê-las, compartilhar a viagem que tinham realizado... Havia sido construída uma pequena "comunidade" de pessoas que compartilhavam o mesmo interesse; uns, procurando mais informações sobre a viagem que queriam realizar, outros, compartilhando a experiência que tinham realizado e respondendo às perguntas dos demais usuários. Como exemplo, temos o comentário que Amaia deixou na volta de sua viagem:

> Bom... Já estamos de volta. E o digo com pesar, porque a experiência, apesar de ter sido tão esperada (e lida, estudada, preparada), foi AINDA melhor do que o sonhado. Foram atendidas todas as nossas expectativas e algumas foram até mesmo superadas. Você acredita que por ter visto tantas fotos do Siq e do Tesouro você não vai se impressionar ao chegar? Você está enganado. Dá até para chorar de emoção!

Era essa a meta que tínhamos estabelecido quando começamos o blog em 2007? Tínhamos o objetivo de conseguir a máxima audiência e, sobretudo, a maior atividade, mas não tínhamos imaginado de forma alguma o que finalmente ocorreu. Um blog não é a ferramenta propícia para abrigar uma comunidade. Falta muita funcionalidade se o comparamos com uma plataforma criada para essa finalidade. Não incorpora o grafo social nem os perfis. Mas isso não impediu que se gerasse uma comunidade real de pessoas que chegaram a trocar seus dados para continuar em contato.

O blog desenvolvido para a Jordânia foi o primeiro blog criado na Espanha para um destino turístico e marcou claramente a rota que deviam seguir os destinos que precisavam gerar conteúdos e informações da maior qualidade, e dessa forma afastar-se do formato publicitário puro, cada vez mais recusado. Descubre Jordania mostrou também a maneira de conseguir vinculação entre os clientes e as marcas. Um caminho que está apenas começando.

Facebook: a plataforma do bilhão

O Facebook é a estrela que mais brilha no céu social e, mesmo com os sintomas de fadiga já comentados, é pouco provável que se apague em um horizonte próximo. O anúncio da funcionalidade *timeline*, que permite hospedar toda nossa memória histórica e fazer buscas facilmente nela, e a possibilidade de integrar a atividade que desenvolvemos em outros aplicativos configuram-no como uma plataforma poderosa e destinada a perdurar no tempo. As pessoas já passam mais horas no Facebook do que no Google, no Yahoo, no YouTube, no MSN, na Wikipédia e na Amazon juntos. Como detalhamos no capítulo dedicado ao social commerce, as sugestões de compra e as menções a marcas e produtos estão na pauta. Só pelos bilhões de horas investidas por centenas de milhões de pessoas, qualquer empresa deveria valorizar sua presença no Facebook.

Alguns objetivos que devem ser levados em conta em toda aproximação com o Facebook:

- *Escutar e inovar.* Ter uma presença oficial nos dará muito mais razões para sabermos o que acontece ali, entender o consumidor social e seus comportamentos. Podemos aproveitar para proporcionar um serviço de utilidade, respondendo e indo além, fomentando o diálogo e aprendendo com nossos "amigos", como fez a Privalia. Não devemos nos limitar a alimentar nossa fanpage, mas sim sair e pesquisar. Participar das conversas dos grupos do tipo "Senhoras que..." ou participar de grupos de debate. As estatísticas da nossa página também podem ser uma fonte de aprendizado sobre as pessoas que querem se relacionar com nossa marca.
- *Criar a marca.* Por meio de campanhas ou pelo Facebook Ads, um investimento indicado para dar visibilidade às campanhas ou às próprias fanpages. As buscas também são importantes, embora seja um hábito minoritário em relação ao descobrimento por indicação. Desenvolvendo uma presença sólida no Facebook, muitas pessoas chegarão a nós por meio de uma busca.
- *Ganhar vinculação.* Muitas das pessoas que chegam a uma rede corporativa não esperam poder falar com a empresa. No Facebook acontece tudo ao contrário. As pessoas procuram falar e ser escutadas. É o ambiente adequado para falar com as pessoas e construir a identidade digital por meio da interação.

- *Fomentar o boca a boca.* Criar e compartilhar um bom conteúdo, gerar campanhas orientadas para que as pessoas, por sua vez, compartilhem informação.
- *Vender.* O Facebook segue trabalhando para focar sua plataforma de social commerce. As indicações de amigos são uma das fontes mais confiáveis de informação sobre produtos. Podemos utilizar as ferramentas publicitárias do Facebook e desenvolver uma atividade potente de community management para tornar nossa oferta conhecida.

Em alguns casos, é recomendável limitar ou evitar nossa presença no Facebook na primeira fase. É fato constatado que muitas pessoas têm limitado o acesso a amigos próximos e preferem voluntariamente isolar-se de sua vida profissional nessa rede social. Para serviços profissionais e produtos muito específicos, pode ser recomendável dar prioridade a outras plataformas, como o LinkedIn, blogs ou fóruns e comunidades *ad hoc*. O orçamento e a dedicação estimada poderiam chegar a impedir uma presença adequada e, portanto, pareceria lógico evitar entrar até que os recursos o permitam. E em que consiste uma presença adequada?

Como

No socialholic.es você encontrará um manual completo sobre o uso do Facebook e links para manuais oficiais e não oficiais do Facebook. Limitamo-nos a oferecer aqui alguns conselhos básicos:

- *Personalize sua página e defina o objetivo.* Você pode expor nas abas de informação qual é o objetivo de sua página. Também é recomendável desenhar uma *landing tab* para acolher quem chega pela primeira vez e convencê-los a clicar em "curtir". As páginas têm permitido maior personalização progressivamente, e é recomendável fazer uso das possibilidades para diferenciarmos e construirmos a marca.
- *Mantenha as atualizações frequentes e atrativas.* É preferível que elas sejam curtas (três ou quatro linhas) e afirmativas. Melhor se for incluído um link ou um conteúdo audiovisual com tags. Embora a média seja de uma atualização diária, nossa recomendação é elevar a

frequência a dois updates por dia. Assim como em outros ambientes, utilizar menos adjetivos e mais verbos gera mais impacto.
- *Fomente a participação.* Pergunte a seus seguidores, termine as atualizações com uma pergunta ou convidando-os a expressarem seu ponto de vista. Faça enquetes. Nos planos editoriais, sempre apostamos todas as fichas no Facebook, junto com a participação.
- *Use os aplicativos com a cabeça.* Como já mencionamos, só 10% dos usuários do Facebook utilizam aplicativos, e a maior parte deles são jogos conhecidos, como o Farmville. Pode ser adequado utilizar algum aplicativo padrão (gratuito ou de custo reduzido) para personalizar a fanpage ou realizar alguma ação de dinamização.
- *Fale do produto quando quiserem ouvir falar do produto.* Como em outras plataformas, nossa sugestão é combinar conteúdos brancos com conteúdos próprios sobre produto ou informação corporativa. Mas a experiência nos mostra que, quando temos um produto "empolgante", os fãs respondem melhor ao conteúdo sobre o produto. A Zara, por exemplo, acumula milhões de "curtir" e só mostra fotografias de coleções que em poucos instantes geram milhares de comentários de fãs devotos à marca.
- *Mostre a cara, não se reprima.* Desde 2011, é possível comentar em outros grupos e fanpages com o logo da marca. Faça isso, torne-se conhecido. É uma funcionalidade interessante para gerar vínculos em grupos de debate sobre temas de interesse para a marca.
- *Venda, não fique de fora.* Não se trata de tornar a página comercialmente agressiva, mas sim de perder o medo de chamar a comunidade à ação, desde pedir um "curtir" até promover a assinatura de uma newsletter. De divulgar um novo produto e disponibilizar o link para comprá-lo até divulgar novas ofertas ou promoções.

Guia de iniciação ao Twitter

O Twitter ainda não é usado pela maioria como o Facebook e, contudo, nos últimos tempos cresceu um pouco mais rápido do que ele. Seu uso está muito ligado ao celular e seu ponto forte é o tempo real. Os jornalistas encontraram sua utilidade rapidamente porque viram como ficavam sabendo das bombas em Londres ou do terremoto no Japão pelo aplicativo antes do que pelas agências de notícias. Conceitos como "jornalismo cidadão", que ficaram na moda com os blogs, fizeram ainda mais sentido com o Twitter. Sua força se impôs, em parte, porque o uso de tags faz com que as notícias voem, assim como os *memes*, os quais explicamos quando falamos do *planking*. No entanto, seus códigos são um pouco obscuros, o que faz com que muita gente que chega a ele renuncie na primeira instância, como aconteceu com José de la Peña, nosso fiel criador das noites temáticas.

As empresas têm descoberto também um bom aliado no Twitter. Mesmo que as contas corporativas com logo não sejam tão emocionais como as individuais, elas são uma boa ferramenta para se estabelecer conexão com pessoas próximas à marca ou com funcionários que o usem profissionalmente. No Inversis Banco, por exemplo, desenvolvem-se relações com mídias e jornalistas por meio dessa ferramenta. Poderíamos dizer que os usos empresariais são diferentes dos do Facebook. Eis aqui alguns dos pontos fortes do Twitter:

- *Escuta*. Encontramo-nos diante de uma ferramenta magnífica para escutar o que dizem as pessoas que nos interessam e melhorar e adaptar nossa oferta. Escutar nos inspira e nos ajuda a inovar.
- *Conversação*. Efetivamente, trata-se principalmente de uma ferramenta de comunicação em dois sentidos. Compreendê-lo evitará que construamos uma conta entediante no estilo nota de imprensa (se quisermos uma conta para publicar notas de imprensa, podemos mantê-la de forma independente). Escutemos e conversemos.
- *Trânsito*. Não esqueçamos a geração de trânsito. O Twitter é hoje uma ferramenta de dinamização (geração de trânsito) de muitos dos nossos conteúdos. Ele chegará se não estivermos, mas, ainda mais, se estivermos lá.
- *Vendas*. Embora não pareça, no Twitter se vende, como explicamos com as estratégias de escuta comercial ativas. Também melhora o processo de venda indireta, como no caso da Social Salesforce.

Como utilizar o Twitter e não morrer na tentativa

Sem queremos ser exaustivos, existem alguns elementos importantes na hora de estabelecer um plano e um guia para o uso corporativo do Twitter. No socialholic.es, é possível consultar um guia muito mais detalhado de uso do Twitter para empresas.

- *Otimize seu perfil*. É importante ter uma biografia que defina bem a empresa e que seja atrativa. Procure dar-lhe um toque que surpreenda, que deixe claro que se trata de uma conta oficial e o motivo de uso (se for uma conta de atendimento ao cliente, pode-se incluir o horário de resposta). Procure uma identidade reconhecível (se o logo fica confuso em tamanho diminuído, adapte-o para o Twitter), com fundo simples (de todo modo, ele tem pouca visibilidade).
- *Selecione grupos de interesse*. Antes de tudo, devemos refletir para que e para quem mantemos a conta, principalmente. Clientes, fãs, jornalistas, *prospects*, aliados estratégicos. Isso determinará grande parte de nosso plano editorial.
- *Crie um plano de publicação*. No Twitter também combinamos conteúdos brancos, cinzas e pretos, próprios e alheios, motivo pelo qual é crucial estabelecer categorias temáticas e as porcentagens aproximadas de cada um. As mensagens de conteúdo (ligeiramente atemporais) podem ser publicadas junto daquelas que precisam ser de tempo real. É interessante retuitar, mas devemos ler primeiro o que retuitamos (até mesmo as notícias).
- *Frequência e horários*. Pode-se combinar alguns tuítes programados com outros em tempo real. Isso possibilitará a consistência da marca no tempo. Existe uma tendência a se publicar vinte tuítes por dia, mas trata-se de um esforço considerável. Destes, poderíamos considerar 20% de conteúdo e o resto dedicado à vinculação com outros usuários. Não publique todos os tuítes ao mesmo tempo, pois isso reduz a probabilidade de que eles cheguem a seu público. Escolha

horas de alta possibilidade de leitura (existem ferramentas que ajudam a determinar esses horários).
- *Selecione as keywords.* As tags, ou hashtags, ajudam a organizar o conteúdo e a entrar em canais de conversação, pois muita gente tem uma tag guardada como busca, o que lhe permite descobrir gente nova e conteúdos acerca de seus temas de interesse.
- *Estilo.* Concisão e clareza, não se pode pedir outra coisa em 140 caracteres. Os tuítes são de consumo rápido, de modo que é preferível que se use uma linguagem simples e que sejam evitadas abreviações pouco conhecidas. Devemos procurar a ação: que alguém clique em um link ou que decida compartilhá-lo. E lembrar as normas de netiqueta já classificadas. Limitar as mensagens a 120 caracteres facilita o retuíte. E ao fazê-lo, incluir uma breve opinião reforça o interesse. Cada vez há mais empresas que cumprem essas normas; assim, é provável que desempenhar todas elas marque uma diferença para sobressair na multidão.
- *Produtividade.* Existem numerosas ferramentas para a gestão e a otimização do uso. Por um lado, ferramentas corporativas (gratuitas e pagas) para a gestão em equipe, que ajudem a monitorar e a publicar. Por outro, centenas de ferramentas para entender as medições e o uso que fazemos do Twitter ou para nos ajudar a realizar algumas das ações dentro da plataforma, como oferecer mensagens de boas-vindas, seguir outro usuário de volta automaticamente, etc. No socialholic.es você encontrará uma lista atualizada de muitas delas.

LinkedIn e as redes verticais

Por méritos próprios, o LinkedIn ganhou o lugar de rede social profissional de referência. O que começou como um lugar para mostrar e manter o currículo, tornou-se uma rede social na qual os conteúdos profissionais são abundantes, presentes em múltiplos grupos verticais sobre temáticas que afetam diretamente o dia a dia das empresas: marketing, comunicação, logística... Sua trajetória em número de usuários e funcionalidade lhe permitiu abrir capital e aumentar o valor da ação em momentos financeiros complicados.

Que objetivos podemos marcar no LinkedIn?

- *Construir o perfil da nossa empresa.* O lado mais profissional e técnico de nossa empresa se encaixa em suas páginas. Os membros podem assinar a página e receber as atualizações dela.
- *Encontrar pessoas e empresas.* Mediante seus filtros, o diretório de busca do LinkedIn permite localizar aqueles contatos necessários para cada momento, fornecedores, funcionários, etc.
- *Apresentar nosso perfil profissional.* Como profissionais individuais, o interesse no LinkedIn está ligado às possibilidades que o aplicativo nos oferece para publicar nossa experiência profissional. E desse modo manter um rastreador sobre os diferentes postos ocupados e mudanças que se produzem em nossa trajetória profissional. Nosso histórico profissional fica assim ao alcance de empresas à procura de talento.
- *Ampliar nossa rede de contatos.* Existem múltiplas ferramentas para ampliar nosso círculo de contatos profissionais.
- *Criar e pertencer a grupos de interesse.* O LinkedIn oferece a possibilidade de criar grupos (e subgrupos) sobre qualquer tema, o que reforça as possibilidades de manter e ampliar nossas relações por meio dos conteúdos e da conversação.
- *Indicar e ser indicado.* Um dos usos mais propagados do Linkedin é o de fazer indicações a conhecidos ou empresas, conferindo assim valor a esses perfis.

Como utilizar o LinkedIn

Sem pretendermos ser exaustivos, e contando com o fato de que no socialholic.es você encontrará informações mais concretas, gostaríamos de compartilhar alguns pontos sobre o uso do LinkedIn:

- *Especifique suas capacidades profissionais em sua página.* A qualidade dos dados que você disponibiliza é diretamente proporcional ao interesse que pode gerar. Menos é mais: deixe de lado elementos óbvios e dê ênfase àqueles que considerar mais relevantes ou aos temas que você acredita serem mais procurados, desde que tenha um real conhecimento da temática.
- *Amplie sua rede de contatos.* Monitore com frequência as pessoas que podem ser de interesse para você, mas administre os convites que surgem para sua rede de contatos com muita prudência, já que, em questão de segundos, você pode se converter de alguém interessante a um *spammer*.
- *Procure alguém que o apresente aos embaixadores.* É muito mais fácil ser aceito como contato por pessoas que tivemos a oportunidade de conhecer ou quando alguém fizer a apresentação.
- *Apresente razões convincentes.* A pessoa com quem você quer estabelecer contato tem muito que fazer no dia a dia: planeje com muita clareza por que você acredita o que é interessante que ela o aceite como contato.
- *Participe com conteúdo de qualidade em grupos de seu interesse.* A maior parte dos grupos do LinkedIn em espanhol carecem de conteúdo de qualidade: dados relevantes, links de interesse, reflexões que possam ajudar a outros. É um campo propício para se destacar quando decidimos fazer contribuições de qualidade.

Tuenti

O Tuenti é uma rede social generalista espanhola que, desde seu início, foi adotada principalmente pelo público jovem. O acesso restrito tem sido uma de suas vantagens para ganhar notoriedade: só é possível entrar mediante convite enviado por um membro já registrado. Com esse *modus operandi*, perseguem-se dois objetivos: gerar interesse em participar – a economia da escassez – e garantir que aquele que entre na rede tenha com quem começar a se conectar e a participar.

A atividade dos usuários responde ao modelo básico de uma rede social: criação de perfis, informação de contato, compartilhamento de links, fotografias, vídeos, bate-papo ou videochat com outros membros. Esse último elemento tornou-o extremamente popular entre os adolescentes pela facilidade para manter conversas com seus amigos. O fato de que os colégios estejam registrados facilita também que se encontrem colegas e amigos, a fim de que seja possível conectar-se rapidamente.

O elemento básico para a presença das empresas é o evento: permite organizar de forma fácil uma atividade, convocar pessoas por meio da ferramenta e que se registrem por meio dela. O evento pode consistir em uma festa ou em uma atividade específica. Para as empresas, é a fórmula de patrocínio que lhes permite implementar a atividade dentro da rede e dessa forma manter seu perfil ativo. Embora existam páginas de empresas, a funcionalidade é limitada em comparação com o Facebook. O Tuenti Sitios permite a bares e outros locais de lazer manter uma relação com suas comunidades e seus clientes.

Redes sociais verticais ou temáticas

Outras redes sociais não generalistas nem majoritárias têm aparecido e compartilhado uma característica-chave com muitas comunidades on-line tradicionais: são especializadas em temáticas ou interesses específicos. Conhecidas como redes verticais, agrupam usuários que são "muito fãs" de determinado tema e aproveitam uma das chaves da internet já exposta, isto é, a possibilidade de pôr em contato pessoas com interesses afins, por mais estranhos que pareçam.

A Unience, por exemplo, é uma rede social dirigida a pessoas interessadas em melhorar seus investimentos financeiros, que compartilham informações e conselhos com o resto dos membros. Permite-lhes juntar em um aplicativo seus investimentos em diferentes entidades e supervisionar seu desenvolvimento de forma centralizada. Além disso, as carteiras podem ser compartilhadas com diferentes níveis de privacidade, o que, por sua vez, permite que seja acessada uma espécie de inteligência de investimento coletivo.

A Nvivo, rede social dos fãs de música ao vivo, defende como atração de seu principal serviço: "Não perca novamente um show ao vivo usando nossos alertas por e-mail". O Chicisimo, comunidade já mencionada no capítulo sobre social commerce, reúne um monte de apaixonados por moda dispostos a compartilhar suas fotos, vestidos com a roupa que amam, procurando também inspirar os outros membros da comunidade. Apesar de ter sido inicialmente um diretório social, a 11870 tornou-se uma comunidade na qual os usuários compartilham lugares que conhecem, de restaurantes a locais de lazer ou empresas, e permite registrar outros usuários para seguir suas descobertas ou, simplesmente, ler suas opiniões.

Também temos falado do Minube, uma rede social que se organiza em torno do conceito de "cantos" e que permite a seus membros compartilhar e baixar fotos deles, que posteriormente podem ser organizadas em guias geradas automaticamente em PDF ou por meio do aplicativo móvel, que permite seu uso inclusive sem conexão com a rede. De maneira similar, o TripAdvisor foi construído com base nas opiniões de viajantes sobre hotéis, férias, guias de viagens e tudo que está relacionado a viagens. Existem muitos outros: Moterus, CinemaVip, Catodicos, Gomiso... Cada passatempo reúne centenas de fãs e, cada interesse, por mais esquisito que pareça, pode esconder um fórum vibrante. Seu uso corporativo, que já destacamos, será condicionado pelo setor e pelas possibilidades que cada um oferecer. Uma vez que tivermos passado pelo EcoTc, devemos fazer parte da combinação de comunidades.

Agora que temos um plano editorial em botão e que conhecemos mais sobre as comunidades e plataformas nas quais podemos distribuir nosso conteúdo, chegou o momento de nos aprofundarmos nas dinâmicas de gestão de nossa comunidade.

Vertebrar e dinamizar

12

No ano de 2009, a Territorio creativo elaborou junto com a Aerco (Associação Espanhola de Responsáveis por Comunidades On-line) um *whitepaper* que em seu primeiro ano de vida obteve 50 mil downloads. O documento proporcionava profundidade e estrutura a essa nova e desconhecida função. Nessa época, o cargo de community manager serviu para tornar tangível a importância crescente do consumidor social para as empresas. Na atualidade, muitas pessoas desempenham essa função em meio período ou tempo integral, de forma interna ou externa, com um papel mais estratégico ou mais operacional e, sobretudo, com diferenças de salário substanciais. Hoje, é evidente que o marketing nas mídias sociais transcende a função de community management, que ficará, como dizemos, mais relegada a um papel operacional conforme o consumidor social vai se localizando no centro da função de marketing.

Naquela época, era crucial explicar que a função ia além da "evangelização" que transmite a uma audiência as bondades da marca. Que o cargo podia ter um papel "transformador" dentro e fora da empresa, com um elevado componente crítico, questionando e propondo melhorias na estratégia. Procurava-se descrever uma figura que não se assemelhasse a um "animador", a um novo elemento de marketing que "exerce" sua função nas redes sociais. José Antonio Gallego, presidente da Aerco, resumia em cinco pontos as responsabilidades do community manager:

- *Escutar*. Monitorar constantemente a rede à procura de conversas sobre nossa empresa, nossos concorrentes ou nosso mercado.

- *Circular essa informação internamente.* A partir dessa escuta, deve-se ser capaz de extrair a parte relevante dela, criar um discurso compreensível e chegar às pessoas correspondentes dentro da organização.
- *Explicar a posição da empresa à comunidade.* O CM é a voz da empresa para a comunidade, uma voz positiva e aberta que transforma a "gíria interna" da empresa em uma linguagem inteligível. Que responde e conversa ativamente em todas as mídias sociais nas quais a empresa tenha presença ativa (perfil) ou nas quais se produzam menções relevantes. Que escreve artigos no blog da empresa ou em outras mídias sociais, usando todas as possibilidades de multimídia a seu alcance. Também seleciona e compartilha conteúdos de interesse para a comunidade.
- *Procurar líderes, tanto interna como externamente.* A relação entre a comunidade e a empresa está sustentada no trabalho de seus líderes e pessoas de alto potencial. O CM deve ser capaz de identificar e "recrutar" esses líderes não só entre a comunidade, mas, sobretudo, dentro da própria empresa.
- *Encontrar vias de colaboração entre a comunidade e a empresa.* A maioria dos gestores desconhece como a comunidade pode ajudar a fazer sua empresa crescer. É algo que nunca têm utilizado na sua profissão, nem estudaram nas escolas de negócios. O CM deve mostrar-lhes "o caminho" e ajudá-los a desenhar uma estratégia clara de colaboração.

Fatores de sucesso na gestão das comunidades

Em fevereiro de 2010, fizemos uma compilação de fatores importantes na gestão de comunidades, reais ou difusas. Apresentamos aqui uma resenha com pequenos ajustes, mas constatando que estes têm envelhecido adequadamente. E acrescentamos a seguir a compilação feita por Tamara Lucas dos cinco *Cs* que os leitores do post original nos sugeriram.

Os sete Cs do community management

Não são quatro e não são "pês", mas são igualmente valiosos para fazer uma abordagem de nossa estratégia nas mídias sociais. O primeiro C (carinho) foi inspirado por um comentário que Pedro Jareño, do minube.com, fez em um #TcDesayunos. O carinho não costuma constar nos livros de marketing.

- **Carinho**. Uma vez que o usuário tenha decidido se unir a uma comunidade ou se nós decidirmos aderir a uma já estabelecida, devemos esbanjar carinho e nos preocupar honestamente com as pessoas que convivem nessa comunidade (ao estilo Dale Carnegie). É recomendável até mesmo definir procedimentos de "fidelização e retenção": conversa diária (e não só reativa, mas também proativa), resposta ágil e rápida.
- **Conteúdos**. O conteúdo é o rei e continuará sendo. Os conteúdos devem ser úteis e valiosos para os usuários. São a forma de manter o interesse e, principalmente, de facilitar o registro desse interesse. Também é a forma de ganhar "posicionamento natural" como referência em um determinado setor de atividade ou de conhecimento. Os conteúdos devem ser divertidos: o entretenimento é uma forma de utilidade. E devem estar otimizados para viajar pelas mídias sociais (SMO). Dessa forma também conseguiremos a ansiada "viralidade" e o amado "trânsito".
- **Cultura 2.0**. As normas de relação em um ambiente de comunicação social têm pouco a ver com os usos e formas da comunicação corporativa e a publicidade tradicional. É crucial respeitar conceitos gerais de netiqueta e, sobretudo, os valores 2.0 (que têm se assentado nas comunidades habituadas com o uso dessas mídias sociais).
- **Conversação**. As pessoas adoram falar. Todas as mídias sociais têm um componente conversacional. Para isso, é recomendável que existam "pessoas" com rosto e voz por trás das conversas. Da coisa mais insignificante até o debate mais inteligente: falemos.
- **Criatividade**. Cada vez mais importante, já que vivemos na superabundância de conteúdo e na consequente escassez de atenção.

Contudo, conteúdos bons são a chave para o sucesso do projeto; a criatividade na hora de focar a dinamização de uma comunidade é vital. Das ações simples de dinamização para animar a plateia até ações "publicitárias" mais sérias em SM (que não precisam de um grande investimento econômico) ou ações de relações públicas 2.0.

- **Caráter**. A forma com que construímos a identidade digital da marca nas mídias sociais. As pessoas que falam em nome da empresa e, em especial, o community manager (se existir) ou as pessoas visíveis são os principais responsáveis por construir uma voz própria e característica.
- **Constância**. Um esforço sustentado, não pontual, mas constante. Trata-se de não deixar cair a comunidade, de não trair a confiança depositada. Talvez um dos *Cs* que mais custe fazer entender às empresas. Não falamos de uma "campanha", falamos de uma parcela "definitiva" do orçamento anual.

Revisão dos Cs do community management

Mesmo mantendo como base os sete primeiros *Cs*, suas contribuições fizeram com que pensássemos em cinco novos *Cs* para levarmos em consideração.

Um novo *C* para incluir é o *contexto*. Como CMs, somos a voz da marca, e a gestão que fazemos dela deve ser compatível com a estratégia de comunicação, como apontavam Patricia, Gabriel e Virginia. Também devemos ser coerentes nos conteúdos e conversas que compartilhamos com a comunidade, aspecto que nos lembrava Javier Varela. Esses aspectos, internos e externos, são os que nos permitirão construir identidades digitais que apaixonem e tenham voz própria ou, como dizia Yonosoyesa, identidades com carisma.

Outro *C* refere-se à *cercania*. Tanto Álex Rodríguez quanto Gabriel e Virginia falaram a respeito desse *C*. Embora possamos incluí-lo como parte do carinho, manter uma comunicação próxima e de igual para igual é o que nos permite falar e dialogar com nossa comunidade.

Está claro que sem *confiança* não poderemos gerenciar uma comunidade; por isso a incluímos como terceiro C, para termos isso em conta. Foi Enric Romero quem nos falou de ganhar a confiança da comunidade, ao que acrescentamos confiar em nossas capacidades e ferramentas para administrar comunidades.

O community manager não deve permanecer na simples comunicação. O quarto C no qual Dom nos fez pensar é o da *curiosidade*. Ser parte de uma comunidade é também preocupar-se com ela, buscar novas formas de fazê-la crescer, contribuir com novos conteúdos e, sobretudo, descobrir novas necessidades dos usuários e clientes para evoluir com eles.

O último C, mas nem por isso o menos importante, é a *capacidade*. A capacidade para realizar a atividade com os recursos humanos e os materiais necessários, como bem apontava Raúl Dorado. A capacidade de escutar o que outros estão falando a seu respeito, que apontava David Sánchez. E a capacidade de ter empatia, que Patricia comentava e que deve ser tanto interna (com o cliente, com a marca...) quanto externa, para com os usuários.

Caso Minube: o carinho na criação de comunidades

Como se constrói uma comunidade de pessoas que ainda não existe quando nenhum manual pode ajudar porque não há nada escrito sobre o assunto? Se a palavra "carinho" vier à sua mente, estamos indo por um bom caminho. Mas dar carinho às pessoas talvez seja uma das tarefas mais exigentes que nós podemos enfrentar. De fato, por mais que tratemos de imaginar o desafio que enfrentavam os fundadores do Minube, nunca teremos uma ideia certa da tarefa titânica que eles tinham pela frente, partindo do zero e tentando construir uma comunidade de sucesso.

Quando a equipe do Minube planejou como "unir" as pessoas que tinham interesse em viagens, em visitar países e compartilhar depois suas experiências, descobriram que não tinham um manual que lhes indicasse o que fazer e o que não fazer. O caminho só seria escrito se fosse trilhado. Na realidade, as pessoas estão unidas em torno de um mesmo interesse desde sempre. O que é realmente difícil é determinar o que faz e o que não faz com que uma comunidade cresça.

Na cabeça de Pedro Jareño, responsável pela comunicação do Minube, vinha a analogia de que criar uma comunidade que não existe é como tratar de fazer uma *paella* quando não há arroz. Nesse caso, o ingrediente principal são as pessoas, e estas não podem ser compradas por quilo no supermercado da esquina. O Minube nascia sem pessoas, mas com o resto dos ingredientes. Começava um trabalho constante para divulgar, convencer, acolher e manter as pessoas que quisessem participar da comunidade e compartilhar com outros viajantes suas experiências. E era preciso que essas pessoas voltassem dia após dia para continuar participando.

Tinham de fazer trabalho de marketing para divulgar o site e ao mesmo tempo proporcionar conteúdo e atendimento às pessoas que começavam a chegar. Porém, o produto tinha de ser excelente, inovador, revolucionário e adaptado continuamente às novas necessidades. Mas surgia novamente a palavra "carinho". Como oferecê-lo a partir de um escritório e por meio de um computador? Às vezes é só saber agradecer na hora certa, dizer bom dia de manhã, demonstrar ao outro que você se importa com ele, saber escutar, reconhecer erros, se for necessário. Tão do senso comum e, em muitas ocasiões, tão difícil de se pôr em prática.

Com o passar do tempo, aplicando uma filosofia de atendimento permanente às pessoas que participam do Minube, estas conseguiram conhecer os membros da equipe, colocar-lhes um rosto, coincidir com eles em palestras, participar de sua já tradicional festa de verão... Logo descobriram que as comunidades virtuais têm necessidade de um componente real para que a situação seja redonda. A tática para conseguir usuários e mantê-los foi tomando forma, mas não estava tão definida em um princípio. Na realidade, chegaram a ela com base na soma de experiências. Responde a três conceitos básicos: geração da comunidade, fidelização e estruturação. Ações que devem estar equilibradas entre si e que respondem ao conceito de community management. É um trabalho de equipe pela exigência de seu alcance: múltiplos conteúdos, múltiplos aspectos que contemplar e a variedade das tarefas que o compõem.

Outro dos pontos importantes é a busca por parte do Minube dos usuários "excelentes", pessoas com vontade de compartilhar e sentir-se pequenos líderes dentro da comunidade. E isso também lhes mostrou o caminho a seguir: não é uma questão de quantidade, é uma questão de qualidade das pessoas que participam. E a busca e o trabalho com esses usuários não caduca, é constante, diária e tremendamente exigente.

Se há uma característica que é rapidamente percebida na equipe do Minube é o orgulho por um trabalho bem realizado, apoiado em valores muito sólidos, os de uma equipe que torna possível o milagre: criar uma comunidade que não existia e, ao mesmo tempo, escrever o manual que ninguém tinha.

O dia a dia da marca em comunidade

Transparência, confiança, utilidade ou sustentabilidade eram alguns dos princípios de identidade digital da marca que explicávamos no capítulo 4. Como a interação ganhou peso na identidade digital, as pessoas envolvidas na gestão das mídias sociais corporativas devem levar em conta normas de netiqueta corporativa: citar fontes, usar um tom próximo, dominar os códigos de cada meio, usar o humor, ser humildes... Como a identidade digital também é formada pelas pessoas presentes no ambiente 2.0, é conveniente que os funcionários conheçam os guias de uso pessoal dos quais demos exemplo no capítulo 5.

Acrescentamos aqui algumas reflexões sobre a operação diária da marca na web 2.0 que afetam a percepção dela. Algumas afirmações podem soar radicais e devem ser matizadas em sua implementação, mas podem nos ajudar a entender a direção na qual navegar.

- *A marca é ágil e se movimenta.* A marca responde rápido, compartilha o jogo, interage. Não abandona suas mídias sociais nem descontinua os conteúdos. Responde aos comentários de quem comenta. Não se limita a soltar o conteúdo e pronto. Mantém a casa limpa e em ordem, com normas claras de participação e um caráter forte que zela pela saúde da convivência da comunidade. Não se limita a participar em seu terreno, movimenta-se e sai para comentar em outros meios, com marca corporativa ou pessoal. Não passa muito tempo sem uma nova prova, um novo desafio, uma entrevista, um concurso simples que chama à participação, a aumentar a base da comunidade e a vinculação dela.
- *Empática e atenciosa.* A marca se importa com as pessoas e se preocupa com elas. Escuta-as, fala com elas, não espera ser "desafiada". Ela desafia. Dedica-se a ajudar a resolver um problema, quer esteja relacionado com um produto da marca ou não. Apoia causas perdidas, ajuda seus fãs.
- *Ativa, não altiva.* Equilibram-se índices de *followers/followings* (se nos referirmos a plataformas como o Twitter ou o Google+, de seguimento assíncrono, nas quais você não tem que seguir a quem lhe segue para que essa pessoa possa ler o que você escreve). É humilde, admite erros e se mostra disposta a ajudar e a melhorar. Podemos ser sociáveis e, se fazemos autoelogio, podemos rir de nós mesmos.
- *Cuida de seus fãs mais fiéis.* Sabe quem são seus fãs e cuida deles. Um dos compromissos do CM é identificar líderes "externos" e "internos". Saber quem são nossos fãs (pessoas que se relacionam mais conosco) e agrupá-los em listas ou outras ferramentas para nos correspondermos com maior visibilidade e carinho. Vamos pensar neles e colocá-los nos primeiros lugares da lista de recompensas emocionais.

Como responder às menções à marca

Temos que dividir as menções à nossa marca ou interpelações entre as que requerem atuação de nossa parte, que entrariam na categoria de atuação de suporte ou atendimento ao cliente, e as demais. De fato, como comentávamos no capítulo 9, se existirem equipes de community management independentes de equipes de suporte nas mídias sociais, devem ficar muito claras as atribuições de menções para não deixar nenhuma sem solução. O habitual é que, se existirem dúvidas, se estabeleça um protocolo de atribuições.

Menções que requerem execução de suporte:

- *Dúvidas*. Em algumas ocasiões, uma dúvida pode ser resolvida com um simples link. Em outras, pode ser que a comunidade a responda. Embora o adequado seja manter a conversa no canal em que ela se iniciou, se a interação se complicar será mais do que justificado mudá-la para outro canal. Algo habitual quando os 140 caracteres do Twitter são ultrapassados, por exemplo.
- *Queixas*. As queixas costumam carregar um caráter de desacordo que aconselha manter a conversa em privado. O recomendável é responder e propor uma mudança para um ambiente privado do mesmo canal (no caso de uma mensagem direta no Twitter) ou para e-mail ou telefone. É muito recomendável ser proativo em uma chamada telefônica. Trata-se de algo que surpreende e é pouco habitual no caso de grandes empresas com atendimento telefônico por meio de centrais de chamadas com procedimentos rígidos.

As menções à marca que não requerem obrigatoriamente resposta costumam ficar sob a responsabilidade da função de community management, caso esta se encontre separada da equipe de suporte:

- *Menções positivas*. São menções que não procuram uma ação por parte da marca. As neutras podem ficar sem resposta, mas não as positivas, que merecem um agradecimento. Quando se produzem em um blog ou fórum, deve-se responder com nome e sobrenome e o link a uma página oficial. No caso das marcas muito conhecidas, com centenas de menções diárias, podemos definir um procedimento para selecionar quais delas responder (aleatório, por plataforma, por influência, etc.).

- *Menções negativas.* Como no caso anterior, não procuram ação em primeira instância. Se elas são construtivas, com espírito de diálogo ou provêm de alguém influente, é recomendável responder argumentando e expressando de forma humilde a postura da empresa. É possível fazer links com conteúdos que reforcem isso e, claro, é adequado pedir desculpas e apelar à imperfeição da equipe. Às marcas não é permitido falhar; às pessoas por trás da marca, sim. Pode-se apelar ao humor se o tom não for demasiado agressivo e sempre para reforçar nossa imperfeição, não para soarmos irônicos. Se a menção for desqualificada, deve ser ignorada. Por experiência, se um cliente se dá o trabalho de escrever um post em um blog para criticar uma marca, embora o tom seja agressivo e chegue ao insulto, é quase certeza que uma desculpa e um oferecimento sincero de ajuda poderiam melhorar a situação. É preferível levar um trecho da discussão a terrenos privados, principalmente por via telefônica. Estivemos envolvidos em várias situações similares, nas quais foi abordada uma crise que poderia ter se prolongado e terminar prejudicando a marca.
- *Conversacionais.* Não têm a ver de forma direta com o serviço ou o produto, mas são interpelações, habitualmente amistosas, que procuram ou não uma resposta. É muito habitual nas menções do Twitter ou nos comentários no Facebook, em blogs ou fóruns sobre início de discussões que podem não ter relação com a marca (conteúdos brancos). Recomenda-se dar uma resposta que também seja de tipo conversacional. Em alguns casos será melhor um simples "obrigado" do que uma falta de resposta. Quando as marcas começam a acumular muitos comentários, é mais compreensível que não respondam a todas as interpelações e se pode invocar a empatia para os community manager.

Planos de dinamização

Quando no capítulo de vinculação falávamos que a campanha tinha ficado obsoleta, pensávamos nas grandes campanhas publicitárias, em campanhas *big bang*. Nossa visão do trabalho criativo e de comunicação nas mídias sociais é uma contínua transformação de ações. Das quase isentas de esforço, como responder a uma menção no Twitter, até algumas tão complexas como a do Old Spice, passando por produções simples feitas "no escritório", como a montagem do vídeo de uma palestra, na qual entrevistamos um dos palestrantes para postagem no blog.

Isso nos leva da campanha à ação de dinamização como unidade criativa. Para organizar de maneira eficaz o trabalho, diferenciaremos entre o dia a dia e as ações mais complexas, que requerem esforço extra, uma coordenação ou supervisão entre equipes, buscas de fornecedores ou aprovação de orçamentos. Essas ações de maior envergadura procuram obter saltos qualitativos e quantitativos notáveis nos indicadores de trabalho. De um pequeno concurso ou uma ação simples de relações públicas com blogueiros até uma campanha de publicidade ou o lançamento de um aplicativo no Facebook.

Para poder executar essas ações, definimos em nossa metodologia um plano de dinamização que coordena o trabalho da equipe:

- *Objetivos*. O plano deverá dispor claramente a que corresponde cada ação: criação de comunidade, fidelização dela, aumento do tamanho, vendas, cocriação, inovação ou *insights* de produto, aumento da autoridade dos pontos nodais, etc. Esses objetivos táticos devem estar ligados a objetivos estratégicos definidos previamente. Em cada planejamento trimestral, esses objetivos devem ser priorizados antes da definição das ações em si.
- *Níveis de esforço*. Com o objetivo de poder planejar um orçamento anual, é aconselhável dividir as tipologias de ação por esforço e custo econômico, por exemplo, em três níveis. Se imaginarmos um orçamento anual de 50 mil euros na produção de ações, poderíamos planejar por trimestre: três a cinco ações de custo baixo (entre zero e mil euros); duas ações de custo médio (2 mil a 4 mil euros); uma ação de custo elevado (7 mil a 10 mil euros).
- *Horizonte temporal e acompanhamento*. O plano de dinamização deve contemplar um ano de calendário e detalhar um trimestre de

trabalho. O horizonte anual contempla ações que se enquadram na estratégia definida e contemplam os calendários de lançamento de produto ou de comunicação corporativa. Trimestralmente é feita uma revisão na qual são analisados os resultados obtidos e o grau de avanço em função dos objetivos. As equipes marcam reuniões de acompanhamento quinzenal (*sprints*) que servem para revisar o avanço das ações de esforço alto e terminar de detalhar ações de baixo orçamento e curtos prazos de produção. Essa é também a oportunidade para definir ações imediatas ou que aproveitem a atualidade para serem lançadas. Dessa forma, poderão antecipar ações para eventos periódicos já marcados. As ações planejadas propostas devem ser "aprovadas pela empresa" em reuniões de acompanhamento com no mínimo dois meses de antecedência. Esse prazo será maior se o prazo de produção exceder esses dois meses.

É uma boa prática definir uma documentação básica por ação:

- *Brief*. Antes de a ação ser definida, deve-se redigir um *brief* que responda aos objetivos da ação, o nível de esforço, o planejamento temporal e o contexto dessa ação. Pode ser utilizado para trabalho interno, para ações de cocriação ou para ser entregue a agências externas.
- *Descrição*. Uma vez que a ação tenha sido definida e aprovada, deve-se explicar sua dinâmica de forma simples. Estamos na fase de produção: detalhe da conceituação criativa, bases legais, desenho gráfico, gestões logísticas, etc.
- *Resultados*. Documentar *a posteriori* os resultados quantitativa e qualitativamente. Em termos de medições e de mídias ganhas (mídias on-line, blogs, Facebook, tuítes, etc.).

Exemplos de atividades de dinamização

Lembremos das regras da criatividade que expusemos no capítulo 7: *low cost, useful, fan centric, first move, social transmedia, on/off/on*. Embora revisássemos uma grande quantidade de exemplos emblemáticos, cremos que agora seja útil rever algumas pautas não tão evidentes, que passam muito mais despercebidas para os observadores externos, mas não para a comunidade, e que não deveriam faltar em nenhum plano de dinamização.

- *Conteúdo extraordinário em um meio comum.* Quando fazemos um esforço extra (não econômico, mas nas horas de trabalho internas) para gerar um conteúdo especial em um blog, por exemplo, devemos marcá-lo no plano de dinamização. Continuando com o caso da fotografia do capítulo anterior, um post que reúna os cinquenta melhores artigos do ano em blogs de fotografia. Ou elaborar uma lista no Twitter dos fotógrafos mais importantes do mundo.
- *Pergunte e responda.* De acordo com o ponto anterior, podemos realizar uma simples enquete (com o módulo do Facebook ou o Google Forms) e promover as respostas de nossa comunidade, para compartilhar depois o resultado com todos. Quando elaboramos estudos mais complexos com a participação da comunidade, é recomendável devolver os dados "brutos" à comunidade, caso alguém mais queira trabalhar com eles.
- *Áudio e vídeo.* Seguindo com a linha de conteúdos extraordinários, existe pouco conteúdo em áudio e vídeo em espanhol, por exemplo. Gravar uma entrevista em áudio e vídeo e facilitar seu download é ainda pouco frequente. Elaborar um podcast em áudio ou vídeo ainda pode constituir uma ferramenta diferencial na Espanha e em outros lugares.
- *Socialização de eventos.* Em conformidade com a regra on/off/on, ir a um evento, gravar entrevistas em vídeo ou cobrir o acontecimento gerando conteúdo ao vivo no blog, dinamizando-o por meio das tags que são utilizadas no Twitter. Publicar conclusões, torná-las "atemporais" *a posteriori* e fazer links (e atualizar repetidas vezes se for necessário) para todas as outras publicações nos blogs ou em mídias on-line sobre o evento.
- *Na rua e nas mídias sociais.* Também relacionada com a regra anterior, uma atividade de *street marketing* convocada para surpreender

na rua encontra agora uma repercussão natural nas mídias sociais. Podemos também pensar em termos de uma gincana. Em junho de 2011, realizamos uma para a Puma Time, dando pistas no Tuenti e no Twitter de como encontrar os agentes Puma na rua para obter um relógio. Os números: 1.527 visitas únicas na web, 36.380 visualizações no Facebook, 491.209 impressões totais no Twitter, 4.070 reproduções no YouTube e mais de vinte artigos referenciando a campanha na mídia on-line. O Foursquare pode se tornar um grande aliado para esse tipo de atividade.

- *Promover encontros físicos.* No âmbito da internet e em outros, aconteceu uma proliferação de encontros periódicos. O sucesso de iniciativas como o Instagramers não supõe um fato isolado. Facilitar que as pessoas com interesses afins se encontrem é algo gratificante. Um café da manhã com o autor de um livro, um debate periódico ou a promoção de eventos já existentes. Não estamos fazendo referência a grandes patrocínios, mas a conseguir que as pessoas que se apreciam on-line deem um aperto de mão e fiquem cara a cara off-line.

- *Longa duração: estudos, whitepapers, e-books.* Gerar um conteúdo elaborado e organizado gera impacto imediato e continuidade no tempo graças às indicações colhidas on-line e ao posicionamento em buscadores. Nosso *whitepaper* sobre CM teve o mesmo número de downloads no primeiro mês que nos onze meses seguintes. E continua sendo baixado.

- *Dotar uma atividade de periodicidade.* Apesar de a maior parte das atividades ter caráter pontual, algumas podem ganhar força com a constância que permite o "compromisso corporativo". Podemos estabelecer um prêmio para o melhor blog de fotografia e repeti-lo a cada ano. Ou um ranking de blogs com atualização periódica. Se todos os anos elaborarmos a lista de melhores posts, a constância proporcionará força e fará com que ela ganhe visibilidade.

- *Relações públicas 2.0.* Imaginemos que convidamos diferentes blogueiros e pessoas destacadas de nosso ambiente para escrever conjuntamente um documento sobre sustentabilidade corporativa. Uma boa apresentação gráfica e dois ou três formatos (PDF para download e PPT para Slideshare) ajudarão a difundi-lo. E estabelecê-lo como um marco periódico anual faz sentido.

- *Concursos e conteúdo gerado pelo usuário*. "Faça isto e você participará de um sorteio." Existe uma saturação de concursos e é preciso muita originalidade e criatividade para se destacar equilibradamente com um esforço controlado. Se pedirmos muito esforço e não houver faísca, podemos nos deparar com um concurso deserto. A linha aérea SAS, por exemplo, realizou uma oferta de voos acrescentando um toque criativo. O participante devia baixar uma foto no Facebook e mudar sua imagem (a pequena foto pessoal que identifica o perfil) por um dos seis símbolos turísticos que representavam os destinos ofertados (como a Torre Eiffel, por exemplo) e que apareciam segurados por uma mão. Na foto que era baixada, o participante se mostrava esticando o braço para pegar a fotografia que representava o destino turístico escolhido. As fotos mais originais ganhavam. Em uma delas, por exemplo, um adulto fantasiado de romano segurava o Coliseu.

Poderíamos continuar. Mas, se você quiser se destacar sobre o ruído mundano, é provável que tenha de inventar sua própria categoria.

Turismo de Malta: uma *famtrip* convertida em campanha

Quando Simon Kamsky, responsável na Espanha pelo serviço de turismo de Malta, comentou que seria conveniente que a equipe envolvida no projeto fizesse uma viagem de familiarização (*famtrip*) para conhecer Malta, pensamos: por que não envolver os membros da comunidade na viagem? Quando iniciamos o projeto, trabalhou-se do zero para criar conteúdos do interesse de pessoas que estivessem pensando em fazer uma viagem para Malta. Por meio do blog, do Facebook e do Twitter, foi sendo criada uma pequena comunidade, e parte do trabalho consistia em compilar contatos, links ou redes de apoio. Por meio do Twitter, respondiam perguntas cujas respostas ficavam compiladas no blog para sua posterior reutilização. Desde onde comprar na Espanha um peixe tradicional da gastronomia maltesa, quais três destinos não deixar de ver (pergunta *in extremis* de uns estudantes minutos antes de pegar o avião) até uma dúvida sobre a história das piscinas artificiais.

As perguntas ajudavam a centrar os planos editoriais. Se tivessem interesse pela Popeye Village, pelos tradicionais *pastizzi*, pelas *boat party*, pela acessibilidade ou pelo Museu Playmobil, fazia sentido escrever um post sobre esses itens. Escutar as pessoas é algo que ajuda a determinar o caminho.

Ao pensar em fazer uma viagem, você prefere que a agência de turismo ou que as pessoas que a fizeram antes do que você falem sobre o lugar? Pedindo licença, foram compiladas centenas de fotos e publicadas dezenas de artigos originais de espanhóis que viajaram para Malta e que contavam suas experiências no blog. De alguém que foi ao local para desfrutá-lo durante três meses a outros que foram estudar inglês, mergulhar, percorrê-lo em quatro dias ou que pensam em voltar para morar lá.

O orçamento para a *famtrip* incluía aproximadamente quatro pessoas e foi decidido torná-lo o prêmio de um concurso. Assim nasceu "A rota perfeita por Malta: uma viagem fotográfica". Com um vídeo pessoal, foi pedido que nos contassem qual seria a rota fotográfica perfeita por Malta e que nos enviassem sua proposta sobre como percorrer o país, o que ver e o que fotografar. Desenvolveu-se uma atividade frenética de relações públicas com blogueiros de fotografia e viagens, fundamental para divulgar o concurso. Por outro lado, na volta, os ganhadores multiplicariam o impacto com o relato e as fotos da viagem. Em quinze dias, 250 pessoas enviaram suas propostas e os ganhadores foram selecionados por um júri segundo a qualidade dos projetos e seus dotes fotográficos.

Em novembro de 2010, andamos pelo país durante quatro dias, visitando, fotografando e gravando em vídeo, e retransmitindo a viagem em tempo real pelo Twitter. A interatividade e os seguidores da comunidade se multiplicaram por três em um mês. De uma viagem de familiarização criou-se um concurso que melhorou notoriamente a vinculação com os membros da comunidade. Tudo se encaixou para que "A rota fotográfica perfeita por Malta" saísse realmente perfeita.

Como conseguir que falem de nós?

Muita gente nos pergunta como fazer para ganhar presença em mídias que não podem ser compradas. Para gerar o boca a boca. Para fazer vídeos "virais" (os vídeos não são virais, viralidade é um efeito). Às vezes, algumas pessoas, ao compartilhar, *motu proprio*, um post em que nos gabávamos de um novo projeto, a notícia de um evento que organizávamos ou uma nova ferramenta lançada, respondiam à pergunta: "Gostamos do que vocês fazem, por isso compartilhamos". Essa é uma das razões pelas quais as pessoas compartilham o conteúdo de uma empresa. Outras vezes, consideramos um tuíte que fazemos sobre uma empresa uma forma de pagamento por um serviço gratuito. Ou, às vezes, pensamos: hoje por ti, amanhã por mim. Essas são algumas das razões, mas há muitas mais. Acreditamos que é uma boa ideia repassar nosso modelo motivacional SER+, exposto no capítulo 2, a fim de entender as motivações para compartilhar e trabalhar sobre elas de forma honesta e construtiva:

- *Ser*. No caso do concurso de Malta ou das atividades baseadas no Instagram, as pessoas participam para expressar sua criatividade, para que outros admirem sua criatividade e para que outros as percebam como "criativas e especiais". Também compartilhamos algo que nos faz rir, que nos cativa ou que nos entretém, como no caso do jogo *El Maestro Besador*, do Inversis. Às vezes, se nos fazem sentir especiais, iremos ao nosso blog para contá-lo, como na história da Zappos ou a da KLM Surprise. Se sentirmos que nos recompensam por sermos grandes fãs da marca.
- *Entender*. Compartilhamos o que nos ajuda a entender. Um conteúdo que acreditamos que pode ser de utilidade para os demais, como o e-book da Puleva, o estudo de social commerce dos Correios ou o *whitepaper* sobre community manager da Aerco e da Territorio

creativo. Simplificando: o PDF desse último documento levava um botão dentro para compartilhar diretamente com uma frase pré-elaborada e o link de download a partir de nossa conta no Twitter.

- *Relacionar-se.* Buscamos companhia e compartilhar é uma boa forma de conversar. Algo que pode ser aproveitado pelas empresas na hora de fazer-nos sua proposta de conteúdos. Para comemorar o trigésimo aniversário do computador portátil, a Media Markt realizou uma simples atividade no Twitter sugerindo a seus seguidores que compartilhassem suas primeiras lembranças tecnológicas com a tag #tecnostalgia. Algo que apela à lembrança e à juventude gera conversa, como acontecia cada vez que alguém compartilhava a lembrança e as pessoas respondiam aprofundando, compartilhando-a ou transmitindo uma novidade.

- *Melhorar.* Se as pessoas querem mudar o mundo, parece uma boa estratégia apelar à solidariedade; porém, já vimos que devemos executar essas iniciativas com muito cuidado. Pode ser que não se trate de uma ideia solidária ou sustentável, mas de algo que apoiamos e que queremos que aconteça, como no caso do Spotify, por exemplo, um serviço de música que permite escutar e compartilhar o que gostamos de ouvir quando quisermos, e que luta para mudar modelos de negócio tradicionais no mundo todo. Também conseguiremos que compartilhem nossa proposta se o que propusermos fizer as pessoas parecerem inteligentes.

Até aqui, mencionamos recompensas emocionais e intrínsecas à natureza humana. Evidentemente, também funcionam as recompensas extrínsecas. Nos programas de afiliação, por exemplo, um blogueiro coloca um anúncio em seu blog em troca de uma compensação econômica direta cada vez que alguém preencher um formulário. No caso da Fnac ou na dinâmica de compra do LivingSocial, as pessoas têm um interesse econômico em compartilhar uma oferta: quanto mais gente compra ou publica a promoção em sua página do Facebook, mais os preços baixam. Ou também podemos receber algo de valor em troca, expediente muito utilizado quando existem bens digitais e, em particular, recomendável, porque o incentivo é "produto", e não "dinheiro". O Dropbox, o serviço mais utilizado para armazenar arquivos na internet e sincronizá-los automaticamente em diferentes computadores, premiava com 250 Mb de armazenamento extra gratuito quem se registrasse seguindo um link compartilhado por um usuário, que era traçado mediante um código único para cada um. Essa também é uma estratégia comum entre grupos de música e gravadoras, que oferecem o download gratuito de uma música em troca de uma mensagem. Esse tipo de estratégia será cada vez mais habitual, assim como hoje se deixam dados em troca do download on-line de um relatório setorial exclusivo ou de outro tipo de conteúdo.

Para terminar, não esqueçamos o impacto da cocriação. Permitir aos nossos clientes ou à comunidade desenvolver junto conosco nossos produtos ou promoções fará com que eles se sintam envolvidos e que defendam ao máximo o sucesso deles.

Monetizar o investimento e medir os esforços

13

Na internet pode-se medir quase tudo. O valor está em saber o que medir. O que é mais interessante, por exemplo, o número líquido de *followers* (seguidores) que ganha nossa conta corporativa no Twitter ou o número bruto de ganhos de *followers* menos as perdas? O número de retuítes que recebemos ou a proporção "número de retuítes/número de *followers*"? Ou, melhor ainda, nossa melhora ou perda semanal em valor dessa proporção com relação à média dos nossos cinco concorrentes principais?

Podemos imaginar no mínimo quatro fatores que condicionam o que devemos medir:

- *Objetivo*. Estabelecemos uma fanpage no Facebook com um catálogo e um investimento publicitário no Facebook Ads para vender diretamente lá. Então mediremos as vendas. Se o que procuramos é divulgar com um blog nossa gerência especializada em administração de comunidades, teremos de medir a influência que ganha o blog com relação a outros blogs de temática afim. Em geral, poderemos medir referências a ele. As vendas chegarão, mas não poderemos vinculá--las 100% a nosso investimento no blog.
- *Receptor da informação*. Não é o mesmo mostrar resultados ao dono de um negócio, que olha o investimento econômico como próprio, e mostrar medições a uma equipe de trabalho para demonstrar que estão se desviando do objetivo tático estabelecido.

- *Cultura corporativa.* Não precisamos demonstrar o ROI (retorno sobre o investimento) de uma recepcionista em um escritório. Mas parece que temos que medir o ROI de um canal no Twitter para dizer olá a nossos clientes. Dependendo do grau de conhecimento do ambiente na internet ou dos investimentos aprovados em projetos de inovação, a obsessão pelas medições poderia impedir de ver a floresta.
- *Fase de implantação.* Se estivermos na fase de avaliação, teremos de medir resultados qualitativos e quantitativos que indiquem uma evolução positiva ou sua ausência. É difícil obter o ROI de uma fanpage no Facebook nos primeiros meses. Assim, devemos fixar indicadores que nos permitam entender se seis meses depois de iniciar o projeto devemos continuar investindo nele.

Nossa sugestão é medir o progresso a cada semana e fazer uma avaliação conjunta de resultados anualmente, para poder revisar a estratégia e focalizá-la novamente se for necessário. Se os esforços corporativos na web 2.0 se encontrarem incipientes e imaturos, os padrões em medição estarão ainda mais verdes. Mas é evidente que há que medir para aprender a medir. Quando começamos nossos primeiros projetos nas mídias sociais para clientes – um blog para a Sol Música, uma atividade no Tuenti para a Fanta, o blog para o serviço de turismo da Jordânia –, entendemos que precisávamos colocar o mais cedo possível uma corda no pescoço, porque a relação direta com os resultados empresariais (vendas, menores custos) não era demonstrável e tínhamos de justificar nossos esforços operacionais. Assim, definimos os primeiros relatórios de resultados que em 2009 começaram a homogeneizar-se e aperfeiçoar-se. Desde então, temos tido oportunidade de dar várias voltas ao esquema de medição. Agora tentaremos deixá-lo por escrito neste capítulo.

Medir o retorno do investimento (ROI)

Nossa sugestão é que o investimento em projetos nas mídias sociais seja controlado e progressivo (há mínimos, mas também máximos), para não ter, precisamente, que avaliar o ROI de maneira contínua. De fato, durante o primeiro ano, o esquema do ROI de quase qualquer projeto nesse âmbito deveria poder ser assimilado ao esquema do ROI da "inovação" da empresa. Algo que poderia significar "a causa perdida", durante doze meses, em função do investimento e enquanto se obtenham e documentem aprendizados-chave.

Em qualquer caso, na hora de avaliá-lo, levaremos em conta, por um lado, os esforços investidos e avaliados (em termos econômicos): horas de equipes internas, faturas de fornecedores externos, agências ou consultoria, formação, produção de campanhas, investimentos publicitários (Facebook Ads). Por outro lado, avaliaremos os benefícios obtidos:

- *Mais vendas.* Podem existir vendas diretas por meio de um contato no LinkedIn ou de uma loja do Facebook. Ou do trânsito proveniente da atividade em mídias sociais, que podemos traçar mediante um código no link compartilhado, que depois registra a venda se for produzido na nossa web. Normalmente não será fácil traçar as vendas.
- *Menos custos.* Como no caso da Linksys, as chamadas reencaminhadas para a sua comunidade de suporte on-line reduzem o custo do centro de chamadas. O custo por chamada pode ser estimado, e assim avaliar a economia de custos. Também não será fácil fazer economias quando existem vários fatores em jogo. No ano 2010, a Territorio creativo realizou uma enquete para aprender sobre o comportamento das empresas espanholas nas mídias sociais, que se tornou um relatório que acumula nos sites controlados (o PDF pode ser baixado a partir de muitos sites diferentes) cerca de 20 mil downloads, e foi citado em mídias on e off-line, como ABC e *El Mundo*. Para realizar essa enquete foram obtidas 350 respostas válidas e outras 250 não válidas. O relatório on-line foi promovido unicamente via mídias sociais próprias. Perguntando a diferentes fornecedores pelo custo médio por resposta, avaliamos a economia total em cerca de 4 mil euros.
- *Ativos intangíveis.* Muitas empresas (em geral, as maiores) possuem uma metodologia para medir o ROI de ações de branding e patrocínios. Consultorias como a Interbrand avaliam o valor monetário

do fundo de comércio que representa a marca. A marca é algo que pode ser vendido. Diretamente relacionado com o valor da marca encontra-se outro ativo intangível, como a satisfação do cliente, que influi de maneira muito positiva na valoração de uma empresa. Esse ativo é cada vez mais importante, porque se traduz em uma geração espontânea de sugestões que no final se transformarão em vendas. O uso das mídias sociais estará em muitos casos orientado para aumentar a satisfação do cliente.

- *Ativos digitais tangíveis.* O blog do comércio eletrônico dos Correios vale dinheiro. Se um dia quiser vendê-lo, é factível que encontre um comprador. A construção de ativos digitais "vendíveis" implicará uma parte pequena, mas cada vez mais importante, da equação do ROI.

Calcular o ROI pode tornar-se uma obsessão talvez desnecessária se o investimento relativo for comedido. E o investimento nesses projetos, conforme a nossa experiência, está em níveis controlados.

O relatório de McKinsey, já citado no capítulo 5, supôs um esforço formal para avaliar o efeito global do uso das mídias sociais, tanto interna quanto externamente, na rentabilidade e na participação de mercado. Embora se trate de um estudo geral para grandes empresas, pode servir de referência sobre como as empresas estão obtendo um ROI direto e difícil de medir com investimentos nesse âmbito.

Caso prático: calcular custos e benefícios

Imagine uma empresa denominada Saidalba, com uma linha de orçamento anual para marketing e comunicação de 12 milhões de euros. Essa linha inclui gastos de pessoal, compra de mídias, fornecedores externos, pesquisa de mercado e todo tipo de produção de ações *below the line*, incluindo, por exemplo, o investimento tecnológico na web corporativa. O orçamento também inclui licenças de software da Business Intelligence, mas exclui as de software CRM e outras como a intranet corporativa. Todas as atividades de atendimento ao cliente e inovação estão incluídas em outro orçamento. Também existe um orçamento independente da área de vendas, no qual ocasionalmente se apoiam algumas atividades de suporte para a venda direta.

O investimento em comunicação on-line em 2011 foi de 15% e foi aumentado para 18% em 2012. Em 2011, o investimento em "mídias sociais" foi de 140 mil euros. Os investimentos que a seguir são estimados incluem esforços internos de pessoal em formação e atividades de planejamento e coordenação de projeto. O investimento total esperado em 2012 em atividades consideradas de social media marketing prevê aumento até chegar a 373 mil euros. Os benefícios previstos estão avaliados em 589.300 euros.

Nos esforços de 2012, não se incluem a criação de comunidades reais próprias, comunidades autossustentáveis e nem de gestão de ideias. Expõe-se um esquema básico de community management na galáxia social própria e alguns testes de community management ampliado, assim como um esquema de atividades de dinamização ao longo do ano. Não se inclui a atividade nem a supervisão de estruturas locais e unidades de negócio descentralizadas da Saidalba.

A fase de implantação de definição e início, que foi incluída no orçamento de 2011, chegou a 47,5 mil euros e apresentou a seguinte discriminação de esforços:

Área	Descrição	Valor
Planejamento e definição estratégica	Realização de uma análise, plano estratégico e plano de ação (aproximadamente dois meses)	30.000 €
Formação inicial	Formação da equipe de social media em conceitos gerais e no uso de ferramentas	10.000 €
Desenho e implantação de modos	Desenho e *setup* do blog corporativo	5.000 €
	Desenho e *setup* da fanpage no Facebook	1.500 €
	Outros desenhos e *setups*	1.000 €

Em 2012, o orçamento da Saidalba em mídias sociais sobe para 373 mil euros e apresenta a seguinte discriminação:

Linha	Detalhe	Valor
Estratégia e coordenação de projeto	Atividades de *benchmarking*, supervisão tecnológica, revisão estratégica e definição de planos táticos. Coordenação de projeto e aspectos organizativos	40.000 €
Social intelligence	Atividades de pesquisa, análise de mídias sociais, reputação corporativa e elaboração de relatórios	20.000 €
Community management	Atividades de relacionamento com a comunidade. Uma pessoa com dois a cinco anos de experiência em comunicação on-line em tempo integral, ou equivalente	40.000 €
Geração de conteúdos recorrentes	Blog. Geração de conteúdos brancos (temáticos), infográficos, posts extraordinários. Os artigos do CM no blog incluem-se no item anterior. Aqui estão incluídos dez posts internos e vinte posts externos mensais	20.000 €
	Conteúdos audiovisuais com caráter periódico para distribuição nas mídias sociais	10.000 €
	Outros conteúdos, como enquetes simples, elaboração de documentos simples, etc.	8.000 €
Cultura 2.0	Formação. Um plano para formar membros da equipe e os funcionários da empresa de maneira progressiva, combinando aulas presenciais com sessões e materiais on-line	35.000 €
	Dinamização e comunicação. Atividades orientadas à sensibilização 2.0	15.000 €
Plano de dinamização	De duas a quatro atividades de alto esforço. Aplicativos no Facebook, nos celulares ou na web. Concursos e atividades integradas com investimento em relações públicas. Inclui compra de publicidade on-line	75.000 €
	Entre seis e oito atividades de esforço médio. Relações públicas 2.0. Eventos e relações com blogueiros e pessoas influentes, atividades de *street marketing*. Inclui compra de publicidade on-line	35.000 €

(cont.)

Linha	Detalhe	Valor
	Quinze atividades de esforço baixo. Atividades de baixo custo ou custo nulo como relações com *influentials*, cobertura simples de eventos, vídeos de baixo custo, concursos no Twitter, no Facebook, etc. Inclui compra de publicidade	15.000 €
Social Software	Ferramentas de monitoramento e social CRM	30.000 €
	Empresa 2.0: item imputável a marketing e comunicação do investimento em licenças de software colaborativo	20.000 €
	Setup de novas plataformas sociais e social media optimization na própria rede corporativa	7.000 €
	Manutenção de plataformas sociais próprias	3.000 €
Custos totais		373.000 €

A estimativa e a avaliação de benefícios sobem para 589.300 euros e apresentam a seguinte estrutura:

Área	Descrição	Valor
Mídias próprias	Trânsito direto. A soma da atividade e o trânsito da rede corporativa, o blog e os diferentes pontos nodais sociais derivados de: 1) trânsito direto derivado pela atividade própria; 2) trânsito a partir de links em outras mídias sociais; 3) melhor posicionamento em buscadores. Avaliamos o trânsito total ganho em 500 mil impressões e o estimamos em 7 euros por cada mil impressões	3.500 €
Mídias ganhas tradicionais	A realização de atividades de dinamização e os conteúdos elaborados por gestores geram notícias em mídias tradicionais. Avaliamos aproximadamente 250 aparições pelo valor de mil euros cada uma (valor médio de on e off-line)	250.000 €
Boca a boca	Somatória das menções à marca nas redes sociais, artigos nos blogs de alto perfil, etc. Uma média mensal de 2 mil menções de alcance curto (menções no Twitter, no Facebook) com um impacto avaliado em 2 euros e cinco impactos de longo alcance (principalmente blogs) avaliados em 50 euros	51.000 €

(cont.)

Área	Descrição	Valor
Vendas diretas	Aquisição de quinze novos clientes por mês, cuja captação está avaliada no setor em 950 euros	171.000 €
Atendimento ao cliente	A presença nas mídias sociais evita umas trinta chamadas diárias ao serviço de atendimento telefônico e economiza um custo de 4 euros por chamada	43.800 €
Pesquisa	O valor dos comentários colhidos nas mídias sociais corporativas, suscitados pela atividade de community management ou por meio de pesquisa direta	70.000 €
Benefícios totais esperados		589.300 €

Os benefícios esperados não abrangem alguns aspectos intangíveis, qualitativos ou difíceis de medir, como a melhora da reputação corporativa relacionada com sua atividade nas mídias sociais ou o aumento da satisfação do cliente pelo mesmo motivo. A metodologia para medir o engagement ou o *social customer value* ainda não está definida. A atividade social é acumulativa e os ativos (*equity*) ganhos na marca deverão ser contabilizados no futuro. Outros ativos digitais, como o conteúdo gerado pelo usuário em mídias corporativas, também não estão sendo avaliados. Foram deixados de lado de maneira expressa porque a avaliação de benefícios deve ser conservadora, verossímil e compreensível para o comitê de executivos da empresa.

Entretanto, a equipe de mídias sociais da Saidalba tomou a decisão de que 2012 serviria para o comitê acostumar-se com o uso desses termos, fixando *medições por objetivo de negócio* que pudessem chegar a ser avaliadas no orçamento de 2013. Revisemos agora essas medições.

Medições por objetivo de negócio

Quando no nível estratégico definimos os objetivos de um projeto nas mídias sociais, devemos associar medições "de negócio" para avaliar o avanço. Na maioria das ocasiões, elaborar esses indicadores pode ser custoso e pouco factível, mas sempre será benéfico tê-los em mente:

- *Marca*. As pessoas falam da nossa marca nas mídias sociais, mencionam-na e fazem referência a ela, e comentam nossos produtos.

É importante entender como evolui a intensidade dessa conversa e também o sentimento com relação a ela.

- *Engagement.* Como se encontram vinculados à nossa marca os clientes e os não clientes, mas que são fãs? Eles nos têm em mente? Eles nos indicariam? Compartilham nosso conteúdo?
- *Vendas.* Devemos fazer um esforço para vincular nossos esforços nas mídias sociais às vendas da empresa. Entendendo as motivações do socialholic, faremos com que esses esforços não sejam invasivos nem agressivos.
- *Vinculação de funcionários.* Quanto mais motivados e próximos à empresa estiverem seus funcionários, mais possibilidades teremos de que um projeto de marketing triunfe. Em todos os nossos projetos nas mídias sociais, tentamos fixar objetivos de vinculação à marca.
- *Custos.* Podem ser avaliadas as reduções orçamentárias associadas a um menor investimento em publicidade ou uma redistribuição dos custos de atendimento de uma interação, por exemplo.
- *Inovação.* Diretamente vinculada a projetos de cocriação para a inovação.

Na seguinte tabela, mostramos alguns exemplos de indicadores por objetivo de negócio. Quando sua elaboração não for factível, anexamos alguns exemplos de KPI operacionais que poderiam fazer parte da medição combinada ou, na sua ausência, servir como indicadores incompletos da evolução do objetivo.

	Indicadores	KPI operacionais (amostra)
Marca	*Cota de voz.* Menções à marca nas mídias sociais que dizem respeito à competência	– Menções à marca no Twitter
	Sentimento. Análise sobre a positividade, a negatividade ou a neutralidade das menções à marca	– N/A
	Menções de valor. Quantidade de menções associadas a eixos ou atributos definidos	– N/A

(cont.)

	Indicadores	KPI operacionais (amostra)
Engagement	*Influência de pontos nodais.* Medida da influência dos pontos nodais da marca por meio das referências a conteúdos nas mídias sociais	– Retuítes – *Backlinks* de um blog: links de um blog que partam de outros blogs ou sites
	Net Promoter Score. É uma medição padrão que calcula a porcentagem de clientes dispostos a indicar nosso serviço a outros clientes	– N/A
	Fãs. Número de seguidores que nos indicam nas plataformas sociais. Não nos referimos ao tamanho, mas ao número real de pessoas que realizam uma indicação de produtos, de serviços ou da marca	– Retuítes de tuítes com conteúdo de produto
	Influência total. Quantos dos fãs e clientes que nos indicam são influentes de algum modo?	– Influência média de nossos seguidores
	Influência relativa. Quantos dos fãs e clientes que nos indicam são influentes no contexto que interessa à nossa marca? Por exemplo, blogueiros de um âmbito temático determinado	– Retuítes por parte de uma lista determinada de pessoas no Twitter – Posts sobre nosso produto em uma lista determinada de blogs
Vinculação dos funcionários	*Funcionários sociais.* Número de funcionários nas mídias sociais com vinculação declarada à empresa	– Contas no Twitter com o nome da empresa na biografia – Funcionários no LinkedIn – Soma de tuítes semanais de uma lista de funcionários no Twitter
	Usuários internos ativos. Número de usuários que participaram ativamente nas plataformas internas colaborativas nos últimos sete dias	– Total de sequências e mensagens em fóruns internos – Usuários ativos em plataformas internas
Vendas	*Vendas.* Número de vendas realizadas em canais diretos ou traçadas a partir de links codificados ou não codificados nas mídias sociais	– N/A
	Leads. Oportunidades de venda geradas por meio do uso das mídias sociais	– Cliques em links codificados de "geração" de *lead*

(cont.)

	Indicadores	KPI operacionais (amostra)
Custos	*Chamadas reencaminhadas.* Estimativa de chamadas não atendidas, graças à atividade implantada nas mídias sociais	– N/A
	Mídias ganhas. Impacto da publicidade boca a boca. Uma medição geral da publicidade recebida que combina indicadores de marca e de engagement. Só será avaliado se puder ser calculada (e executada) uma economia em custos de relações públicas e publicidade	– Impacto no Twitter: impressões potenciais geradas no Twitter mediante a difusão e a retransmissão da mensagem – Menções à marca em blogs
	User Generated Content. Quantidade de conteúdos gerados por usuários em atividades que apresentem este objetivo ou por meio de "comentários" sobre produto (social commerce). Só será avaliado se puder ser calculada (e executada) uma economia em custos de relações públicas e publicidade	– Número de fotografias carregadas no Instagram com uma tag de concurso – Número de tuítes com uma tag e menção
Inovação	*Ideias cocriadas.* Ideias apresentadas em cocriação que se implementam sobre produtos, serviços, processos	– *Ideias apresentadas.* Número de ideias sugeridas em uma comunidade concreta ou em geral

Como sempre, existe uma diferença entre o objetivo e a respectiva medição. Devemos ter muito cuidado em focar os esforços na consecução do objetivo, não na consecução do indicador. Se trabalharmos contra a medição, e não pelo objetivo, corremos o risco de alcançar o que procuramos: se quisermos impulsionar a "vinculação do funcionário", e medimos se há muitos funcionários com biografia declarada no Twitter, podemos correr o risco de conseguir muitos funcionários na plataforma de *microblogging*, mas desvinculados da empresa.

Em algumas ocasiões, como no caso das "menções de valor" ou do "sentimento", se o volume de mensagens for muito alto e não dispusermos de uma ferramenta de monitoramento adequada, podemos definir uma amostra aleatória que, bem executada, nos dará uma medida bastante precisa para conhecer o desenvolvimento periódico do indicador. Em ocasiões, complementaremos as medições acessíveis on-line com entrevistas (on-line, telefônicas, pós-venda, etc.).

VIT-A: metodologia de medições operacionais 2.0

Nossos primeiros projetos 2.0 consistiam quase em sua totalidade em construir e desenvolver pontos nodais sociais para relacioná-los em uma comunidade difusa. Os primeiros pontos nodais foram blogs. Desde as fases iniciais, começamos a compilar e medir coisas muito concretas. A cada semana anotávamos em uma página do Excel compartilhada, que nos servia de histórico (e que ainda é utilizada, apesar de contarmos com muitos outros softwares), quantas pessoas se registravam no blog com o dado que nos proporcionava o Feedburner, um sistema que consolida os assinantes de e-mail e RSS. Também medíamos a atividade do blog por meio do Google Analytics, suas páginas visualizadas, taxas de rejeição, usuários únicos, posts mais visitados e o número de comentários recebidos. Quando começamos a acompanhar os blogs com contas no Twitter, começamos a medir *followers*, menções ou *replies* e retuítes. Também começavam a se popularizar os *shorteners* (encurtadores), e o bit.ly, o mais conhecido deles, acrescentou estatísticas dos cliques recebidos em um link, que também somamos. Finalmente, quando o Facebook habilitou as estatísticas de suas fanpages, acessamos medições que mostravam padrões similares: fãs, interações (visitas, "curtir", comentários) e conteúdo compartilhado.

Esse padrão inicial para classificar dados de diferentes plataformas e o respaldo posterior de algum estudo acadêmico[1] nos levaram a formular um esquema de indicadores operacionais válidos para medir o desenvolvimento de projetos de criação e gestão de comunidades difusas que batizamos de VIT-A, para brincar com o acrônimo de quatro áreas: vitalidade, influência, tamanho e atividade.

De um lado, agrupamos o esforço realizado nos pontos nodais sociais:

- *Atividade* (*esforço*). Para avaliar o esforço realizado, controlamos a quantidade de tuítes, de *uploads* de vídeos, de posts publicados, de comentários em fóruns, blogs e grupos "extramuros" ou não proprietários no Facebook. Dessa forma, alguns resultados podem ser con-

---

[1] Disponível em http://news.cnet.com/8301-13846_3-20004515-62.html.

siderados com relação ao esforço. É normal que, se temos um ritmo de publicação e geramos mais conteúdos, alguns indicadores sejam aumentados, como as páginas vistas. Mas nem por isso devemos aumentar indefinidamente o ritmo de publicação, pois contamos com um orçamento limitado.

De outro lado, agrupamos os resultados obtidos em cada ponto nodal por área:

- *Vitalidade* (*interações*). Com a vitalidade, tentamos medir a energia e a atividade da comunidade. A vitalidade e a coesão interna. É uma comunidade viva, participa? Tanto no diálogo que mantemos com os membros dela como no que os participantes mantêm entre eles. Exemplos: comentários em um blog, em páginas de fãs do Facebook, em um fórum de suporte, em nosso blog ou em nossas páginas de fãs, menções no Twitter... Também consideramos interações, como as páginas vistas em um blog, por exemplo. E a qualidade das respectivas interações, o tempo de leitura ou a taxa de rebote.

Métricas operacionais

- *Backtuítes* a URLs
- Links recebidos (*backlinks*)
- Retuítes
- Cliques

Influência
(referências)

Atividade
(esforço)
- Posts
- Tuítes
- Updates

Tamanho
(fãs)

- Usuários
- Usuários RSS
- *Followers* no Twitter
- Fãs no Facebook
- Amigos em outros 2.0

Vitalidade
(interações)

- Comentários, blogs e fóruns
- Comentários, "curtir",
- @mentions e *replies*
- Visitas, tráfico, permanência

- *Influência (referências)*. É o indicador mais importante se o que buscamos é que se fale de nós e notoriedade, no sentido que a publicidade tradicional nos proporciona. Trata-se de medir o quanto nossos fãs apreciam o conteúdo fornecido por meio dos pontos nodais estabelecidos e o quanto o retuítam ou o mencionam em blogs e redes sociais ou quantos clicam nos links que publicamos.
- *Tamanho (fãs)*. Apesar de poder parecer o contrário, trata-se de um indicador mais qualitativo. Indica um dado absoluto, que fará parte da equação, mas que em caso algum pode ser considerado um indicador definitivo. Os usuários únicos de um blog também são considerados um valor do tamanho, mostrando os limites mais difusos da comunidade, gente que pode chegar e não voltar.

Essa estrutura às vezes é simples e flexível, mas precisa ser estabelecida com detalhes. Em geral, trata-se de definir alguns indicadores-chave e ponderá-los em função dos objetivos. É recomendável ponderar as três áreas e não deixar nenhuma de lado. O tamanho, por exemplo, importa mais do que se diz, mas, se focalizarmos unicamente o tamanho, cometeremos um equívoco. Se o deixarmos de lado, também.

Pode ser adequado procurar um único número que meça cada aspecto separado, tentando racionalizar e ponderar cada ponto nodal e cada indicador. Não apenas não é simples, mas também não é recomendável no início, já que o número apenas servirá para comparar a evolução do dado no decorrer do tempo e para compará-lo com a competência.

Mas é um número difícil de ser entendido. As equipes operacionais preferem as medições em separado, e as equipes de direção preferem as cifras "decifráveis".

Com relação ao tamanho, existem duplicidades, isto é, pessoas que nos seguem em várias redes sociais ao mesmo tempo. Por isso, não devemos somar e considerar um total absoluto de pessoas como o tamanho real de seguidores da nossa comunidade difusa. Em algumas ocasiões, pode ser conveniente realizar uma amostragem para entender o grau de sobreposição de determinados pontos nodais. Outros indicadores são mais difíceis do que inicialmente parecem. Por exemplo, os retuítes podem ser realizados como originais e tradicionais (colocando RT ou "via" no conteúdo). Nosso software de análise de mídias sociais, o #TcMetrics, diferencia de forma semântica esses retuítes das "menções"; sem dúvida, a tarefa pode se tornar complicada se o volume for alto e se não se dispuser de uma ferramenta. A seguir, apresentamos alguns exemplos de indicadores por área:

Vitalidade	Influência	Tamanho
- Comentários em blogs - Páginas vistas em blogs - "Curtir", "+1s" em blogs (com os botões integrados) - Tópicos e comentários por segmento em fóruns proprietários - Menções no Twitter - *Replies* no Twitter - Favoritos no Twitter - Visualizações no Facebook - "Curtir" no Facebook - Comentários em fanpages do Facebook - Visualizações no YouTube	- Retuítes: tradicionais e originais - *Backtuítes*: tuítes que possuem link para um post ou um blog - Compartilhados no Facebook: updates no FB que possuem link para um post ou um blog - *Backlinks*: links de entrada de outros blogs ou sites para um post em um blog - Cliques em bit.ly - Impacto no Twitter: nossos *followers* mais os *followers* das pessoas que nos retuitaram - Updates compartilhados no Facebook - Updates compartilhados no Google+	- Fãs no Facebook - *Followers* no Twitter - Usuários únicos em um blog - Adeptos do Slideshare - Adeptos do YouTube - Membros de uma comunidade (ou fórum) proprietária

Medições operacionais por objetivo ou ação

Evidentemente, esse marco de indicadores operacionais foi pensado para um tipo específico de projeto. É insuficiente para avaliar a operacionalização de muitos outros projetos. Vejamos alguns exemplos:

- *Atendimento no Twitter.* Muitas empresas já usam o Twitter como um canal de atendimento ao cliente. Será necessário calcular o volume de consultas recebidas, as respostas e mensagens por perguntas, o tempo médio por resposta. Alguns softwares (nós os incluímos no TcMetrics) oferecem algumas dessas medições de forma automática.
- *Campanhas.* Em geral, elabora-se um informe por campanha. Se temos um objetivo de geração de conteúdo por parte do usuário, esse dado será um dos principais. Se buscamos a "viralidade", contaremos os artigos, posts e menções recebidas ou as visualizações do vídeo da campanha. Se esperamos que as pessoas compartilhem tuítes com alguma etiqueta determinada ou os tuítes gerados em uma conferência, poderemos usar algum software como Chamaleon Tools ou Twapper Keeper para arquivar todos os tuítes.
- *Social commerce.* Um indicador importante para as lojas de comércio on-line é o número de críticas, ou *reviews*, recebidas, e muitos esforços serão orientados para gerar esses comentários. O número total de comentários, avaliações ou taxa de comentários por SKU serão dados necessários para avaliar o êxito das ações.
- *Comunidades de autossuporte.* Em comunidades como a Giffgaff, a porcentagem de incidências resolvidas por usuários ou por membros da equipe é importante. O tempo de resposta também.
- *Geração de ideias.* De forma semelhante ao *funnel* da Planet Ideas, poderíamos medir o número de usuários registrados, as ideias apresentadas, as ideias avaliadas e as ideias implantadas.
- *Community management amplo.* Quando realizamos esforços fora de nossas comunidades, devemos medir também os resultados. Poderíamos, por exemplo, avaliar quantos links de entrada em nossos pontos nodais vieram de fóruns ou blogs a que estamos "atendendo".
- *Escuta comercial ativa.* Em projetos de geração de *leads* mediante escuta nas mídias sociais, temos de avaliar um *funnel* que inicia com o número de oportunidades detectadas (conversas que respondem a critérios de busca estabelecidos), atuações realizadas, *leads* gerados

e conversões. Apesar de, como vimos, não ser fácil de traçar, assim como ocorre com outras táticas de geração de *leads* on-line (ou seja, uma oportunidade que começa em um banner e termina em uma compra por telefone meses depois).

Medir a influência

Sempre se procura pelos "influentes". As atividades tradicionais de relações públicas, relações institucionais e *lobby* conhecem bem essa arte e os benefícios que ela traz. Em meios como o da moda e do consumo, a busca por famosos e o patrocínio de figuras conhecidas é uma tática habitual. Mas agora a influência também se democratiza. Todos temos acesso aos meios de produção de conteúdos e existem ferramentas de contagem públicas facilmente acessíveis, como o número de seguidores.

Ferramentas como o Klout (klout.com) estão se transformando em padrões de influência, contribuindo com algo científico além da medição do número de *followers*. O Klout combina diferentes plataformas sociais e calcula muitos dos indicadores que vimos antes para chegar a um número de 1 a 100, que mede a influência conforme o número aumenta. Atualmente existem dois pontos de crítica sobre o Klout e, ao que nos consta, a empresa está trabalhando em ambos: o primeiro é que ele não leva o sentimento em conta. O Klout pode aumentar a influência de uma marca que recebe uma inundação de menções, mas são todas negativas. O segundo é que se trata de uma medida genérica, quando o que pode nos interessar é a influência de uma pessoa ou mídia em um âmbito determinado. Já estão trabalhando para classificar a influência temática de cada ponto nodal.

Insistimos durante todo o livro, por um lado, em trabalhar a influência da marca e, por outro, em nos concentrar nos grupos pequenos, que em certo momento podem influenciar seus amigos. A Nielsen afirma que 26% dos usuários das mídias sociais são mais propensos a dar sua opinião sobre política e acontecimentos da atualidade no mundo off-line e 33% a dar sua opinião sobre programas de televisão.[2] Já vimos dados similares no capítulo 2. Os esforços centralizados nos fãs da criatividade estão fundamentados em argumentos como esse.

Influência contra audiência

Em alguns casos, interessará mais a influência do que a audiência. A audiência é um ato, a influência é uma potência. Conseguir aparecer em um blog com pouca audiência, mas muita influência (utilizemos alguns dos indicadores que já analisamos), que é lido por poucas pessoas, que por sua vez têm influência e audiência, pode compensar o esforço, porque seu impacto potencial é maior do que o de um blog com muita audiência e pouca influência.

Vamos ilustrar isso com um exemplo simplificado. Imaginemos que temos um blog do tipo A, muito influente e com pouca audiência; um blog tipo B, menos influente e com muita audiência; um blog tipo C, com pouca audiência e influência. O blog A tem cinquenta leitores e 80% deles têm um blog tipo B. Além disso, o grau de influência de A é 0,5, o que significa que, de cada dois leitores do blog, um decidirá mencioná-lo em seu próprio blog. Agora, imaginemos que o blog do tipo B tenha quinhentos leitores, dos quais 10% possuem um blog do tipo C e uma influência de 0,1. E, por último, o blog do tipo C conte com cinquenta leitores e nenhum tenha um blog.

Se conseguirmos aparecer no blog A, a audiência será de 50. Além disso, produzirá um efeito cascata e vinte blogs do tipo B publicarão, por sua vez, o conteúdo, o qual conseguirá totalizar uma audiência de 10 mil (20 blogs B × 500 leitores/blog). E, por sua vez, produzirá um efeito cascata e cem blogs do tipo C publicarão o conteúdo, impactando uma audiência potencial de 5 mil (100 blogs C × 50 leitores/blog). O impacto total será de 15.050.

Se trabalharmos para aparecer em um blog B, com uma audiência dez vezes maior, mas uma influência várias vezes menor (pela sua capacidade de influenciar e pela influência acumulada de sua audiência, da qual só 10% têm blog), a audiência que conseguiremos em primeira instância será de 500.

---

[2] Disponível em http://blog.nielsen.com/nielsenwire/social/.

O efeito cascata da publicação em blogs do tipo C será de 250 (50 blogs × 50 leitores/blog). O total da audiência será de 750, vinte vezes menor do que no primeiro caso.

Apesar de o exemplo revelar um caso extremo e excessivamente simples – e de omitir detalhes insignificantes como o fato de os blogs mais influentes não poderem atender os comentários por telefone –, ilustra de forma ligeira porque às vezes pode ser mais interessante batalhar pela influência do que pela audiência.

Mapeamento das mídias sociais

Apesar de existirem rankings de blogs em espanhol, por exemplo, é mais difícil encontrar classificações de fóruns on-line ou de grupos no Facebook ou no LinkedIn. Quando é preciso avaliar as comunidades existentes para priorizar esforços de community management amplo ou para incorporar no Funnel RSS, ou para monitorar manualmente, é possível que tenhamos de calcular a relevância ou "influência" dos fóruns detectados. É preciso fazer isso em várias ocasiões e, ainda que não se trate de um método ortodoxo, achamos conveniente apresentá-lo aqui para ilustrar o procedimento. Qualquer método pode ser válido, contanto que seja consistente. Em resumo, trata-se de definir os critérios de avaliação e uma ponderação de um a cinco em função dos valores por critério.

Metodologia:
A pontuação de cada rede mostra o dado médio das seguintes avaliações para cada tipo de site da web:

Webs 2.0
Lugar no ranking Alexa
- 1-10.000 pontos: 5 pontos
- 10.001-100.000: 4
- 100.001-500.000: 3
- 500.001-1.000.000: 2
- 1.000.001-2.000.000: 1
- + 2.000.000: 0

Posição Google
- 1-100: 5
- 101-200: 4
- 201-300: 3
- 301-400: 2
- 401-500: 1

Links de entrada
- + de 1.000: 5
- 501-1.000: 4
- 251-500: 3
- 100-250: 2
- Entre 50 e 99: 1

Atualização da última semana/mês
- + de 1 entrada diária: 5
- Mais de 4 entradas semanais: 4
- Entre 1 e 3 entradas por semana: 3
- Entre 2 e 4 entradas por mês: 2
- 1 entrada mensal: 1
- Nada no último mês: 0

Comentários nas 5 últimas entradas
- Mais de 30 > 5
- Entre 21 e 30 > 4
- Entre 11 e 20 > 3
- Entre 5 e 10 > 2
- Entre 1 e 5 > 1
- Nenhum: 0

Facebook (grupos e páginas)
Membros:
- Mais de 5.000: 5
- Entre 2.501 e 5.000: 4
- Entre 1.001 e 2.500: 3
- Entre 501 e 1.000: 2
- Entre 200 e 500: 1

Atualização mensal:
- Mais de 30 > 5
- Entre 21 e 30 > 4
- Entre 11 e 20 > 3
- Entre 6 e 10 > 2
- Entre 1 e 5 > 1

*** O número de atualizações do administrador é dividido em 2. Por exemplo: se o administrador publica 10 entradas, serão contadas 5.

Curtir (mensais):
- Mais de 30 > 5
- Entre 21 e 30 > 4
- Entre 11 e 20 > 3
- Entre 6 e 10 > 2
- Entre 1 e 5 > 1

Twitter
Seguidores:
- Mais de 2.000: 5
- Entre 1.501 e 2.000: 4
- Entre 1.001 e 1.500: 3
- Entre 500 e 1.000: 2
- Entre 200 e 500: 1

Relevância dos últimos 10 tuítes (quantos se encaixam no tema)
- Entre 9 e 10: 5
- Entre 7 e 8: 4
- Entre 5 e 6: 3
- Entre 3 e 4: 2
- Entre 1 e 2: 1

* Se não há nenhum tuíte no último mês, ele será eliminado do ranking

LinkedIn
Número de seguidores do grupo:
- Mais de 1.000 > 5
- Entre 501 e 1.000 > 4
- Entre 201 e 500 > 3
- Entre 101 e 200 > 2
- Entre 50 e 100 > 1

Debates:
Mais de 7 por semana >5
Entre 5 e 6 semanais > 4
Entre 2 e 4 semanais > 3
Entre 3 e 6 por mês > 2
Entre 1 e 2 por mês > 1

Fóruns:
Número de membros:
- Mais de 5.000: 5
- Entre 2.501 e 5.000: 4
- Entre 1.001 e 2.500: 3
- Entre 501 e 1.000: 2
- Entre 200 e 500: 1

– Ranking Alexa
- 1-10.000: 5
- 10.001-100.000: 4
- 100.001-500.000: 3
- 500.001-1.000.000: 2
- 1.000.001-2.000.000: 1
- + 2.000.001: 0

– Links de entrada:
- + de 1.000 > 5
- 501 – 1.000 > 4
- 251 – 500 > 3
- 100 – 250 > 2
- Entre 50 e 99 > 1

Medir a conversa

Há quase vinte anos, *The Economist* propôs utilizar um novo indicador econômico para avaliar a atividade econômica mundial. Convencida de que muito ou pouco do que se falou de recessão na imprensa serviria como medida da evolução do mercado, a revista começou a publicar o "R index" (número de vezes que a palavra recessão aparecia nos principais jornais dos Estados Unidos).

Quando comparado com o Dow Jones, observava-se uma relação inversa entre os movimentos do índice R e o do famoso índice de ações. Com esse índice em mente, nasceu em 2001 o DiceLaRed, um projeto liderado por Luis García de la Fuente, no qual tivemos oportunidade de participar diretamente.

De maneira indutiva, automatizar o índice R implicou toda uma nova tecnologia: rastrear a web de forma permanente, armazenar as informações e oferecer às empresas análises e dados estruturados para ajudá-los na tomada de decisão a partir das informações desestruturadas na web. DiceLaRed, um dos três projetos mundiais que existiam nessa data e nesse contexto, trabalhou com as tecnologias existentes, uma após a outra: rastreamento (teia de aranha), análise (*text-mining*) e representação gráfica.

No ano de 2003, decidimos demonstrar que investigar de forma analítica e estruturada o que se dizia na internet servia, no mínimo, para coisas similares à investigação off-line. O barômetro que o Centro de Investigações Sociológicas (CIS) publica a cada mês sobre os temas que preocupam a sociedade espanhola é um exemplo. Um mês depois da pesquisa telefônica com uma amostragem representativa de cidadãos, o CIS publicou que, em dezembro de 2002, o desastre ecológico do naufrágio do *Prestige* diante da costa galega havia escalado o terceiro lugar nas preocupações espanholas. Na primeira semana de janeiro de 2003, a análise que DiceLaRed realizava de maneira permanente sobre temas de política espanhola mostrava que o *Prestige* havia caído para o quinto lugar. De fato, ele havia chegado ao terceiro lugar no mês de dezembro. O estudo do CIS publicado em fevereiro sobre pesquisas realizadas em janeiro mostra o mesmo. Mês a mês, as coincidências eram bastante precisas, mas a análise sobre conteúdos reais era feita em tempo real, um mês antes de as pesquisas do CIS serem publicadas.

Com os netnográficos, os estudos realizados sobre conteúdos publicados pelas pessoas na internet, ajudamos diferentes empresas a entender, por exemplo, o que se esperava do UMTS, o Universal Mobile Telecommunications System, antes de seu lançamento em 2004, na Espanha. Foram analisadas mais de um milhão de mensagens e mediu-se qual marca, Telefônica ou Vodafone, estava mais relacionada ao UMTS. Ou se seria conveniente divulgar o lançamento com UMTS ou 3G (como ocorria na Europa) em função das conversas dos *early adopters*. Também foram analisados os critérios de avaliação dos terminais (peso, preço, tela...) e avaliou-se de forma manual, com base no sentimento, a expectativa gerada pelos primeiros terminais disponíveis. O que se esperava da videoconferência em geral.

Hoje existem centenas de tecnologias de monitoramento, e a luta tecnológica passou da capacidade de indexar os conteúdos diferentes para a capacidade de esquadrinhar o sentido semântico das conversas. De fato, inclusive sem investimento em tecnologia ou com serviços gratuitos, podemos aprender muitíssimo sobre o que se diz na rede.

Intensidade, dispersão e sentimento

Quando se mede a influência de uma ideia na rede, existe uma variável que é a densidade e outra que é a dispersão. A primeira mede referências e comentários gerados naturalmente ao longo do tempo. A segunda tem a ver com a variedade de sites em que a ideia (produto, pessoa, marca) é mencionada. Não apenas fontes diferentes, mas também fontes que têm origens totalmente díspares. Falar de uma série de televisão em fóruns sobre o assunto não é o mesmo que encontrar uma referência à série *House*, por exemplo, em comunidades on-line sobre cosméticos e beleza feminina.

Há alguns anos foi feito um experimento para previsão, no início da temporada, do sucesso que uma série televisiva faria naquele ano, exatamente em função da intensidade e da dispersão do boca a boca gerado nas primeiras semanas de transmissão (independentemente da audiência obtida nesses primeiros dias). No estudo sobre UMTS antes citado, era evidente que se produzia uma intensidade alta em um grupo reduzido de usuários e em pouquíssimos fóruns, o que indicava alvoroço entre os *early adopters*, mas total desconhecimento e desinteresse por parte do grande público.

Hoje, muitas empresas estão vigiando sua reputação, mas não são muitas as que tomam decisões baseadas nessas informações. Seria inteligente medir, por exemplo, o quanto se fala de um novo produto, se ele é comentado com frequência e, principalmente, se a mensagem ultrapassa fronteiras. Evidentemente, é mais lógico que um novo modelo de câmera fotográfica seja comentado, no início, em blogs e redes sobre fotografia. Nesse caso, poderíamos medir a própria dispersão dentro de um conjunto de meios de temática homogênea.

A intensidade pode nos ajudar a detectar fãs da marca e possíveis evangelizadores. Os sinais iniciais de dispersão (ou a falta deles) nos confirmam que estamos no caminho certo. Da mesma maneira, podemos aplicar esses sinais à gestão de crises de reputação on-line. Um boato "intenso" pode continuar sendo só um boato. Um boato que cresce em dispersão pode deixar entrever um risco maior e seria um indício para investir em medidas mais drásticas.

No experimento acadêmico sobre a previsão do sucesso de séries de televisão não se levava em conta o sentimento. Sem dúvida, tem sentido medi-lo, porque uma crise de reputação (um boato ou uma mensagem contrária à marca) pode ter impacto sobre as vendas, como se demonstrou repetidas vezes, mediante a correlação com o valor em bolsa de uma grande empresa.

Embora existam muitas ferramentas que disponibilizem análises com relação ao sentimento, a verdade é que a precisão deixa algo a desejar. Estamos realmente lidando com o fato de que um robô pode ler como um ser humano, quando até mesmo duas pessoas diferentes poderiam ter opiniões diferentes a respeito de uma mensagem ser positiva, negativa ou neutra. Por meio de uma amostragem simples, o sentimento pode ser medido de forma manual, classificando o significado de um post, tuíte ou update como positivo, negativo ou neutro. Em todo caso, medir o sentimento geral muitas vezes não ajuda na tomada de decisão, como demonstra o caso da Cemex, que explicaremos em seguida.

Uma análise da reputação corporativa

Na análise da reputação corporativa que realizamos na Cemex, foi medido apenas o sentimento geral para contrapô-lo ao sentimento referente à competência. Mas o esforço central foi para conhecer os discursos e as valorizações em mídias sociais, para obter uma foto e poder definir uma estratégia de comunicação digital nesse ambiente que permitisse contrapor ou corroborar os discursos analisados.

Em primeiro lugar, foram localizados os sites da web mais relevantes e especializados em áreas temáticas relacionadas, como sustentabilidade, arquitetura e construção, e foram analisados 120 conceitos agrupados por temas, como diferentes tipos de cimento e concreto, gestão de resíduos, aterros, etc. Centenas de artigos e posts sobre a empresa, os produtos, as políticas de responsabilidade social corporativa, os aspectos ambientais, etc., foram indexados e contabilizados. Essa análise temática foi comparada aos artigos publicados sobre a competência.

Por fim, fazendo uma avaliação qualitativa e quantitativa, procurou-se conhecer os valores associados à marca, analisando os discursos referentes à indústria de cimento em certos contextos locais. Os aspectos de valorização positiva giravam em torno do cimento como produto, da geração de emprego, e alguns negativos destacavam o impacto no meio ambiente e temas da política local.

Essa análise permitiu que fosse desenvolvida uma estratégia nas mídias sociais que desse contexto informativo ao projeto.

ERE e bônus, análise de uma crise no Twitter

Nos dias 13 e 14 de abril de 2011, a Telefônica celebrou em Londres seu Investors Day, a principal reunião anual com analistas de ações e investidores internacionais, para divulgar sua estratégia empresarial para os próximos anos. No segundo dia da jornada, Guillermo Ansaldo, presidente da Telefônica da Espanha, anunciou a intenção da companhia de promover um ERE, plano de redução de funcionários, para 20% do pessoal, ou seja, cerca de 5.800 empregos. Além desse anúncio, foi feito outro, que era um plano de incentivos para 1.900 executivos, no valor de 450 milhões de euros. As duas notícias repercutiram na imprensa nacional.

Ao mesmo tempo em que a imprensa repercutia a notícia, começaram múltiplas avaliações por parte do governo, dos formadores de opinião e dos agentes sociais. E nas mídias sociais, concretamente no Twitter, a conversação estava majoritariamente centrada na Telefônica, a ponto de chegar a ser uma tendência dentro do ranking do Twitter, posição que ocupou até o domingo, 18 de abril de 2011.

Mas como se comporta a medição da atividade no Twitter a respeito do anúncio da Telefônica? Mari Luz Congosto, pesquisadora da Universidad Carlos III de Madrid, e Julio Cerezo, da Evoca Comunicación, analisaram o caso[3] apoiando-se na ferramenta Hooard, de acesso livre:

- Foram enviados cerca de 130 mil tuítes procedentes de 82.757 usuários únicos. A conversa teve dois picos de intensidade. O primeiro ocorreu entre 15 e 19 de abril, e foi difundido um total de 18.500 tuítes associados à Telefônica, procedentes de 13 mil usuários únicos. O segundo, entre 25 e 28 de maio, agrupou mais de 25 mil tuítes, de 19.260 usuários únicos.
- Na primeira fase, o volume da conversa foi aproximadamente quatro vezes maior do que o tráfego habitual até então. O "pico" de intensidade de mensagens ocorreu antes do meio-dia da sexta-feira, dia 15 – cerca de 9 mil –, e foi diminuindo nos dias seguintes.
- Se traçássemos um gráfico da conversa, ele seria muito parecido com uma montanha-russa. A conversa aparece de repente e alcança, em pouco tempo, intensidade máxima, para em seguida diminuir

---

[3] Disponível em http://www.evocaimagen.com/cuadernos/cuadernos5.pdf.

também rapidamente, até que surja um novo fato ou circunstância que venha a provocar o relançamento da conversa.

- As mídias são responsáveis pelos conteúdos e links; os usuários, pela difusão. Por outro lado, os termos usados pelas pessoas no Twitter eram concretos: "executivos, demissões". Os utilizados pela mídia eram eufemísticos: "decréscimo, postos de trabalho".

Mari Luz e Julio demonstraram, mais uma vez, que hoje já não é ciência nem ficção analisar como uma ideia se propaga nas redes sociais. Mas medir é apenas uma parte da equação. Uma parte que chega depois do "fazer". Escutar deve ser a etapa inicial de nossa aventura, mas, para passar da escuta à ação, achamos conveniente deixar para o final deste livro a espinha dorsal de nossa metodologia de projeto. Ela foi batizada de SM Key, e acreditamos que abrirá a porta que conduz ao longo caminho da transformação. O caminho para o graal.

SM Key: metodologia do projeto

Não queríamos terminar esta parte do livro intitulada "Mãos no 2.0" sem antes fazer uma revisão das tarefas significativas para lidar com projetos de marketing nas mídias sociais. Quase ao mesmo tempo em que consolidávamos a metodologia EcoTc, revisamos projetos passados e em andamento e fizemos um esforço por mostrar e agrupar as diferentes atividades que se repetem em cada um deles. A partir disso, temos revisado periodicamente a lista, fazendo com que ela cresça conforme novos tipos de projetos vão tomando força.

Tanto para começar um projeto do zero – algo estranho a essas alturas – quanto para consolidar e alinhar com a estratégia corporativa iniciativas pontuais sem coordenação central ou como revisão periódica, a seguinte lista de tarefas oferece uma visão geral do esforço. Ajuda a mostrar as tarefas menos visíveis sepultadas sob a ponta do iceberg. Embora esteja focada a partir de uma visão de empresa fornecedora de serviços e pensando em grandes projetos, acreditamos que é igualmente válida para focá-la de maneira interna e para pequenas empresas, se for considerada como um *check-list*, não como um traçado obrigatório.

Foi batizada como SM Key porque o esquema lembrava uma antiga chave. Para elaborá-la, nos inspiramos em metodologias tradicionais de gestão de projetos e agrupamos as tarefas nas seguintes fases gerais:

- *Planejar*. Repassar essa metodologia como *check-list*, marcar as etapas do projeto e compartilhá-las com as áreas envolvidas dará corpo ao projeto e gerará confiança na equipe responsável.

- *Analisar*. Para fixar objetivos, pode ser conveniente ver o que está acontecendo fora e, também, qual grau de avanço levamos em casa.
- *Definir*. A definição, prévia à implantação, implica um nível estratégico, que nessa metodologia responde a nosso enfoque EcoTc, e um nível tático para as mídias próprias, os planos editoriais e a consecução de mídias ganhas, plano de dinamização. Inclui um plano de ação que escolhe tarefas, datas e responsáveis.
- *Implantar*. Coletamos a implantação de diferentes meios e procedimentos de community management gerais. Mas não é fácil coletar em uma única metodologia ações tão díspares como a abertura de um canal oficial no Twitter ou a criação de uma comunidade real de cocriação.
- *Lançar*. Atividades relacionadas com o início e a comunicação do lançamento de mídias sociais corporativas.
- *Crescer*. Atividades de melhoria contínua no âmbito da vertebração (community management) da dinamização e da estratégia.

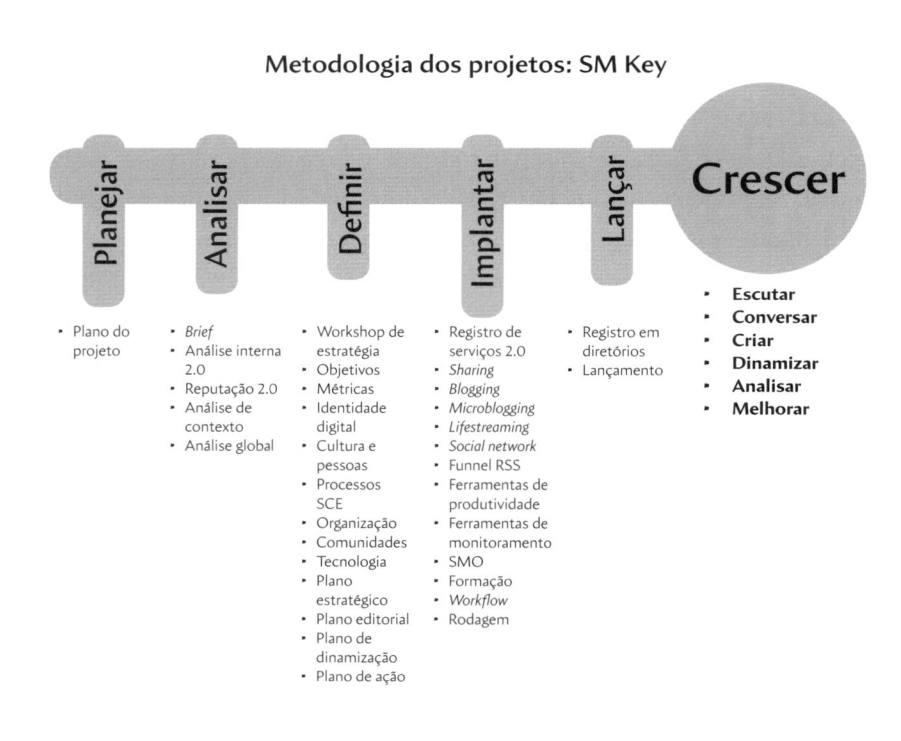

Metodologia dos projetos: SM Key

Planejar
- Plano do projeto
- *Brief*
- Análise interna 2.0
- Reputação 2.0
- Análise de contexto
- Análise global

Analisar

Definir
- Workshop de estratégia
- Objetivos
- Métricas
- Identidade digital
- Cultura e pessoas
- Processos SCE
- Organização
- Comunidades
- Tecnologia
- Plano estratégico
- Plano editorial
- Plano de dinamização
- Plano de ação

Implantar
- Registro de serviços 2.0
- *Sharing*
- *Blogging*
- *Microblogging*
- *Lifestreaming*
- *Social network*
- Funnel RSS
- Ferramentas de produtividade
- Ferramentas de monitoramento
- SMO
- Formação
- *Workflow*
- Rodagem

Lançar
- Registro em diretórios
- Lançamento

Crescer
- Escutar
- Conversar
- Criar
- Dinamizar
- Analisar
- Melhorar

Planejar

Durante os primeiros dias de andamento do projeto, é conveniente revisar e validar os pontos da metodologia que são aplicáveis, estabelecendo um plano de projeto detalhado com tarefas, datas e responsáveis.

Subfase	Tarefa	Descrição
Plano de projeto	Garantir a logística	Revisar e garantir temas administrativos de projeto.
	Revisar a metodologia	Revisar enfoque inicial de projetos, se existir. Revisar metodologia SM Key e selecionar tarefas correspondentes, eliminar e/ou acrescentar tarefas em função de fases e esforços aprovados.
	Planificar *quick wins*	Orientado a conseguir algumas metas simples e visíveis em curto prazo, se o projeto não for unicamente de análise e definição. Devem ser realistas e atingíveis e não ir contra a definição estratégica que se faz em paralelo.
	Elaborar plano de projeto	Tarefas, datas, metas e responsáveis do projeto. Plano de projeto detalhado do horizonte inicial de três meses. A cada trimestre será realizada uma revisão do plano de projeto, se for necessário, detalhando os três meses seguintes.

Analisar

A fase de análise procura avaliar o ambiente, o avanço com relação à concorrência, a extensão da cultura 2.0 na organização. Algumas metas destacáveis dessa fase:

- *Barômetro 2.0*. Pode-se usar questionários-padrão de avaliação da habilidade para alcançar o conhecimento e o uso interno das mídias sociais.

- *Análise de contexto*. Analisam-se iniciativas que podem ser "concorrência" direta ou *partners* com os quais se pode estabelecer relações de colaboração no futuro. Pesquisam-se iniciativas no exterior que possam ser importadas ou servir de inspiração para planos de dinamização.
- *Reputação 2.0 e SWOT*. Avalia-se qual é a reputação atual e resume-se tudo em um documento de análise que inclui um SWOT (*strenghts, weaknesses, opportunities, threats* – ou forças, fraquezas, oportunidades e ameaças) de resumo.

Subfase	Tarefa	Descrição
Brief	Grupo de trabalho	Identificar e envolver um grupo de trabalho que pode ser multidepartamental. Elaborar um *brief* detalhado com esse grupo, completando a informação disponível proveniente da fase de apresentação de projeto.
	Revisar o plano de projeto	Introduzir modificações no plano de projeto, se necessário.
	Executar entrevistas de análise	Identificar as principais áreas envolvidas (marketing, recursos humanos, atendimento ao cliente, fidelização, qualidade, inovação, pesquisa de mercado). Planificar e executar entrevistas com os interlocutores de área.
Análise interna 2.0	Analisar o estilo de comunicação	Revisar e catalogar os tipos e formatos de comunicação usados até hoje: comunicados de imprensa existentes, publicidade, sites, comunicações por e-mail com usuários e/ou clientes, calendários de comunicação, etc.
	Elaborar um barômetro 2.0	Avaliar a afinidade com o uso das mídias sociais na empresa. Existe um blog? Existem perfis em outras mídias sociais? Existem guias de estilo SM? Os funcionários são usuários ativos, declarados? Existem líderes dentro da empresa? Foram realizadas ações 2.0? Quais departamentos são os mais ativos? Quais tipos de iniciativas e objetivos foram estabelecidos? Existem medições? Quais tipos de indicadores são usados?

(cont.)

Subfase	Tarefa	Descrição
Reputação 2.0	Analisar a reputação corporativa	Avaliar a presença e o *feedback* sobre a empresa, produtos e serviços. Intensidade: maior ou menor presença da marca, da empresa, dos produtos. Dispersão: em que tipo de mídia e de fóruns se dá essa presença? Análise comparativa com empresas do setor ou iniciativas similares. Amostragem de mensagens: classificação de influência (fóruns, blogs, blogs reconhecidos, mídias on-line); análise positiva-negativa-neutra.
Análise de contexto	Tendências	Elaborar um resumo de tendências web, comunicação corporativa, marketing, atendimento ao cliente. O consumidor social.
	Marco institucional e marco legal	Definir o marco institucional e legal ao qual a empresa faz frente a partir de uma perspectiva regulatória do setor ou de leis gerais de uso de meios de comunicação e publicidade on-line.
	Analisar a presença de conteúdo	Analisar a introdução do conteúdo contextual que afeta o projeto (por exemplo, fotografia, bolsa, investimentos, seguros de carros) diante de outros tipos de conteúdos. Analisar os focos de presença principais. Realizar uma comparação mediante indicadores simples (menções). Entender a proporção intensidade/dispersão para medir a especialização do conteúdo e poder detectar meios e agentes influentes.
	Listar iniciativas SM de concorrência local	Detectar e analisar as iniciativas similares no âmbito local (em nosso caso, Espanha e/ou espanhol). Comparar mediante indicadores simples (presença, tamanho das comunidades, influência).
	Listar iniciativas SM de concorrência internacional	Detectar e analisar as iniciativas em mídias sociais, lideradas por empresas ou organizações do setor relacionadas em outros países.
	Listar iniciativas SM independentes	Detectar e analisar as iniciativas similares lideradas por empresas de mídias ou amadoras em âmbito local (em nosso caso, Espanha e/ou espanhol). Comparar mediante indicadores simples (presença, tamanho das comunidades, influência).

(cont.)

Subfase	Tarefa	Descrição
Análise global	Elaborar um SWOT	Resumo da análise em formato SWOT.
	Redigir um relatório de análise	Redigir uma síntese da fase de análise.

Definir

Na fase de definição, devemos nos centrar em fixar esquemas válidos durante os meses seguintes. De um ponto de vista estratégico, o horizonte deveria chegar aos dois anos. De um ponto de vista tático, um plano de trabalho anual com detalhe e revisão trimestral:

- *Objetivos.* Da análise realizada, é factível alinhar sugestões com os objetivos estratégicos da empresa.
- *Identidade digital.* Uma reflexão sobre a identidade digital que procuramos construir, sobre quais valores trabalhar e como ampliaremos essa identidade à organização.
- *Plano estratégico.* Responde à metodologia EcoTc. Deve ser um documento de divulgação compreensível para toda a organização, que não se centre nas plataformas, mas sim nos processos de *social customer engagement*, em medições, organização e conceitos de cultura.
- *Planos editoriais.* São táticos por plataforma e herdam o enfoque estratégico em criação de conteúdos de acordo com a identidade, as comunidades e os objetivos definidos no documento anterior.
- *Plano de dinamização.* Um calendário de dinamização orientado para gerar visibilidade, fidelizar a comunidade e proporcionar um conteúdo extraordinário para as mídias.

Subfase	Tarefa	Descrição
Workshop de estratégia	Realizar um workshop de estratégia	Preparar e realizar uma reunião com diferentes interlocutores internos ou externos à organização, que possam apresentar um enfoque por seu conhecimento. Compartilhar as principais linhas estratégicas do projeto.

(cont.)

Subfase	Tarefa	Descrição
Objetivos	Definir os objetivos estratégicos	Estabelece objetivos primários e secundários. Realistas e mensuráveis. Por exemplo: escuta ativa/influência/boca a boca/suporte entre usuários/participação ativa, etc.
Indicadores	Definir indicadores estratégicos	Selecionar indicadores globais que permitirão acompanhar a evolução e medir o sucesso do projeto.
Identidade digital	Definir a identidade digital 2.0	O posicionamento que se quer transmitir. Procuramos um conceito abrangente, que reúna as ações nas mídias sociais? Que identidade digital será construída? Qual é o estilo, que personalidade? Fatores que afetarão a identidade digital. Como será definida a participação dos funcionários, o community manager visível ou a estratégia comunitária?
Cultura e pessoas	Planejar a sensibilização 2.0	Identificar os *stakeholders*. Formação, comunicação e dinamização interna. Planos gerais de formação/workshops. Ferramentas de comunicação do projeto para a organização e entre equipes. Planos de dinamização interna.
Processos SCE	Definir vinculação	Processos de comunicação, publicidade, relações públicas e fidelização afetados pela funcionalidade e pelos hábitos do cliente social.
	Definir vendas	Processos de venda afetados pela funcionalidade e pelos hábitos do cliente social.
	Definir atendimento ao cliente	Processos de atendimento ao cliente afetados pela funcionalidade e pelos hábitos do cliente social.
	Definir cocriação	Processos de inovação, definição de produtos e processos afetados pela funcionalidade e pelos hábitos do cliente social.

(cont.)

Subfase	Tarefa	Descrição
Organização	Definir organização	Áreas envolvidas, equipes de cliente e de projeto. Implicação de *business units*, idiomas, comitês de social media, funções e responsabilidades de social media manager e/ou community manager, etc.
	Definir *workflows*	*Workflows* de atendimento ao cliente, de criação de novas mídias sociais, de geração de conteúdos, de definição de campanhas de comunicação, de gestão de crises.
	Definir plano de crises	*Workflow* de alerta, critérios de influência, perguntas frequentes, etc.
Comunidades	Definir comunidades	Definir comunidades com as quais interagir em termos sociodemográficos e psicológicos, por exemplo, *innovators, geeks*, amantes da fotografia, *early adopters, mainstream*, jovens, etc.
Tecnologia	Selecionar plataformas SM	Quais plataformas tecnológicas serão usadas: próprias/*blogging*/*lifestreaming*/*microblogging*/*sharing*/redes sociais horizontais e verticais/ aplicativos web/móveis.
	Ferramentas	Reflexões estratégicas sobre como o software social afetará a área de sistemas de informação.
Plano estratégico	Redigir o plano estratégico	Resumir as decisões estratégicas em um documento compreensível para toda a organização
Planos editoriais	Selecionar URL e usuários SM	Definir o domínio do blog e o usuário que configurará a URL, o Twitter, o Facebook (usuário e fanpages) e as demais mídias sociais.
	Elaborar guia de estilo	Definir guias de estilo e recomendações gerais, com especificações por plataforma SM.
	Definir plano editorial (por plataforma SM)	Definir temática, frequências, tipologias de conteúdo, etc. Blog (seções, categorias e etiquetas), Twitter (porcentagem de tuítes, links), etc.
	Elaborar recomendações SEO	Definir palavras-chave e recomendações de redação SEO para posicionamento natural nas ferramentas de busca (Google) das diferentes mídias sociais, especialmente blog e/ou web.

(cont.)

Subfase	Tarefa	Descrição
Plano de dinamização	Definir plano de dinamização	Criar um plano de dinamização para 3, 6 e 12 meses. Com detalhes suficientes nos primeiros três meses, desde o início. Identificar as ações recorrentes, pontuais, pressupostos extraordinários para validar no comitê SM. Alinhar com os calendários de comunicação e marketing existentes.
Plano de ação	Definir plano de ação SM	Concretizar fases, ações e prazos.
Plano tático	Redigir o plano tático	Recompilar em um documento os planos editoriais, de dinamização e o plano de ação.

Implantar

A fase de implantação abrange tarefas orientadas para iniciar nas plataformas sociais, tanto próprias (gerenciadas diretamente pela área de sistemas, mediante *hosting* próprio ou de terceiros) quanto nos serviços de terceiros (como o Twitter ou o Facebook).

Subfase	Tarefa	Descrição
Registro de serviços 2.0	Criar caderno de chaves	Documento on-line protegido com o registro de usuários e contrassenhas.
	Registro de nomes	Implantar o uso de ferramentas como o Know'em para registrar massivamente os serviços definidos no plano estratégico.
Sharing 2.0	Registrar serviços de *sharing* 2.0	Habilitar os usuários e a configuração básica nos serviços definidos no plano estratégico (YouTube, Slideshare, Flickr, Spotify, etc.).
Blogging	Definir layout	Levando em conta a utilização de Themes e de plugins e widgets como Facebook Connect, da fanpage, etc.
	Definir plugins WP	Seleção dos plugins que devem ser implantados.
	Design gráfico	Estabelecer a linha gráfica.

(cont.)

Subfase	Tarefa	Descrição
	Definir *blogroll*	Selecionar blogs.
	Hosting e instalação	Instalar e provar.
	Integrar Facebook Connect/Fanpage widget	Se for viável, integrar FB Connect e Widget da fanpage do Facebook.
	Configurar Google Analytics	Para a análise do tráfego web do blog.
	Selecionar editores	Se for viável, ter editores externos e/ou empresas convidadas.
Microblogging	Criar conta no Twitter	Criar a conta no Twitter e definir a configuração inicial.
	Definir link e escrever a bio	Escolher o link do perfil no Twitter e escrever o texto com 140 caracteres que aparecerá na página de descrição do usuário.
	Definir o fundo da página no Twitter	Definir o *background* da conta no Twitter segundo o branding da marca do cliente.
	Definir avatar	Definir a foto que aparece no perfil e nas conversas do Twitter.
	Validar esboço	Enviar a URL ao cliente, com os primeiros tuítes e o esboço, para validação.
Lifestreaming	Criar Posterous/ Tumblr Criar Instagram	Definir esboço baseado nos padrões ou personalizar modelo CSS.
Social Networking	Criar contas de usuário	Criar usuário do Facebook, LinkedIn ou outras redes sociais, ou redes verticais, ou comunidades on-line que tenham sido definidas no plano estratégico.
	Criar e configurar a fanpage no Facebook	Definir nome, selecionar abas, aplicativos- -padrão, definir informação, desenhar abas.

(cont.)

Subfase	Tarefa	Descrição
Comunidades on-line	Externas	Definir perfis pessoais para atuação em fóruns definidos.
	Criar comunidades próprias	A criação de comunidades reais requer uma metodologia específica além da presente, mas que atenda a muitos dos critérios e princípios estabelecidos neste livro.
Funnel RSS de leitura e escrita	Definir fontes	Começar a recompilação de fontes de interesse de todo tipo para alimentar o *funnel* de RSS.
	Elaborar lista de blogs	Elaborar lista de blogs para estabelecer relações e gerar visibilidade.
	Elaborar listas no Twitter	Elaborar lista de pessoas e contas no Twitter para desenvolver relações com elas.
	Google Reader/ Netvibes	Criar conta corporativa para manter o Funnel RSS de leitura e escrita.
	Definir fluxo RSS de fontes	Navegar e reunir fontes de mídias on-line relacionadas em português e em inglês (e, se possível, em outros idiomas), para construir um fluxo RSS.
	Definir fluxo RSS de alertas	Definir buscas-chave (em português e em inglês) para selecionar posts e notícias de interesse de fontes não registradas no fluxo de fontes. Introduzir os RSS na pasta de fluxos RSS alertas.
	Definir fluxo RSS de monitoramento	Definir buscas-chave para monitorar menções e referência.
Ferramentas de produtividade	Configurar ferramentas de produtividade	Ferramentas de gestão de *blogging*, Twitter (cotweet, hootsuite, socialoomph.com, socialbro, etc.). Captar novos amigos, função de buscas-chave, etc.
	Configurar encurtador de URL	Conta cliente bit.ly para encurtar URL e contabilizar estatísticas de cliques.

(cont.)

Subfase	Tarefa	Descrição
Monitoramento e medições	Configurar software de medições	Preparar e configurar um software para monitorar métricas (ou seja, TcMetrics) ou construir uma folha de cálculos para consolidar dados capturados manualmente em diferentes plataformas sociais.
	Configurar ferramentas de monitoramento	Configurar e definir parâmetros de busca de ferramentas de monitoramento (ou seja, CERS). Estabelecer ferramentas de busca de blogs, *backlinks*, *backtuítes*, menções, etc.
	Informar KPI	Estabelecer o relatório de KPI que agrupará as taxas segundo a definição do plano estratégico e que será elaborado periodicamente.
Revisar SMO	Integrar plataformas	Assegurar e facilitar a integração das diferentes plataformas entre si.
	Validar botões SMO	Assegurar que todos os botões de compartilhar estejam nos diferentes sms.
	Definir web SMO	Recomendações para otimizar a integração da web corporativa com mídias sociais para sua implantação na web.
Formação	Definir plano de formação	Conteúdos e audiências. Ferramentas de formação: presenciais, comunicados, meios SM, etc.
	Divulgar políticas internas de uso	Definir políticas de uso de SM para funcionários e promover a comunicação e cursos de formação.
	Divulgar guias de estilo e cultura 2.0	Divulgar sessões de formação sobre os guias de estilo para as diferentes mídias sociais.
Workflows de comunicação	Implantar *workflows* de comunicação interna	Estabelecer, conforme os perfis e as pessoas que realizam cada tarefa, os fluxos de comunicação, e a necessidade de suporte especial (ou seja, um blog de comunicação interna, grupos de e-mail, etc.).

(cont.)

Subfase	Tarefa	Descrição
Rodagem	Escrever os primeiros conteúdos	Redigir os primeiros posts, tuítes, updates, etc., de acordo com os planos editoriais definidos e conforme os guias de estilo.
	Revisar o estilo	Analisar conteúdos e respeitar a linha editorial.
	Validar SM	Validar o esboço e o estilo antes do lançamento para o público.

Lançar

Nessa fase, acontecem as ações relacionadas ao lançamento público das diferentes mídias sociais definidas: registros em diretórios, comunicados à imprensa ou ações de relações públicas 2.0.

Subfase	Tarefa	Descrição
Registro em diretórios	Registro em diretórios	Definir a descrição oficial, etiquetas relacionadas e registrar nos principais diretórios de SM existentes.
Lançamento	Escrever os comunicados de lançamento	Escrever comunicados e posts para distribuir nas mídias próprias e de terceiros.
	Distribuir e publicar	Distribuir os comunicados às mídias selecionadas e publicar os conteúdos nas mídias próprias.

Crescer

A partir de agora começa realmente a atividade relevante. Construir, atender e fazer crescer uma comunidade difusa, as relações de nossos pontos nodais sociais com outros pontos nodais. As fases anteriores podem ser consideradas de *setup*. Na fase de continuidade, distinguimos habitualmente três áreas de trabalho:

- *Community management*. Lendo, monitorando e desenvolvendo as tarefas próprias de gestão da comunidade.

- *Dinamização*. Tarefas orientadas para a criação e a execução de ações de dinamização.
- *Estratégia*. Trabalhos de análise externa contínua, revisão de medições e ajuste dos planos editoriais, lançamento de novos projetos, etc.

Community management

Subfase	Tarefa	Descrição
Escutar	Ler Funnel RSS de leitura	Os *streams* RSS são lidos e temas de interesse são detectados e escolhidos para serem compartilhados. Alertas com buscas-chave são analisados para detectar conteúdos ou conversas ativas de interesse.
	Revisar o monitoramento	Se ela existir, utiliza-se a ferramenta de monitoramento para analisar conversas em tempo real ou detectar tendências.
	Ler comentários em mídias próprias	Comentários em mídias próprias (blogs, comunidades, web, *microblogging*, etc.) são analisados.
Conversar	Iniciar conversas	Responder os comentários em mídias próprias. Supervisionar listas de pessoas influentes, RSS de blogs do setor, etc., e fomentar ativamente as conversas. Comentar em outros blogs, fóruns, etc.
	Ações proativas de *following*	Diário/semanal. Detectar conversas relevantes e tornar-se "amigo" (*follower*/fã/assinante) dessas fontes (blogs, Twitter, Facebook, LinkedIn, etc.), buscando reciprocidade.
Criar	Gerar conteúdos	Criar conteúdos internamente mediante o *funnel* de leitura e escrita. Links de interesse compartilhados em *microblogging* ou redes sociais. Links de segundo nível, resumidos brevemente no *lifestreaming*, e links de primeiro nível, citados em artigos próprios no blog.

(cont.)

Subfase	Tarefa	Descrição
Melhorar	Analisar a geração de conteúdo externo	Se forem contratadas empresas ou recursos externos, supervisionar a criação de conteúdos de forma recorrente.
	Manter as mídias sociais	Supervisionar contas de redes sociais e *microblogging* obsoletas, spams ou contas inválidas. Bloquear e fazer *unfollows*.
	Manter Funnel RSS	Supervisionar e incorporar novas fontes de interesse ao Funnel RSS de leitura e escrita.
	Investigar novas ferramentas	Permanecer atualizado sobre novos serviços, ferramentas de produtividade e/ou de monitoramento, para incorporar as tarefas diárias de community management.
	Análise editorial	Revisar os conteúdos criados conforme as mensurações, fazer análise periódica dos planos editoriais.
	Analisar e melhorar o estilo	Revisando os indicadores relativos ao estilo (eficácia dos links, tráfego, autoridade), estabelecer e melhorar a redação e as temáticas para alcançar os objetivos estabelecidos.
	Workflow de comunicação	Executar pautas de comunicação em caso de conteúdos "críticos" (negativos, positivos, pedidos, sugestões, melhorias, etc.).

Dinamização

Subfase	Tarefa	Descrição
Dinamizar	Execução do plano de dinamização	Acompanhamento do plano de dinamização e execução das tarefas e atividades definidas. Coordenar equipes e atividades.
	Busca e gestão de provedores	Selecionar e gerenciar os provedores para as atividades do plano de dinamização de que deles necessitem.

(cont.)

Subfase	Tarefa	Descrição
	Assistência a eventos	Participar de eventos setoriais e realizar *networking* físico.
	Conceitualização	Seguindo as regras de criatividade 2.0, as equipes de criação desenvolvem continuamente ideias que podem ter repercussão nas mídias sociais, com diferentes níveis de orçamento.
	Gerenciar projetos de conteúdo	Coordenar a elaboração de conteúdos complexos (vídeo, podcasts, flash, banners, *whitepapers*, e-books, etc.).

Estratégia

Subfase	Tarefa	Descrição
Analisar	Monitorar KPI	Analisar os principais KPI (medições) definidos para a tomada de decisões.
	Redigir *e-mail digest*	Elaborar um correio semanal para as equipes envolvidas com as medições da semana e os marcos relevantes.
	Redigir informe KPI	Elaborar relatório de acompanhamento e definir ações de melhoria. Periodicidade mensal.
Revisar estratégia	Revisar o plano estratégico	Revisão trimestral ou semestral. Ações desenvolvidas, avanços nas diferentes áreas do plano e processos SCE.
	Revisar o plano de dinamização	Revisão trimestral do plano e detalhamento das ações para o trimestre seguinte.
	Avaliar novas plataformas	Analisar e avaliar novas plataformas sociais, com recomendações de atuação, se aplicáveis, e execução posterior.
	Avaliar novas funcionalidades	Analisar e avaliar novas funcionalidades em mídias sociais nas quais o cliente está presente, com recomendações de ações, se aplicáveis, e execução posterior.
Observatório SM	Monitorar iniciativas SM	Detectar e selecionar iniciativas relevantes, conteúdos ou informes de interesse estratégico ou tático. Compartilhados e debatidos com a equipe do projeto.

O futuro é o engagement

15

É chegada a hora de recapitular as ideias apresentadas neste livro. Se fizemos bem nossas tarefas, depois da viagem por todos os capítulos, as sensações estarão em plena ebulição, alimentadas pela forma como o que está acontecendo nos afeta e como podemos iniciar o caminho. Gerenciemos as expectativas.

Não há dúvida de que o socialholic se tornou o centro da transformação em curso. Todos somos; alguns de nós já saíram do armário e se incorporaram à comunidade social sem rodeios, outros estão querendo fazer o mesmo. Cuidar de nosso ego e alimentá-lo deu lugar à revolução sobre a qual estávamos cavalgando. Em vez da hipocrisia para a qual a nossa sociedade nos empurra, nosso ego preferiu se manifestar. Mas, em troca, estabeleceu as bases de um novo contrato social: o ego dos outros é igualmente importante e dá lugar a relações com as quais eu melhoro como pessoa. O reconhecimento social é imprescindível para o ser humano. Um reconhecimento que buscamos em nossa atividade diária e que se converte em ponto de partida para construir nossa atividade social e a de nossos projetos profissionais.

O êxito dos projetos que estão vindo à luz nas mídias sociais está longe do conceito que a publicidade tradicional e as grandes marcas vêm nos vendendo há muito tempo. Se fosse verdadeiro o axioma que prega que algo só pode ser considerado um sucesso se chegar a milhões de pessoas, milhares de pequenas empresas não existiriam. Sem dúvida, continuam chamando atenção casos como o de Isabel Llanos, "Isasaweis", ou da campanha do Old Spice. Mas a visibilidade ou os milhares de seguidores não são, na verdade, o indicador do sucesso, mas sim a transformação no modo como as equipes das empresas se relacionam, colaboram e trabalham. Pedir ajuda, oferecê-la, relacionar-se com outros companheiros ou fornecedores de maneira aberta, por meio das ferramentas disponíveis, forma uma equipe com conectividade e vinculação próxima do indestrutível. Quando essas mudanças acontecerem dentro da empresa, os *followers* e as vendas por meio das mídias sociais aumentarão naturalmente, sem que seja necessário que nos tornemos obsessivos com o assunto.

Quais podem ser as principais barreiras para se chegar a beber do graal das mídias sociais a que nos referimos no primeiro capítulo? A mudança pode não se cristalizar por muitos fatores:

- *A cultura da empresa.* Talvez este seja o elemento mais complexo de se mudar. Chefes acostumados a controlar as informações e que dão pouca abertura para que suas decisões sejam discutidas. Aqui veremos mudanças não apenas pelas ferramentas disponíveis, mas também porque a crise econômica acelera tudo: os chefes, pelo simples fato de serem chefes, não têm todas as respostas. Do pensamento único hierárquico à estrutura em rede colaborativa. Mas muitas chefias intermediárias e superiores tratarão de não perder seu controle e abortarão os projetos, privando a organização da vantagem competitiva de atuar em rede.

- *Os conteúdos.* Mais exigentes à medida que mais empresas competem para criá-los e distribuí-los. Isso faz com que as pessoas implicadas necessitem de mais tempo do que o planejado para consegui-lo, o que pode não ser possível, fazendo com o projeto vá para o espaço ou colocando sua continuidade em perigo.

- *As medições.* Um elemento contrário se tivermos em mente apenas os seguidores e a comparação com nossa competência baseada naquele parâmetro. Temos de ser capazes de medir como a nossa relação com

o cliente ganha força com indicadores diferentes dos que são impostos por um modelo baseado em quantidade.
- *ROI publicitário*. Não, a atividade nas mídias sociais não é comparável a um banner e, por isso, não se deve relacionar o ROI a quantos cliques recebemos sobre ele. O engagement ainda não pode ser medido com indicadores criados *ad hoc*. Por sua própria natureza – baseada em um oceano de vínculos e pontos nodais –, ele não poderá ser calculado mediante um esquema de ROI publicitário.
- *Inovação*. O meio ambiente é tão mutável que, sem percebermos, nos vemos obrigados a sair da nossa zona de conforto e fazer as coisas de forma diferente. A aversão das pessoas à mudança será uma das maiores barreiras para o sucesso de qualquer projeto.

Quando falamos de *social customer engagement*, temos de estar conscientes de que ele não chega em um passe de mágica. Estratégia, tática e envolvimento da maior parte dos departamentos da empresa devem estar presentes na equação de partida e em sua continuidade. Trabalhar na vinculação da comunidade nos levará a formar equipes que vivam em primeira pessoa a relação com as pessoas, capazes de criar conteúdos, de propor atividades que aumentem a visibilidade da marca e a resposta da comunidade. A parte mais social de nosso canal de vendas terá de vir à luz. Ele nos levará a reconfigurar nossas ferramentas atuais para dar acesso às recomendações on-line. E nos obrigará a entrar naqueles lugares em que a conversa sobre os produtos já está acontecendo. Nossa equipe de atendimento ao cliente, cuja resposta acabava restrita pelas ferramentas que estavam disponíveis – basicamente, telefone e e-mail –, terá que ser capaz agora de escutar no oceano social para responder onde sua intervenção for necessária. Aprender a escutar nesses novos canais ajudará a recompilar muito mais dados sobre nossos produtos ou serviços disponibilizados pelas pessoas que os usam, o que, por sua vez, proporcionará uma capacidade desconhecida até então de colocar em marcha os processos de inovação e melhoria. Não devemos deixar passar uma vantagem semelhante.

Quando, em 2005, nosso blog viu a luz na Territorio creativo, estávamos muito longe de imaginar o que aconteceria conosco. Hoje é fácil identificar características esperadas de qualquer empresa que decida trilhar o mesmo caminho que percorremos: escrever para o público nos obrigou a ler, e a leitura traz consigo uma aprendizagem constante. Escrever para pessoas que poderiam deixar seus comentários construiu relacionamentos mais elevados no ambiente on-line, o que tornou possível o conhecimento real de leitores que chegaram a se tornar futuros clientes. Ganhar visibilidade por meio do conteúdo escrito nos permitiu participar em atos. E, ao fazê-lo, defendemos nossas teses, o que voltou a realimentar nossa notoriedade. Mencionar a competência em um post em nosso blog nos trouxe credibilidade, já que demonstra nossa aposta a favor da transparência e do *fair play*. Escrever sobre um caso de sucesso fez com que prestássemos atenção nele, e a partir desse momento não pudemos mais tirar da cabeça como conseguiríamos incorporar sua cultura aberta em nosso modelo de empresa e equipe. Investigar o funcionamento das redes sociais internas nos permitiu trabalhar com uma delas desde o primeiro dia, e, com o tempo, ela se transformou na melhor ferramenta de colaboração interna para a equipe da Territorio creativo.

Tomar a decisão de seguir o caminho começando com um blog nos fez ver que havia gente que sabia mais do que nós, o que despertou nossa vontade de aprender com as conversas que mantínhamos e as opiniões que ouvíamos. Isso nos deu um banho de humildade imprescindível para sermos acolhidos como mais um membro de uma comunidade muito conectada. Por fim, fez com que adquiríssemos uma vantagem competitiva em relação às outras empresas.

Não há magia nem sorte nisso; há apenas trabalho, esforço e, principalmente, desejo de abraçar a mudança e a inovação com o convencimento de que essa é a alavanca que nos fará seguir adiante na situação que vivemos, quando os outros mecanismos começam a confirmar seu esgotamento.

Gratos por nos ter acompanhado nesta viagem, que ainda pode continuar no site socialholic.es. Nos lemos por aí.

Glossário

@abladias	Usuário de Twitter de Fernando Polo, coautor deste livro.
@juanluispolo	Usuário de Twitter de Juan Luis Polo, coautor deste livro.
@tcreativo	Usuário de Twitter da Territorio creativo, agência de consultoria de SMM dos autores deste livro.
#followfriday	Tag utilizada às sextas-feiras (daí o nome) no Twitter para sugerir a seus seguidores novos usuários para serem seguidos. Surgiu de forma espontânea no início de 2009.
#ff	#followfriday.
#TcBlog:	Tag utilizada no Twitter para se referir ao blog da Territorio creativo.
acessibilidade	Termo em que se agrupam as ações e os padrões que, de forma eficiente, facilitam o acesso à web e seus conteúdos. Está muito ligada à usabilidade.
AdSense	Serviço de publicidade do Google que permite aos editores de um site da web obter acessos mediante a publicação de anúncios gerenciados pelo Google.
AdWords	Serviço de publicidade do Google que mostra os anúncios relevantes em função da busca realizada ou do conteúdo consultado.
API (Application Programming Interface)	Funções e procedimentos que oferecem uma ferramenta para ser utilizada por outra ferramenta ou software.

ATL (Above the Line)	Publicidade que utiliza mídias convencionais: televisão, rádio, imprensa, mídias externas, etc.
banners	Faixa. Formato publicitário na internet.
BBS (Bulletin Board System)	Software que permite ao usuário conectar-se, realizar funções como baixar softwares e dados, ler notícias, intercambiar mensagens, jogar, ler boletins, etc. Precursor dos fóruns e de outros serviços que conhecemos hoje. Muito popular nos anos 1980 e 1990, foi o primeiro sistema público de troca de arquivos.
beers & blogs	Encontro de autores de blogs, que por extensão foram abertos aos usuários do Twitter.
bio	Descrição que o usuário faz de si mesmo no Twitter. Está sujeita à limitação de 160 caracteres.
blog	Weblog ou "diário de bordo". Site da web facilmente atualizável em que um ou vários autores publicam conteúdos.
Blogbook	Livro colaborativo escrito por 120 pessoas. Surgiu em 2007 como uma iniciativa de Dioni Nespral e em apenas 48 horas já tinha quarenta autores. Trata da sociedade, da empresa e da tecnologia e da sua relação com o mundo 2.0.
Blogger	Serviço para a publicação de blogs adquirido pelo Google em 2003.
BTL (Below the Line)	Publicidade que utiliza mídias não convencionais, mais centradas em nichos, de forma que é possível personalizar a mensagem.
chat	Aplicativo que permite a comunicação escrita em tempo real entre um ou vários usuários.
check-in	Processo mediante o qual um usuário se registra em um hotel, aeroporto, etc. Em serviços de localização como Foursquare, Gowalla, SCVNGR, etc., é utilizado para descrever a ação de identificar o lugar em que a pessoa está.

cocriação	Estratégia que coloca ênfase na criação de relações estáveis entre uma empresa e seus clientes para obter valor para ambas as partes. Entende que os mercados são fóruns (conversas) para que as empresas e seus clientes ativos compartilhem e combinem conhecimento e capacidades para criar valor.
conteúdo	Informação publicada na internet, seja qual for seu formato.
CPFR (Collaborative Planning, Forecasting and Replenishment)	Gestão na qual os participantes da cadeia de fornecimento colaboram na elaboração das previsões de vendas e dos planos de reabastecimento para ter um cálculo mais preciso da demanda prevista e atender a demanda futura.
Crowdsourcing	Abrir a terceiros a participação em um processo ou tarefa de inovação, melhoria ou design de produtos.
css	Linguagem usada para definir como apresentar um conteúdo que está em html ou xml.
difusão viral	Expressão que descreve a capacidade de uma mensagem de se replicar sem utilizar meios específicos para isso, apenas pelas vezes em que os usuários a compartilham com sua rede de contatos.
diretórios	Estrutura na qual se armazenam arquivos conforme seu conteúdo, seu propósito ou qualquer outro critério escolhido.
EBE	Evento Blog España. Encontro que surgiu inicialmente em torno dos *early adopters* dos blogs na Espanha e que se transformou em um acontecimento central no que se refere ao uso de internet social na Espanha.
e-mail Marketing	Forma de marketing direto que utiliza o e-mail para transmitir mensagens a um público.
engagement	Vinculação. Relação de um usuário com uma marca.
followers	Usuários que seguem as atualizações de uma conta do Twitter.

fóruns	Página da web que dá suporte a discussões ou opiniões on-line. Evolução moderna dos BBS.
fotologs	Blogs cujo conteúdo está em formato fotográfico, não de texto.
freak	Pessoa especialmente interessada em ficção científica, quadrinhos, informática, internet, etc. (No Brasil, essa pessoa geralmente é chamada de *geek*.)
friki	Freak.
gadget	Termo referente a qualquer tipo de dispositivo tecnológico, como smartphones, tablets, etc.
gamification	Uso de técnicas de jogos em ambientes não lúdicos com o objetivo de facilitar a adoção desses ambientes.
geek	Pessoa especialmente interessada em tecnologia, informática, internet.
grafo social	Termo que se refere às conexões e relações que se estabelecem entre as pessoas que utilizam redes sociais on-line.
html	Linguagem predominante para a elaboração de páginas da web. Permite descrever a estrutura e o conteúdo em forma de texto e complementá-lo com outros elementos (imagens, etc.).
indexar	Ato de identificar e classificar uma página da web por meio de uma ferramenta de busca.
IRC (Internet Relay Chat)	Protocolo de comunicação em tempo real baseado em texto que permite conversas entre usuários. Diferencia-se das mensagens instantâneas em que os usuários não devem concordar em estabelecer a comunicação antecipadamente, de modo que todos os usuários que se encontram em um canal podem se comunicar entre si, mesmo que não tenham tido nenhum contato anterior.
leitor RSS	Também chamado de "agregador RSS". Ferramenta que permite registrar-se em fontes de formato RSS consolidando as informações em uma única ferramenta.

Mashups	Estrutura que agrega conteúdos provenientes de fontes externas.
meio de seguimento assincrônico	Refere-se a ambientes sociais em que se pode seguir usuários sem que seja preciso haver reciprocidade.
meme	Produto, campanha, sucesso, conteúdo, etc., que se populariza por meio da internet.
menção	Ato de citar um usuário em um ambiente social utilizando a semântica própria da identificação de usuários de cada ferramenta.
microblogging	Denominação genérica dos serviços que permitem a seus usuários publicar mensagens breves, geralmente de texto.
netiqueta	Normas de comportamento geral (etiqueta) na internet. Não passa de uma adaptação das regras de etiqueta do mundo real para as tecnologias e o ambiente virtual.
netnografia	Ramo da sociologia que analisa o comportamento dos indivíduos na internet.
P2P	Rede entre pares. Rede de computadores em que todos ou alguns aspectos funcionam sem clientes e sem servidores fixos; trata-se de uma série de pontos nodais que se comportam como iguais entre si.
podcast	Emissão periódica ou pontual em formato de áudio na internet. Blog de rádio.
posicionamento	*Ver* SEO.
realidade ampliada	Visão do entorno físico do mundo real ao qual se acrescentam elementos virtuais para a criação de uma realidade mista em tempo real com informação contextual.
retuítes	Retransmissão no Twitter de uma mensagem postada por um usuário a quem seguimos para possibilitar a continuidade da leitura pelo nossos seguidores.

RFID	Sistema remoto de armazenamento e recuperação de dados que usa dispositivos denominados etiquetas RFID. O objetivo fundamental da tecnologia RFID é transmitir a identidade de um objeto mediante ondas de rádio.
RSS	Formato xml para transmitir ou compartilhar conteúdo pela internet. O formato permite distribuir conteúdos sem necessidade de um navegador, utilizando um software (agregador) desenhado para ler esses conteúdos RSS.
SEM (Search Engine Marketing)	Tipo de marketing praticado na internet que se dedica a promover as páginas da web mediante o aumento de sua visibilidade para as ferramentas de busca.
SEO (Search Engine Optimization)	Processo para melhorar a visibilidade de um site da web nas ferramentas de busca.
smartphone	Telefone móvel que oferece funcionalidades adicionais às de um telefone móvel convencional.
SMM (social media marketing)	Atividades de marketing que buscam colocar o cliente social no centro da atividade, aquele que usa as mídias sociais em suas atividades diárias de comunicação pessoal e profissional e de busca e leitura de informações on-line.
SMO (social media optimization)	Utilização da atividade nas mídias sociais com a finalidade de atrair visitantes para uma página da web.
social CRM	Utilização das informações e funcionalidades das mídias sociais para complementar as ferramentas e estratégias de CRM.
social e-commerce	Comércio eletrônico que implica o uso das mídias sociais para conseguir a interação e a contribuição dos usuários e para servir como auxílio na compra e na venda de produtos e serviços.

spam	Mensagens não solicitadas, indesejadas ou de remetente desconhecido, habitualmente do tipo publicitário.
tag	Palavra que serve para classificar conteúdos na internet, bem como para agrupar conversas sobre um determinado tema ou para organizar os conteúdos de uma determinada fonte.
Technorati	Ferramenta de busca para procurar blogs na internet, foi criado por Dave Sifry.
tuiteiro	Usuário do twitter.
usabilidade da web	Atributo de qualidade que mede a facilidade de se usar uma página da web.
vinculação	*Ver* engagement.
web social	É o conjunto de relações e interações sociais que realizamos pela internet.

Bibliografia

BATELLE, John. *The Search: How Google and Its Rivals Rewrote the Rules of Business and Transformed Our Culture*. Nova York: Portfolio, 2005.
BERNOFF, Josh & LI, Charlene. *El mundo Groundswell*. Barcelona: Empresa Activa, 2009.
BROGAN, Chris. *Trust Agents*. Hoboken: John Wiley & Sons, 2009.
CHRISTAKIS, Nicholas A. & FOWLER, James H. *Conectados*. Madri: Taurus, 2009.
CIALDINI, Robert B. & MORROW, William. *Influence: The Psychology of Persuasion*. Nova York: Harper Business, 2006.
DANS, Enrique. *Todo va a cambiar*. Barcelona: Ediciones Deusto, 2010.
GIL, Víctor & ROMERO, Felipe. *Crossumer*. Barcelona: Ediciones Gestión 2000, 2008.
GODIN, Seth. *Tribus*. Barcelona: Ediciones Gestión 2000, 2009.
HAMEL, Gary. *El futuro del management*. Barcelona: Paidós, 2008.
HEATH, Chip & HEATH, Dan. *Pegar y pegar*. Madri: LID Editorial Empresarial, 2008.
LEVINE, Rick *et al. El manifiesto Cluetrain*. Barcelona: Ediciones Deusto, 2008.
ORIHUELA, José Luis. *Mundo Twitter*. Barcelona: Alienta, 2011.
SCOBLE, Robert & ISRAEL, Shel. *Naked Conversations: How Blogs are Changing the Way Businesses Talk with Customers*. Hoboken: John Wiley & Sons, 2005.

SCOTT, David Meerman. *The New Rules of Marketing and PR.* Hoboken: Wiley & Sons, 2011.

SHIRKY, Clay. *Here Comes Everybody.* Nova York: Penguin Press, 2008

SUROWIECKI, James. *The Wisdom of Crowds.* Nova York: Anchor Books, 2004.

TAPSCOTT, Don & WILLIAMS, Anthony D. *Wikinomics: La nueva economía de las multitudes inteligentes.* Barcelona: Paidós, 2009.

WATTS, Duncan J. *Everything Is Obvious: Once You Know the Answer.* Nova York: Crown Publishing Group, 2011.

MISTO
Papel produzido a partir
de fontes responsáveis
FSC® C122682